21世紀資本主義世界のフロンティア

経済・環境・文化・言語による重層的分析

五味久壽
元木 靖
苑 志佳
北原克宣
………編著

批評社

The Frontier of Global Capitalism in the 21st Century

A Multi-faceted Analysis of Economy, Environment, Culture and Language

Gomi Hisatoshi, Motoki Yasushi, Yuan Zhijia, Kitahara Katsunobu

はしがき

人類は21世紀に入ってから、20年の節目を迎えようとしている。過去の20世紀において、人類は数多くの未曽有の経験をしてきた。それは、人類による大規模な相互殺戮（2回の世界大戦）、イデオロギーの優越をめぐる死闘（半世紀にわたる冷戦体制）、地球の存亡を脅かす深刻な環境破壊などに象徴される出来事である。そして、20世紀は、「アメリカの世紀」だとよく言われる。確かに、アメリカは、20世紀体制のバックボーン――資本主義市場経済体制、民主主義政治体制、自由競争の商品社会、ドル本位制、大量生産・大量消費システム、イノベーション創生の環境条件など――を用意し主導してきた。新しい世紀に入ってから様々な変化が現れたにもかかわらず、上記のような20世紀的な観念に囚われ続けている人は少なくないであろう。これには、むろん理由がある。世界政治という側面から見れば、アメリカは依然として世界の安定を保つ盟主に見える。また、世界経済という側面においても、少数の先進国が世界経済の規則・ルールを規定するという固定観念は強く存在している。米ドルは依然として世界の基軸通貨の地位を保っている。また、言語・文化の側面では、欧米や日本のライフスタイルおよびそこから派生してきたサブカルチャーが依然として世界文化のメインストリームとなっている。したがって、英語を中心とする欧米の言語が、世界の共通語だと認識されている。思想、価値観の面では、個人主義・民主主義・自由競争を標榜する資本主義的な考え方は未だ支配的なものであろう。

しかしながら、進行中の21世紀の残りの80年間において上記の諸現象はどのように変化していくのであろうか。この疑問に確実に答えるのは時期尚早である。しかし、少なくとも、我々が過ごした21世紀の10数年間に現れた世界の様々な動きは、上記の疑問への回答にヒントを与えてくれる。まず、21世紀がアメリカ一極支配のものではないという点は疑いない。21世紀初頭に発生した世界金融危機とこれに対処しようとして形成された枠組みのG20は、20世紀体制の再編を予告したシンボリックな出来事であろう。つまり、アメリカ単独では、このような世界的規模で生じる予期せぬ出来事に対処できなくなったのである。さらに、最近の20年間では、20世紀体制を動揺させるショッキングな動きがいくつか現れた。イギリスのEU離脱とEU崩壊の危機、欧州を席巻する難民問題と多発テロ、世界的規模での環境破壊、中国を中心とする新興国経済の台頭、などの現象である。なかでも、21世紀体制の変質を示す最大の動きは、2016年に行われたアメリカ大統領選挙であろう。「新モンロー主義」

を声高に唱えるトランプ氏の当選は、まさに「アメリカの世紀」に幕を閉じることを意味することだとわれわれは考えている。一方、21世紀の主役を担うのはだれであろうか。どのような国・地域であろうか。現時点では、これは必ずしも明らかではないが、いくつかの候補が挙げられる。それは、大きな人口規模、豊富な資源および大きな発展潜在力を持つ国・地域――中国、インド、ASEANなどのアジアとラテンアメリカなど――の名が浮かび上がる。

一方、21世紀に入ってから、インターネットの普及に象徴される情報の伝達はかつてないスピードで世界を繋ごうとしている。この情報技術（IT）チャネルを通じて多様化した文化、価値観が世界を瞬く間に統合しようとするトレンドも強烈なものに感じられる。それだけでなく、人々の行動様式、ライフスタイル、宗教・思想・信条に至るまで、この新しい変化から様々な影響を受けている。このように混迷する21世紀の世界を一体どうみるべきか。本書は、この共通の問題意識を持つわれわれが自らの拠って立つ視点から現状を認識し、未来を眺望した共同研究の成果である。

本書の執筆メンバーは、同じ大学に所属する同僚であるが、同じ職場に所属しているとはいえ専攻分野は多岐にわたっており、本来であれば、一冊の共同作品を執筆するのは不可能に近いといっても過言ではない。しかし、われわれは、いくつかのキーワード――「21世紀」「資本主義」「中国」「新興国」「環境」「言語・文化」――において共通の関心を持っている。本書は、この共通のキーワードを横糸として、専門分野の垣根を越えて学際的視点から「転換期の世界」を観察・研究しようと試みたものである。言い換えれば、現代資本主義世界を多角的に分析したものということである。本書のタイトルに「フロンティア」と入れたのも、現代資本主義分析の最前線を示すとともに、従来にはない未開拓領域（とりわけ、環境・文化・言語の視点を取り入れた分析）に踏み込んだものであることを表現したかったからである。

この試みが成功しているかどうかは、読者の判断にお任せするほかないが、本書の各章を執筆したメンバーは、それぞれの研究分野での最先端で活躍する研究者である。各章の内容は、各分野のフロンティアにあたるものであると自負している。

2017年春　執筆者を代表して　苑 志佳

21世紀資本主義世界のフロンティア
——経済・環境・文化・言語による重層的分析——

目　次

総論
——現代世界の基本問題

I
アジア・中国の世紀における中国巨大資本主義

五味久壽

1.「グローバリゼーション」の退潮――アジア・中国の世紀へ

1-1　グローバリゼーションからその退潮へ

1980年代以来の「グローバリゼーション」

「グローバリゼーション」という表現は、資本主義そのものの属性――世界市場的性格――と区別しにくい。それは、21世紀に入り世界市場で起きている事実の表現として、またウルグアイラウンドなどによる自由貿易の拡大と結びつけられ、理想化された資本主義と民主主義を世界に広めるというイデオロギー的（つまりグローバリズムという）意味でも、アメリカ・ヨーロッパシステム側によって使われてきた。だが、トランプ新大統領が「アメリカ第一主義」によって「ポスト冷戦」期を終了させ、「デ（脱）グローバリゼーション」を開始させつつある。

振り返ると固有名詞のつかない「グローバリゼーション」は、1990年代初頭の旧ソ連社会主義の崩壊後、アメリカ資本主義の世界市場に対する単一支配と世界的影響力の増大という意味で使われた「グローバルキャピタリズム」から始まった。そのまた出発点は、1980年代初頭ごろの冷戦体制の思考様式が残っている時点におけるレーガンとサッチャーによる体制側からの変革の試み――後には市場原理主義と呼ばれるようになった――であった。

資本主義世界の対立物としてあったソ連社会主義は1990年代初頭に70年ほどしか持たずに瓦解し、20世紀型社会主義の歴史的実験が失敗に終わった。このため、「グローバルキャピタリズム」は[*1]、19世紀の世界を支配したイギリスの「パックス・ブリタニカ」に準えて、「パックス・アメリカーナ」とも言われた。冷戦体制が終わる

＊1　拙著『グローバルキャピタリズムとアジア資本主義　中国・アジア資本主義の台頭と世界資本主義の再編』批評社、1999年を参照されたい。

と、軍事力による現状変更は地域紛争程度のものを除くと意味を失った。NATO諸国は常備軍を急速に縮小し、アメリカでもクリントン大統領による財政赤字の削減による軍備縮少が行われた。その後四半世紀にわたる「ポスト冷戦期」である。

それが進むと、固有名詞のつかない「グローバリゼーション」は、21世紀初頭の世界の様々な側面を包摂できるかに受け取られた。しかし、「グローバリゼーション」とは何がいったいグローバル化することなのかは明確にされなかった。

これをアメリカ資本主義のグローバル化すなわち古典的表現で言えば「アメリカ帝国主義」と捉えれば、アメリカ資本主義の実体はそれほど強いのかという問題となる。なぜなら、第二次大戦後の西側の福祉国家体制はその財政的負担によって、またアメリカ・ヨーロッパシステムの内部で台頭した日本やこれに続く韓国や台湾などのNIESの競争力によって産業面でも行き詰まっていたからであった。

またこれを、アメリカ・ヨーロッパ出自の世界市場企業の活動のグローバル化と見る場合においても、それまでの多国籍企業とは明確に区別されないままでその延長線上にあるかのような解釈がなされていた。

しかし、「グローバリゼーション」の下では、世界市場における資本のグローバルな活動力——ビジネスの支配力と言い換えてよい——は、飛躍的に増大した。国民国家の力は低落し、資本が、国民国家の徴税権や関税などの制約を超えて活動するようになった。これによって、国家の弱体化・地位の低下はさらに進んだ。国民国家にはもうお金がないので、国民に何もしてやれないから期待してくれるなという方向に向かった[*2]。資本のように自由に移動できない世界の人々の社会的生活と環境が大きな影響を受けた。

したがって、具体的歴史的な「グローバリゼーション」の展開は「グローバルキャピタリズム」が示したアメリカの一元的支配の方向に進まなかった。パソコンとインターネットによる情報革命が進む過程で、アメリカのIT産業は生産拠点を次第に中国本土に移転して無国籍化した。20世紀を代表する産業であったアメリカ自動車産業もまた、日本自動車産業によって圧迫されたのち、中国を重要な生産拠点とするグローバルなサプライチェーン・ネットワークを通して存立するものとなった。この結果として製造業の地位はアメリカにおいて低下する一方で、アメリカ製造業の生産力を受け継いだ中国が、中国巨大資本主義[*3]へと成長し、日本を追い抜いて世界で最も

＊2　慶応大学法学部教授、政治学者・音楽評論家の片山杜秀が、『大東亜共栄圏とTPP』（アルテスパブリッシング、2015年）において言う通り、安倍首相の言う「美しい国」も、国にはもう金がないからせいぜい皆で集まって慰め合ってくれという意味でしかない。

＊3　中国は、社会主義と自称しているが、そこで言う社会主義とは企業に対する国家の「国

発展の速いアジアの基軸となった。

これらを通して、2010年代に入るとアメリカと中国という二つの巨大資本主義が併存する体制が出現した。この米中ないし中米相互依存体制は国民経済の相互連関として世界経済を捉えようとする古典派経済学以来の経済学における見方を押し流してしまった。

2016年時点では、これに加えてアメリカ大統領選挙に示された「反グローバリズム」の潮流が大きくなった。すなわち、グローバリゼーションの作り出した結果は大きいが、「グローバリズム」は約30年経過した後にその退潮に向かって反転したわけである。

それゆえ、「グローバリゼーション[*4]」の最大の受益者は、中国・アジアであり、それを通して世界市場編成が一変した。資本のグローバルな活動力の増大と中国・アジア社会との関係は今後どうなるか。

しかも、中国の現時点での6%台の成長力とアメリカの2%台の成長力とは大きな差がある。このため、当面は中米相互依存体制と言われていても、アメリカが相対的には衰退することにより、今後は米中体制から中米体制に進む。

台頭する中国、アメリカがともに巨大資本主義であるがゆえに、資本主義としての様々な問題を生み出しつつ国内市場と世界市場の再編を繰り返す。世界貿易の動きだけでなく中国、アメリカ国内市場の再編とそこにおけるグローバル企業の行動を見ながら、その意味解析がなされなければならない。

巨大資本主義中国の台頭下における「グローバリゼーション」の退潮

2016年後半の現時点で見ると、アメリカでは、鉄鋼や石炭、自動車などの旧型の主要産業が衰退してしまった中西部から北東部にかけての「ラストベルト」が2016年の大統領選挙戦の激戦州となった。またアメリカは内向きに向かうことがはっきりした。アメリカにおける「グローバリゼーション」の退潮である。その理由は、中国巨大資本主義の台頭の経済的インパクトにある。

有」という法的所有権、具体的には国家による企業経営者の任命権にすぎないので、そのことには直接の経済的意味はない。企業の法的所有者がだれであろうと企業は企業財産の所有者であって、企業の内部を価値・価格のシステムを通して組織しようとし、企業と企業とが商品経済を通して相互に関係しあい、利潤率を基準としてお互いに競争し合うことは変わらないからである。

＊4　自由貿易それ自体は、ヨーロッパの世界市場進出以前のイスラーム世界商業時代におけるインド洋貿易において既に実現していたと見ることもできる。

米外交問題評議会のリチャード・ハース会長は、このことを、ブッシュ（父）大統領時代に始まった「イラク戦争以降の犠牲と経済の難局」がアメリカ国民の意識の中で、「国内回帰に圧力」となっているとする。アメリカの現状が「孤立主義の誘惑」にあると表現し、「ここ10年か20年、多くの米国人は上の階層に行くのが難しいと感じています。それゆえ大きな憤りを感じ、保護主義、孤立主義的傾向が強まっています。」「米国のアジア重視政策は理に適っています。しかし、TPP抜きのアジア重視は難しい」と語る[*5]。

中国の最大の輸出先となったEUは、失業率が高止まりして来ただけでなく、ユーロ圏の危機、難民流入問題、英国のEU離脱決定などの危機に見舞われ、危機への対応策と求心力とを見失っている。イギリスのEUからの離脱を問う国民投票においても、離脱への賛成には移民の増加に対する反発という要素が大きい。移民は単なる労働力商品の移動ではなく、それぞれのエスニックグループにしたがってコミュニティを形成するため、コミュニティ問題を生み出す。イギリスの場合は従来のジャマイカなどのイギリス文化の下で育った旧植民地からの移民に代わって、ポーランドなどヨーロッパ扱いされてこなかったかつての農業国・東欧からの移民が増え移民のコミュニティの質が変わったことが影響しているという。

このようなアメリカとEUの現状を受けて、日経新聞の中外時評（2016年10月23日）は、「貿易を悪役にした米政治」と題して、「今回ほど貿易が悪役になった選挙戦は歴史をさかのぼってもみつからない。過去に結んだ自由貿易協定（FTA）のせいで製造業の雇用が奪われ、賃金も下がった。得をしたのは大企業だけ。そうした認識を前提に、どちらが米国の労働者の味方かを競う争いになっている」という認識を示した。「政治家が繰り返す『諸悪の根源は自由貿易』というわかりやすい議論が少しずつ浸透しつつあるようにもみえる。…中略…技術変化の波の中で消える仕事。地域の相互扶助機能の低下。痛みがわからぬ政権や議会への反発が、エリート批判と反自由貿易を重ね合わせＥＵ政治家への支持に転化してしまった」と嘆く。これに対して同じ日の論説は「チャイナショック論」を立ち入って検討しないで、「技術変化やグローバル化の中で敗者になってしまった人を支える安全網の強化こそ必要だ。新しい技能の取得支援や税制による所得の下支え策などを急ぐべきだ」というお定まりの議論を主張し、さらに「『労働者にとって良いものに変えた』との形を作らずに新政権がTPPを承認するのは困難。現政権下で批准できる可能性も低い[*6]」と見た。

＊5　朝日新聞、2016年10月26日、オピニオン欄

＊6　論説副委員長、実哲也署名

こうした「中外時評」の見解は、金融資産バブル破綻後の日本において、(最近のTPP交渉でも見られたように) 貿易拡大が世界経済を成長させるので、その方向に向かうべきであるという期待を込めて使われてきた伝統を受け継いでいる。「グローバリゼーション」が、貿易関係を軸において解釈されているということである。

ここに書かれていないのは、中国やアメリカなどの主要市場に進出した世界市場企業の活動である。中国本土に進出した日系企業の存在感が急速に低下しているとはいえ[*7]、日本は世界市場で最も速い成長を続けてきた中国巨大資本主義の隣という位置によって救われ、アメリカやEUで起こっている激烈な事態を免れてきた。日本の中国に対する輸出 (香港向けを含む) は、2014年実績で24%と、中国は日本にとっての最大の貿易相手国となっている。このことによって、欧米ではダヴォス会議のような国際会議があるたびに繰り返されてきた「反グローバリゼーション」を掲げた運動は、日本で活発化していない。つまりは日本が中国巨大資本主義から受けているインパクトの内容に関わる問題である。

さらに、「グローバリゼーション」の動きは日本の外側において大きく変化しようとしている。日本にいる私たちは、今後何が起こるかを文字通りグローバルに見渡さなければならない。

1－2　コミュニティの崩壊によるグローバリゼーションへの怒り

グローバリゼーションがもたらした結果への怒り

最初にも見たように、2016年米大統領選挙戦における選挙公約を見ると、一方でトランプが3.5%の経済成長と10年で2500万人の雇用創出と10年間で4.4兆ドルの減税を謳い、他方ではクリントンが5年で2750億ドルの戦後最大のインフラ投資、富裕層増税、国際企業の課税逃れ対策、連邦最低賃金を時給15ドル (サンダースの主張から唯一取り入れた政策) に倍増させることなどを掲げていた。

北海道大学大学院メディア・コミュニケーション研究院准教授渡辺将人は、米民主党下院議員事務所さらにヒラリー・クリントン上院議員選挙事務所などに所属した経験を持ち、民主党側でもオバマとヒラリーの二つの陣営のインサイダーとして、大統領選挙の実情を知る人物である。彼は近著『アメリカ政治の壁——利益と理念の狭間で——』(岩波新書、2016年) を次のように要約する。

「アメリカ政治を立ち往生させる『壁』は、二大政党の『内戦』に関係している。

＊7　それでも日系企業の中国国内市場における販売額は、日本から中国への輸出額に匹敵する。

雇用などの経済『利益』とイデオロギーや信仰などの『理念』が、アメリカ固有の政治的ジレンマとして複雑に絡みつく。オバマ政権の迷走も、トランプ台頭も、『利益』と『理念』のダイナミズムに、その謎を解くカギがある[*8]。」という。

彼は、「経済格差が激しいアメリカで」「唯一保守派も認める再分配機能として」あるのが、「カトリック教会やリベラルなプロテスタント教会」であると見て、「信仰はコミュニティの大切な一部であること」（持続性のなかった「オキュパイ」運動ではないこと）に、注意を促している。

この「トランプ旋風」に対して、アメリカ在住の作家冷泉彰彦は、「都市の賃金労働者によるミドルクラス崩壊への怒り」と規定する。すなわち、アメリカ企業のグローバリゼーションがアメリカ国内にもたらした結果[*9]への「都市の賃金労働者」からのやる術もない怒り、すなわち具体的要求を掲げているわけではない文字通り純粋の怒りと規定する。彼は、「トランプ旋風」は「自営業のオーナーが主体であった『ティーパーティ』とは一線を画するし、『再分配を要求していない』ということでは民主党の左派とも違う」と位置付けている[*10]。

冷泉は、この「怒り」の原因として『CNNマネー』の記事を引いて、「1971年に米国の全世帯収入の62％であったミドルクラスの収入額は、2014年には43％に落ち込み、反対にアッパークラスの金額ベースでのトータル収入は、全体の29％から49％に大きく伸びている」こと、それが1990年代以後の「製造業を中心とした産業のありかたが変わった」こと、「ハードからソフトへのシフト」の結果であり、アメリカに残ったのは主にソフト関連の産業であり、この「ソフト産業の」人々が高給であることによってまた格差を拡大する方向に作用したことに注意を促している。

コミュニティの国におけるコミュニティの崩壊

このソフト産業の地域集積の代表であるシリコンバレーについて、朝日新聞社のサンフランシスコ支局長（2014年新設）宮地ゆうは、著書『シリコンバレーで起きている本当のこと』（朝日新聞出版、2016年）の「はじめに」で次のように言う。

「サンフランシスコやシリコンバレーを車で走ってみて驚くのが、ガタガタの道路

＊8　「世界」2016年10月号、p.32「著者からの一言」

＊9　エマニュエル・トッドは、東日本大震災の被災地を訪れた時の印象をアメリカと比較して、「ハリケーン・カタリーナがニューオーリンズを襲った時は、アメリカ合衆国は強大な工業力も必要な技術者ももはや持っていませんでしたので、時間がかかるだろうということは、あらかじめわかっていました」という。『トッド自身を語る』藤原書店、2015年、p.152

＊10　冷泉『民主党のアメリカ 共和党のアメリカ』日本経済新聞出版社、2016年、pp.19～21

だ。道路標識が半分落ちかけたままの場所もある。地元に世界1、2位の時価総額の企業[*11]がありながら、自治体は財政難にあえぎ、インフラ整備にも十分なお金が回らない。IT企業の税金逃れに原因を求める声も上がる[*12]」。「シリコンバレーでは、IT企業に勤める富裕層の流入で、家賃が高騰、昔からの住民が家を追われ、ホームレスとなるケースが続出しているのだ[*13]」。「この地域は世界中から才能ある若者を引き付け、世界を変えるようなサービスや技術を生み、それとともに莫大なお金が生み出され、新しい働き方や価値観を作り出してきた。ただ、それと同時に、さまざまな社会のゆがみや摩擦も生んできたのだ[*14]」。

アメリカは、周知のようにコミュニティによって建国された国であり、また移民がアメリカへの到着順に二次的三次的コミュニティを形成してきて、現在でもコミュニティの強い国である。シリコンバレーも、IT企業の地域コミュニティによって形成されている。したがって、こうした事態は、コミュニティの持つ特性――他のコミュニティに対する無関心によると見ることもできる。だが、従来型の企業が地域コミュニティに属して生活している従業員のために、地域コミュニティに対して配慮せざるを得ないのに対して、シリコンバレー企業の場合には、世界中から才能ある若者を引き付けているために、地元の地域コミュニティに対しては無関心で済ませているということであろう。

人口学者・歴史家であるエマニュエル・トッドは、家族というコミュニティの構造を基礎において歴史を見るが、最近の対談集『グローバリズム以後[*15]』において次のように言う。「英国のEU離脱や米国大統領選挙の候補者としてのバーニー・サンダース氏やドナルド・トランプ氏の登場、欧州での移民危機などの出来事は、西欧社会が深いところで後戻りすることのない進化をしていることの帰結なのです。一つの時代の終わりと、別の時代の始まりを示しています。1998年と2016年の間に私たちは、グローバリゼーションが国を乗り越えるという思想的な夢が絶頂に上り詰め、そして墜落していくのを経験したのです。それは一つの国（ナショナル）というよりむしろ帝国（インペリアル）となった米国に主導されながら進んでいきました」と見ている。

＊11　アップル、次がグーグルの親企業・アルファベットである。

＊12　宮地は、アップルが海外に保有する現金や現金に相当する資産が944億ドルに上り、海外収益に対する税率は2.3％と約590億ドルの税を逃れていることを挙げている。pp.81～82

＊13　宮地は、サンタクララ郡の税務官（市長経験者）の「道路は全米で最悪のレベル。公立学校に使う金も、ホームレス対策にも金が足りない」という発言を引用している。p.80

＊14　宮地pp.4～5

＊15　朝日新書、2016年10月、P.5

　またトッドは、英国のEU離脱について、「実際の投票行動を分析すると、一般大衆の世論は大きく離脱に傾きました。つまり、普段は比較的おとなしい英国の庶民、労働者階級の人々が、エリートに対して」「拒絶のメッセージを突き付けたわけです」。「サッチャーは『ゆりかごから墓場まで』に象徴される手厚い福祉に守られてきた国民に対して、『個人の力』の重要性を強調して『社会などというものは存在しない〔There is no such thing as society.〕』と有名な言葉を残しました。ところが、今度の英国EU離脱で発せられたのは『いや社会は存在している。我々は我々として存在しているんだ』というイギリス国民の叫びだった」という。その上で「各国に共通するグローバリゼーションによる疲労、これを私は『グローバリゼーション・ファティーグ』と名付けたい」、「今回の英国EU離脱は、…中略…世界的なグローバリゼーションのサイクルの終わりの始まりを示す現象である[*16]」と規定する。

1－3　中国巨大資本主義台頭に直面するヨーロッパ・アメリカシステム

風前のTPPはアメリカの衰退の証拠

　フィナンシャル・タイムズ紙のアジア・エディター、ジャミル・アンデリーニは、日本経済新聞の見出しでは「風前のTPP　米衰退映す[*17]」と説いた（原題は「米衰退の証拠である揺れる貿易協定」の意味であり、「米衰退」をより強調している。副題の「ルール定める権利、手ぐすね引く中国」は日経新聞が日本側から見た形でつけたものである）。

　アンデリーニは、「公の場では米国は、TPPが中国を封じ込める策の一環であることを必死に否定している」が、「TPPが米国によって批准される可能性は急速に薄れている」ので、「米国は事実上世界最速で成長する地域の貿易と経済のルールを定める権利を事実上、譲り渡すことになる」とする[*18]。

　さらに同紙のチーフ・ポリティカル・コメンテーター、フィリップ・スティーブンズは、日経新聞10月16日の見出しでは「安保の新秩序、構築急げ」、フィナンシャル・タイムズ10月14日付の原題では「西洋はいかにして世界を失ったか」を論じている。彼は「北京で開催されるアジアの安全保障に関する国際会議『香山フォーラム』に参加し」たが、これは「中国の軍部と政界のエリートが世界に向けて話す場」であり、「今年のテーマは『国際関係の新モデル』の追求だった。その底流にあるメッセ

＊16　『問題は英国ではない、EUなのだ』文春新書、2016年9月、pp.65～67
＊17　FT2016年10月6日、日本経済新聞10月9日
＊18　「The Economist」の2016年10月7日号も、「グローバリゼーションの防衛」と題する特別レポートを、コブデンが登場した穀物法論争の時代を振り返って掲げた。

ージは、古い秩序が通用した時代が終わり、欧米諸国は新たな秩序を中国とともに作り上げる必要があるというものだった。欧米諸国は既存の秩序に中国を取り込めばいいと考えているが、いま必要なのは全く新しい秩序だという理解が欠けている。とりわけ、東アジアでは事実上のアウトサイダーである米国は、新たな現実に適応する必要がある。20世紀後半に欧米が築いた同盟システムは、中国の台頭という地政学的リスクに対応していない。…中略…中国は…中略…かつての覇権国と衝突するような事態は何としても避けようとする姿勢だ。だが、新秩序は従来とは全く異なるものとなるはずだ。ではどんな秩序なのか。…中略…米国と中国を頂点に据えた地域別パワーバランスかもしれない。…中略…世界は今、重大な転換点にある。圧倒的な覇権国だった米国と欧州が作った様々な国際機関や多国間ルール、規範を軸にした冷戦後の体制はすっかりさび付いている」と現状認識を述べた上で、「自由主義経済のシステムはとりわけ世界的な安全保障の秩序に依存している」と結んでいる。

中国巨大資本主義の「封じ込め」を意図したTPP

2016年民主党大統領候補者の予備選挙でヒラリー・クリントンに対抗した民主的社会主義者バーニー・サンダースに対して、渡辺将人は、「個人献金に基づく選挙資金のクリーンさの強調、反大企業、人口の1%が富を独占する格差批判、イラク戦争への反対投票歴などでオバマ政権や民主党主流派と差異化した」が、「中国への言及で、通商問題では『アメリカ企業は、中国ではなく国内に投資すべき』と繰り返し、…中略…中国の人権状況を暗に揶揄するなど批判を随所にちりばめる癖もあった。筋金入りの対中強硬派は共和党ではなく、実は民主党リベラル派にも多い[*19]」と指摘している。なお渡辺は、「『全体主義」へのアレルギーから社会主義を拒絶してきた自由主義一辺倒のアメリカでも、リベラルな若年層の間では、『ソーシャリズム』という言葉が字面の面では問題なく受容されるようになったのは興味深い」とも指摘している。

ヨーロッパ・アメリカシステムの側には、「長期にわたる経済の停滞状況」(マイケル・スペンス)とアメリカ大統領選挙におけるトランプ支持の基盤となっている「不平等と貧困」(マーチン・フェルドシュタイン)が生まれている。「パナマ文書」も、最大のタックスへイヴンはアメリカとイギリスの内部にあることを示した。

2008年のリーマン・ショックとその中でのオバマ大統領登場以降の経済的停滞は、アメリカを国内優先に転じさせた。オバマの「弱腰外交」とも言われる対外政策は、アメリカが世界をコントロールできなくなり、その意思を失いつつあることを示した。

＊19　渡辺将人『アメリカ政治の壁』、pp.45 ～ 46

それは、現実にはアメリカが国内優先政策に変わらざるを得なかったということに他ならない。またアメリカ社会が、価値観ないし発想法の大きな変化が起こる局面にあることでもある。

さらに両者共にTPPへの反対を表明したので、TPPにある問題を確認しておこう。TPPにおいては、化学薬品や化粧品の規制、食の安全・安心に関わる成長ホルモン、農薬、モンサントやカーギルのようなアメリカのアグリビジネスが多年「貿易障壁」として攻撃してきた遺伝子組み換え作物への規制や監視体制や食品表示を「貿易協定違反」としうる規定、企業や投資家が相手国の規制強化や政策変更に対して「当初予定していた利益を損ねた」として賠償金を求めて提訴できる規定などがあることが懸念される。環境保護や気候変動対策などに対しても企業は大きな影響力を持つが、これはTPPが触れていない国際社会の共通課題である。貧困や格差に対する資本（企業）の活動力の増大の影響がこれまで正面から問われてこなかったことは、言うまでもない。

米中相互依存体制と言われているが、2016年大統領選挙戦において共和党のトランプ候補は、中国製品に45%の関税を課すと主張していた。大和キャピタル・マーケッツは、香港駐在チーフエコノミストのケヴィン・ライがまとめたレポートで、「実行されれば、中国にとって最大の貿易相手国であるアメリカに対する輸出はその87%・4200億ドル減少すると試算した。[*20] 中国のアメリカへの輸出額は、2015年4830億ドルであり、アメリカの中国への輸出額は約1160億ドルである。またアメリカの対中国直接投資（FDI）は、4260億ドルに上っている。これを、アメリカの中国への依存と見るのか中国のアメリカへの依存と見るのかという問題である。アメリカを拠点とするオクスフォード・エコノミクスは、トランプ氏が大統領にえらばれても、中国に対する強硬策は、意見の対立が予想される議会との交渉で緩和される可能性があると見ていた。

2015年12月発足したアジアインフラ投資銀行（AIIB）は、アメリカが主導権を握るIMFや世界銀行さらにアジア開発銀行といった既存の国際金融秩序に対する中国の不満の表れであろう。これに対してアメリカは、「ガヴァナンス」の問題を盾にとって応じなかった。イギリス、フランス、ドイツ、カナダ等は参加した。オバマ政権下のアメリカによる中国巨大資本主義の「封じ込め」の蹉跌であろう。

『ポスト西洋世界はどこに向かうのか』と『EASTERNISATION』の問題提起

世界の政治・安保体制は、もはやポスト冷戦体制の時代のものから変化した。「中

＊20　「日本経済新聞」電子版、2016年9月16日。「日経産業新聞」2016年9月23日

国の台頭」に直面するアメリカ・ヨーロッパシステムの側の行き詰まり感と危機感は深く、以前からその内部における有力な見解として存在してきた[*21]。政治学などの分野は、経済学でいう現状分析を、経済学よりも時事的問題・現実問題に即して歴史的展望の下に行って来ているからである。

その例として、チャールズ・カプチャン（ジョージタウン大学教授、国際関係論）『ポスト西洋世界はどこに向かうのか――「多様な近代」への大転換――』（小松志朗訳、勁草書房、2016年）（Charles A. Kupchan、“NO ONE' S WORLD: The West, the Rising Rest, and the Coming Global Turn”、OXFORD University Press, 2012）と、フィナンシャル・タイムズのチーフ外交コラムニストであるギデオン・ラックマンの近刊（Gideon Rachman, “EASTERNISATION: War and Peace in the Asian Century”. The Bodley Head, London, 2016（未邦訳））に触れたい。

19世紀以来社会科学の中心を占めてきたとされる経済学は、その理論の力を誇ってきたが、理論という抽象からは、いかにそれを精緻化したところで具体的な現実が説けるわけではない。「原理」に関する議論が歴史的現在との対話を欠く形式化したものとなるならば、現状を分析しえないからである。

世界史の現実は常にそれまで予測されていなかった方向に展開する。現在では教科書化した理論が「グローバリゼーション」からその退潮に至る現実によって乗り越えられてしまった。これによって経済学の危機、控えめに言っても魅力の喪失が起こっている。

ヨーロッパ・アメリカシステムの側は、第一に中国・アジアの世紀における中国の世界的役割の増大への対処を迫られている。第二に中東・アフリカ等における混乱への対応が迫られている。その歴史的責任がアメリカ・ヨーロッパの側にもあり、現在のヨーロッパに対する移民・難民問題の主たる発生源であるが、それへの対応がEUの実質的解体にまで発展する可能性がある。

カプチャンは、「これからの世界」が「多極化するだけでなく、政治も多様化する」と「多極化」「多様化」を強調する。原題にある〈誰のものでもない世界〉は、具体的には「様々な近代のありかたが現れ」「その中で西洋モデルは」「競合する多くの概念の一つにすぎない」ため、アジアなどで「順調な独裁国家」も「民主的な新興国」も「西洋と意見を異にするのが普通になる」世界である。ここから彼は、「次の世界へ平和的かつ計画的にたどりつく」必要性を説いている。

＊21　スタンフォード大学教授で古典古代の歴史学と考古学を共にカヴァーしているIAN MORRIS, “WHY THE WEST RULES—FOR NOW”, Farrar, Straus and Giroux, 2010は、この状況を表現した適切な表題を掲げている。

ラックマンも、西洋側が中国の内的変化を待って時間を稼いでも中国が自由な社会になる保証はないとドライに見るが、それは当たっているであろう。ここから彼は、トランスナショナルな重要問題――①気候変動がもう一つの問題・テロリズムとも間接的に関連すること、②金融的安定の課題――を挙げて、それに米中共同して取り組む必要性とその可能性を説く。それは、中国自身の課題ともなる。

したがって、21世紀の中米相互依存・対抗体制は、「帝国主義」や列強の対立といったかつてのヨーロッパモデルの延長線上では説けない。

また、ヨーロッパシステムの発想法が唯一の基準とならないことは、経済学などの社会科学に対しても大きく影響する。経済学などの社会科学はヨーロッパの歴史的産物である。このため、それが中国アジアシステムの特質を分析できているかと言えば、疑問である。経済学などはアメリカに渡ると歴史的含みを失い、シェーマ化されたいわばおおざっぱのものとなったきらいがある。それだけでなく、ヨーロッパシステムが歴史的に生み出した自由主義や民主主義も、その延長線上にあるマルクス主義や社会主義も、すべて相対化され普遍性を再評価しなければならない。

2. もう一つの焦点・中東とりわけイランの現状が示唆するもの

伝統的セクターが近代的セクターを乗っ取ったイラン革命の歴史的特異性

こうした問題を承けて現代世界のもう一つの焦点・中東を検討したい。「アラブの春」以後の中東の変化は大きい。歴史的にオリエント・ヨーロッパシステムから生まれたヨーロッパ・アメリカシステムが、オリエント世界との関係を問い直されていると見ることもできる。

高橋和夫『中東から世界が崩れる　イランの復活、サウジアラビアの変貌』（NHK出版新書、2016年）は、「はじめに――中東というブラックホール」において、「たいていの事象は宗教抜きでも理解できる」とする冷静な観点を示す。その上で彼は「宗教のみならず政治や経済にも着目し、問題の真相に光を当てたい」「「国境線の溶ける風景」、「テロと難民」状況の下でイランの復活、サウジアラビアの変貌」に代表される「中東大再編」が起こり、“やる気”を失ったアメリカと「中国が中東に入れ込む」ことによって「新たな列強の時代」を登場させていると指摘している。

高橋は、「中東で“国”と呼べるのは」イラン、エジプト、トルコだけであるが、「本質的な意味での国家はイランだけ」で、「歴史的に成立した国家を、国家意識を持った国民が支える――いわゆる国民国家として成り立っている[*22]」ことを肌で感じるという。

高橋は、「なぜイラン革命は広がらないのか？」を次のように説く。イラン革命は、「思想はバラバラな人たちが一時的に協力して起こした革命」にあり、「よく見られる市民革命の一つだった」が、「ホメイニ氏と弟子たちが革命政権を掌握した時点で」「宗教指導者が主導する革命となった」という。「なぜ1979年なのかということに目を向ける必要があり」、「大きな経済環境の変化で社会にも混乱が生じた。そういう社会的背景が革命につながった[*23]」ことを指摘する。

中東で「イランでだけ革命が起きたのも、教学や思想ではなく、経済構造や社会構造の違いによる。イランのイスラム世界における特殊性は、直接的な植民地支配を受けていないところにある。…中略…イランはイラン人の手で運営され、古い社会構造が残されている」「イランのバザールは本当の力を持っている。観光客相手に物を売るだけでなく、古くからの流通網を握っている。金融も支配してきた」。「モスクがワクフ（荘園）を所有していて、そこから得られる収入で僧侶の給料を含むモスク運営費が捻出されている。経済的に国家から独立した存在なのである」。「古い社会構造が残されたイランでは、バザールなりモスクなりが伝統的な大衆の動員組織として機能した。シーア派が持つイデオロギーではなく、その伝統的な社会組織力が革命を成就させたのである」。「ああいう形の革命はイランでしか起こらなかったし、これからも起こらないであろう。…中略…イラン革命とは、伝統的セクターが近代的セクターを乗っ取った事件だった[*24]」。

この「イランでだけ革命が起きたのも、教学や思想ではなく、経済構造や社会構造の違いによる」というのは、客観的で明快な問題提起であろう。ここで言う「伝統的なセクター」とは、「バザールなりモスク」に結集しているコミュニティのことである。もちろん、コミュニティは変化しないものではなく、国家システムや商品経済との相互関係を通して変化することを免れない。

フランス革命に代表される18世紀末から19世紀にかけてのヨーロッパ社会は、商工財産に依拠する近代化派・私有財産派と農業社会以来のコミュニティに依存する反私有財産・反近代のコミュニズム派との闘争であったが、これと似た対立関係の下で「伝統的セクターが近代的セクターを乗っ取った」というヨーロッパとは逆のこと[*25]が

＊22　高橋pp.116～117
＊23　高橋pp.143～144
＊24　高橋pp.144～145
＊25　ヨーロッパは、フランス革命以来の自分の歴史を忘れているところがあるのではないか。

起こったのである。

また高橋は、イランと対立するサウジアラビアに対して「国もどき」にすぎないものと規定し、イランに「選挙で選ばれた『イスラム体制』」があることの特異性を指摘し、「保守派が時々負けて変わることで」「少しずつ変わることが」「長い目で見たら」「その体制を強化する」と見ている。また「イランの指導層は、選挙によってえらばれた体制であるという事実が、イランの強さに繋がると確信し、メッセージを発信してきた」と評価している[*26]。

イランと中国にも共通性と関連性がある

さらに、高橋は、「イランは中国モデルを目指すのか？」という一節で、イラン人が「地理的な広さに基づく大国意識だけでなく、歴史的な意識に支えられた大国意識をも抱く、誇り高い人々」であることにおいて、「中華思想」あるいは「華夷思想」を持つ中国と同じであり、「両国のメンタリティはとてもよく似ている」こと、「さらに、中国もイランも、近代において欧米に蹂躙された歴史を持つ」ため、「屈辱感を、両国は抱え続けている」ことに注意を促す。「中国は共産党支配を維持したまま、世界屈指の経済大国へと発展した。だからイランの支配層も、イスラム体制による支配を継続したまま、経済発展できるとの淡い期待を抱いている」と見てとる。

中国が改革開放路線に入り「毛沢東の革命路線から決別しようとした」1979年に「イラン革命が成就した」事実が指摘される。「イランの支配層の一部は」、「今の経済発展モデルの行き詰まり」「特に環境破壊のひどさと経済成長の鈍化等の状況にある中国に一周遅れで学ぼうとしている」という。だが、「核合意によって欧米との関係を開こうとするイランの姿勢は、一周遅れのレースから離脱しようとの考えがイランの支配層の中にも存在している事実を示唆している。イランの支配層は多様である」と認識している。

中国は「『一帯一路』というスローガンの下で、巨大な経済圏を構築しようとしている。」それは「イスラム世界に進出するのが、中国の国益に適うと信じている」状況である。その理由は、①中国は国内に数千万人のイスラム教徒を抱えているため、イスラム世界の動向が国内の治安に直結し、②「まだ石炭がエネルギー源の大きな部分を占めている」ので、大気汚染による健康被害などの理由により石油調達を必要としていることである。このため中東で「かつての日本を上回る露骨なODA外交」を展開している事実に注意を促している。

＊26　高橋pp.99～100

以上から言えることを、まとめてみよう。①中東でも1980年代以降現在まで繋がる変化が起きており、そこに注目して分析する必要があること。②社会の変化を引き起こす大衆の社会運動は、何らかの目標を必ず掲げて行われるものであるが、その目標が多様かつ相互に矛盾するため、結果として何を生み出すかに対する楽観論は言えないこと。③支配層（社会運動の指導層も同じ）が多様な要求や利害をどのようにまとめようとしているかを考察する必要があること。④付け加えていえば、インドの問題があり、その国内に総人口の約13%、総数では中国に倍するイスラム人口を抱え、イスラム世界の動向が中国以上にインドの動向に直結していること。

中国とイランとは「近代において欧米に蹂躙された歴史を持つ」ため、「屈辱感を、両国は抱え続けている」共通性がある。

先に見たフィリップ・スティーブンズやギデオン・ラックマンの見解においても示されていたように、中国人が他の世界（ヨーロッパ・アメリカシステム）が作り上げた制度、ルール、さらに発想法を知っても、直ちにそれを理解して受け入れるわけではないし、自分たちの発想法を直ちに変えるわけではない。中国には、巨大国家・巨大資本主義における現実問題だけでなく、家族関係から始まる中国コミュニティの特質、商品経済と古代以来親和的であったコミュニティの相互関係の上に成立している中国の社会関係がある。したがってそれは、商品所有者としての自由な私的個人の契約関係から人間社会が成立していると説くヨーロッパ自由主義との延長線上にある発想法（マルクス主義を含む）では理解できない部分を含まざるを得ない。

「グローバル」という表現は現状分析とは距離がある歴史学の分野にも登場している。歴史学者も時代の空気を吸って生きているため、現時点での問題意識を過去の歴史に投影して解釈し直すことを繰り返しているからである。また戦後日本の歴史学は、1980年代以降「元気がなくなっている」ことにおいてポリティカル・エコノミーとも共通している。1980年代まで使われてきた「世界史的段階」という概念が、「グローバルキャピタリズム」以来妥当しなくなり、中国・アジアシステムの台頭ないし歴史的復活への対応を迫られている。したがって歴史学においては、従来のヨーロッパ・アメリカシステムの歴史を前提にした歴史認識への反省が行われている。

これを次に検討しよう。

3. 歴史学におけるヨーロッパ中心主義の否定

欧米中心主義ではない「新しい世界史」へ

羽田正[*27]は、『新しい世界史へ――地球市民のための構想』（岩波新書、2011年）において、現代の歴史学と歴史研究者には「元気がない」ことを認め、その理由を「一般の人々が求める歴史像」とのずれに求め、「時代にふさわしい過去の見方を」提起できていないこと、さらに1980年代ごろまでの見方に止まっていて研究を細分化しているだけであるからとした。

彼は、①19世紀ヨーロッパの産物である「イスラーム世界」という概念を使って現代世界の出来事を説明する傾向と、イスラーム教徒は特殊だという過剰反応が変わらない理由が、「常識と化してしまっている世界全体の見方」にあることに気付いた。②先進的な「ヨーロッパ」ないし西洋は「非ヨーロッパ」とは違う、という19世紀後半までに出現し、人文・社会科学が暗黙の裡に前提してきた世界観が、これまでの世界認識を縛ってきた。③「世界の政治体制の将来像を意識しないで」も世界の将来像を深められる。人文学領域で、「世界文学の構想や国民文学という枠組みの相対化、中国哲学やフランス思想など国民国家別に分類された哲学思想研究の見直し、宗教や美といった概念の再検討」など同じ動きが起こっている。④要するにジグソーパズルの全体の図柄のデザインと個々のピースとの関係に喩えて、まず変える必要がある全体のデザインが「新しい世界史」であるという。⑤「現在は一瞬にして過去となり、その姿は刻一刻と変化している」、「過去の解釈や理解は、個人や人間集団によって、また時代によって異」なり、「不変ではないし、ただ一通りしかないわけではない」ことを指摘する。

羽田は、19世紀の歴史家の著作が、国家を単位とする歴史認識の礎となったこと、それが19世紀における中央集権的国民国家の運動と同時進行することによって、国民国家への帰属意識を高めることに寄与した問題を指摘する。したがって、従来の世界史が国民国家を単位とした欧米中心のものであったことを乗り越えようとする。

羽田は、世界史が個別の地域史の集積であると規定し、ここから中心性の排除を目

＊27　東京大学東洋文化研究所教授、1953年生まれ。イランのサファヴィー朝の研究からイスラーム世界の研究へ行った人で、中国研究者ではない。『イスラーム世界の創造』（東京大学出版会、2005年）において、近代ヨーロッパによって創られた「イスラーム世界」という概念との訣別を主張した。羽田編『地域史と世界史』、ミネルヴァ書房、2016年も参照。

指す地球社会の世界史の立場が出てくるという。経済が生活すべての根本にあり、経済に注目すれば世界史の動向を統一的、法則的に説明できるという考え方を採らなければ、中心を議論することに意味はないとする。したがって、羽田の見方によると人文・社会科学における経済学の地位は下がることになる。19世紀ヨーロッパにおけるそれぞれの国民国家の歴史の集合として世界史を説くという方法の否定は、経済学における国民経済の連合体ないし集合として世界経済、ないし現実の世界市場システムを説けないのと同質の問題であろう。

羽田は、①ユーラシアの中心に位置する西アジアの歴史が社会全体のつながりに注目する世界史を構想する際にはとりわけ重要な位置にあるという。②中国史も王朝史の文脈と漢民族中心史観から自由になることが必要とし、言語が地方ごとに異なる中国の人々にどれだけの同胞意識が存在したのかを疑問とする。③羽田は、世界全体の過去を時系列的に記すことが現状では難しいという。④さらに、「横につなぐ歴史」、各国史を束ねる現行世界史の枠組みは、国民国家が姿を現す19世紀までは妥当しないという。

「世界史」は教えないヨーロッパ、自国史を「世界史」に入れない中国

羽田は、われわれの世界の見方と世界史の理解とが表裏一体となって、私たちの世界認識を規定しているという。国民の歴史認識の決め手となるものは学校教育であり、国によって歴史として教える内容が大きく異なり、「古びたデザイン」を固定化させるという。もっとも、ヨーロッパの内部では、①アジアなどが《非ヨーロッパ》地域という位置づけに過ぎないものとなっており、自国の歴史と直接関係しない限り教えられていない。②ヨーロッパの教科書の叙述は時系列的ではなくトピック的記述である。③東ヨーロッパまでも含んだヨーロッパ史が共通認識ではなく、自国の歴史と関係が深い二三の国の歴史を中心にして教えられている。自国の歴史中心に国家単位で歴史を考えるとそうなると、羽田は要約する。

続いて中国の歴史教科書では①世界史と中国史とが完全に二本立てであること、②その世界史は前工業文明（1500年以前）・工業文明（16～19世紀）・現代文明（20世紀）という区分となっていることが、羽田によって指摘される。

羽田も編集委員会に参加しているミネルヴァ書房の「世界史叢書」は、予定される全16巻の総論《「世界史」の世界史》（2016年9月）において、編集委員会を代表して南塚信吾が、その序論「「世界史」の世界史において、「従来の国民国家史や地域史の集約としての世界史や特定の中心から見た世界史」を超えることを目指す」という刊行趣旨を述べている。最後に置かれている「総論　われわれが目指す世界史」では、

日本の世界史教育が「提供される知識が世界の通史を教えようとする点で、世界にほとんど例のないものとなっている」が、「歴史学部が存在しないうえに」、「歴史学や世界史の全体を考える制度的保証がなく①常に独立ないし孤立し内部の力で動く日本、②人類史の普遍モデルかつ日本のお手本、自己同化の対象としての『進んだ』西欧…中略…③日本がそこに属する世界ではなく他者としての『遅れた』東洋という三分構造が現在でも基本的に存続している[*28]」とする。「編集委員間ですら、共有されているのは素朴実証主義への批判と国民国家史観（一国史観）を方法論を含めて超えようという一般論[*29]」とされているので、今後刊行される内容に期待したい。ただし、刊行を紹介した日経新聞「文化往来」欄[*30]は、先の南塚信吾の「グローバル化が進み、国や地域の相互関係が深まるなか、難民や移民など、従来の国民国家を前提とした歴史ではすくい取れない人や物事が増えている」、地域や分野で細分化された個別研究を「どのような視点でつなげられるか試行錯誤していきたい」とする発言を引用している。

ナショナリズムと国民国家への帰属意識が原因の一つとなって人間集団間の激しい争いが起こったことを反省すれば、国の看板を外した議論は必要である。だが、歴史にはその主体を考える必要があり、国境を越えて活動する運動体、例えば1990年代から活発化した国境を越えるNGOなどの新たな活動[*31]に対しても、また生物の組織体以来の問題でありかつ人間社会においてもその基礎単位であるコミュニティの問題にも、私たちは注目する必要がある。

岩田弘（1929～2012）は、経済学の考察範囲を超えて中国システムの主体を農民コミュニティないし郷鎮コミュニティに求めた。同世代の谷川道雄（1925～2013）は、歴史学の観点から農民コミュニティを考察している。岩田も谷川も、マルクス主義が基本的教養であった最後の世代に属する。谷川道雄の問題提起を見よう。

4. 谷川道雄の中国農民コミュニティへの問題提起

谷川による中国農民の維権（権利擁護）運動への注目

谷川道雄（1925～2013年）は、名古屋大、京大、龍谷大を経て1994年から河合文化

＊28　《「世界史」の世界史》P.397

＊29　《「世界史」の世界史》P.410

＊30　2016年10月15日

＊31　例えば入江昭『歴史家が見る現代世界』講談社現代新書、2014年を参照されたい。

教育研究所主任研究員となった。同研究所のホームページは、谷川のプロフィールを、以下の2点に要約している。①「中国史を史的唯物論の定式によって理解しようとする、戦後の中国史学の流れに反省と批判を加え、共同体論的観点を導入して広汎な論争を引き起こすとともに、中国史学を活性化し新しい地平を拓」いたこと、②「なくなる前の数年間は、特に現代中国の農民の維権（権利擁護）運動に関心をもち、不法な政府の土地収用とそれに対する農民の抵抗を扱ったルポルタージュ作品である王国林著『失地農民調査』[*32]（2009年）を共同翻訳し、2010年文教研より『土地を奪われゆく農民たち　中国農村における官民の闘い』[*33]という書名で出版」したこと、である。

谷川は、このホームページに、「2012年夏　中国農民に夢を託す」と題した最晩年の問題意識、すなわち彼の「共同体論的観点」の到達点を記しているので引用しよう。

「長年やってきた魏晋南北朝・隋唐史の研究をひと先ず棚上げにして、いま現代中国の勉強に熱中している。現代中国の動きは、歴史を目のあたりに見るようにダイナミックで緊迫感がある。

30年来の市場経済導入政策で、中国は急速な経済発展を遂げ、『世界の工場』と言われるまでに成長した。いまや経済大国、さらには軍事大国への道をまっしぐらに走っている。

その反面、その成長がもたらした負の現象もただならぬものがある。官僚の腐敗・汚職を初めとして、国民間の所得格差の拡大、環境汚染、食品公害、思想・行動に対するきびしい統制等々数え上げればきりがない。民衆の政府・党に対する不満・憎悪は年を追って社会内部に沈殿蓄積し、頻々として反政府騒擾事件を生み出す。インターネットによる汚職官僚の摘発と攻撃も、すさまじいものがある。

中国には昔から『君は舟、民は水』のたとえがある。舟を載せて運ぶ水が一旦荒れ狂うと舟はひっくり返ってしまう。中国歴代の王朝革命の多くは、そこから起った。この言葉は現在の為政者たちもよく口にして戦々兢々としているが、もはや後戻りはできないようである。

人口の半ばを越える農民も、貧困と地方官僚の不法な政策に苦しんでいる。私が注目するのは、その農民のなかに、法に保証された権利の侵害に抗議して、地方政府と対決して闘う集団が各地に生れていることである。彼らは維権農民（権利を守る農民）と言われているが、教育水準もさして高くない彼らが自ら法律を学習して、官と渡り合う姿は、従来の歴史には見られなかった新しい現象である。これまでの農民は官の

＊32　新華出版社、2006年

＊33　谷川道雄監訳　中田和宏　田村俊郎訳、河合文化教育研究所刊、河合出版販売

不法を忍従するか、それが限度に達して暴動に走るか、二つの道しかなかった。しかし今や維権運動という、第三の道が開けてきたのである。それは中国農民がようやく近代的公民として成長してきたことを示すものではなかろうか」。

「ヨーロッパや日本のような先進国は、農村を犠牲にすることで工業的近代化を遂げてきた（イギリスのエンクロージャ、日本の戦後）。今日の中国も基本的に同じコースをたどっている。かの横暴な土地収用は、その如実な表現である。しかしもし維権運動が中核となって官僚の干渉を排除し、真に農民の手による郷村共同体が建設できるならば、中国の近代化はおのずから異なった世界を創り出さないだろうか。そうなれば、『近代化即工業化』（ライシャワー）という従来の観念は修正されなければならなくなる」。「中国の農民は長い間、官僚政治の支配を受け、自主的に連帯することを規制され、それが彼ら自身の惰性ともなってきた。しかし、市場経済の苛烈な力は、もはやそれが許されないところにまで来ている」と、谷川は書いている。

すなわち、谷川の晩年における到達点は、中国農民にとって「忍従」「暴動に走る」のいずれでもない「維権運動という、第三の道が開けてきた」というものであり、その前提として「市場経済の苛烈な力」が「中国の農民」の「自主的な連帯」を迫っているという興味ある見方を示している。なぜなら、谷川は森正夫と共編により秦から清末までの中国民衆叛乱を網羅した『中国民衆叛乱史』1～4（1978年～1983年、東洋文庫・平凡社）をまとめ、民衆叛乱が国家組織を再編する結果に終わることを描き出しているからである。

谷川は、さらに前掲の『土地を奪われゆく農民たち　中国農村における官民の闘い』の編者序文「『失地農民調査』に寄せて――現代中国農民の命運」[*34]において「帝政中国の歴史では…中略…民の大多数を占める農民階級とこれを管理支配する官僚階級との矛盾対立が歴史を創ってきた」とし、「現代を過去からの歴史の一過程、それも最新の過程として捉えたい気持」を述べ、「『耕者は其の田を有す』――これが孫文以来中国革命の理想であった。それが今、全く正反対の方向に向かって歩んでいる」のが「土地収用問題」であるとしている。

中国農民の維権運動は体制変革の新たな運動となりうるか

「権利擁護（権利を守る）」「行動が村ぐるみ、部落ぐるみで行われることは、極めてまれ」であるという現実を、谷川は認める。だが、この行動を通して「「官民の区別が越えられつつあるのだ」と評価し、伝統的な「一盤散砂」（皿の中に散らばった砂）

＊34　谷川pp.14～39

という傾向を超える農民の『連帯行動』が行われている。これは、「来るべき中国社会の胎動」であり、「法を以って戦うという近代性によっている。それは体制に根差しつつ体制を変革して行く新たなスタイルの運動に結びついてゆく可能性を持つだろう」という評価を与えている。その上で、「もしその活動が拡散し多面化することによって、彼らの手による民主、連帯の新農村建設へ向かってゆくならば、それは確実に中国農村史に新しい紀元を画することになるであろう」と結ぶ。

この谷川の「もし維権運動が中核となって官僚の干渉を排除し、真に農民の手による郷村共同体が建設できるならば、中国の近代化はおのずから異なった世界を創り出さないだろうか」という問いかけは、それが全国化して反権力闘争となって爆発するかどうかよりももっと根本的な問題提起であると考えられる。言い換えれば、谷川は現在の中国に新たな農民コミュニティが生まれる可能性を見出していたといえよう。ちなみに、岩田弘も晩年には「民衆の社会運動とは普通の人が日常的な組織に基づいてやるもの」と考えていた。

話が飛ぶようであるが、考古学は『実証主義」を標榜している。都出比呂志は、『古代国家はこうして生まれた』(1998年、角川書店)の「はじめに」で次のように言う。「従来の古代国家論は、律令国家形成史を描くことを大切にするあまり、6世紀以降を偏重した。その反省に立ち」、「本書で考古学の強みを生かし」、「古代国家が長い時間をかけ、また様々の試行錯誤の過程を経て出来上がっていく諸段階の解明」[*35]を行ったという。古代国家とは、農業社会におけるコミュニティ相互間の関係が、共同体を出発点として多層的多次元的なコミュニティネットワークとしての農業帝国――中国文化圏においては「律令国家」――という巨大な国家組織を作り上げることである。

一般に歴史は結果から逆算されて一定の方向に向けて進化するかのように語られるが、当事者たちが迷いながらやっている試行錯誤から生まれた結果の集積であり何事にも時間がかかるものと見るべきではないか。

小林一成『チャイナギャップを見極めろ』の現実主義的理解

中国の江蘇省南京市在住の経済ジャーナリスト小林一成は、『チャイナギャップを見極めろ』[*36](実業之日本社、2016年)において、「中国政府は、貧困退治政策の一環として、出稼ぎ農民の都市定住を奨励している。一方、戸籍、社会保障、子女教育、農地

＊35　都出p.2

＊36　この「ギャップ」とは、1953年生まれで中国在住の小林が「肌で感じる中国」と日本で中国経済破綻論などとして「報道される中国」とのギャップの意味である。彼は中国経済破綻論など日本で流行している嫌中論に対する否定的問題意識を持っている。

耕作権などの関係法令が、まだ、完備されていない。…中略…四川省政府統計局が2015年暮れ、省内主要九都市で働く出稼ぎ農民に対して行ったアンケート調査の結果、積極的に都市移住を望む出稼ぎ農民の割合は15％にとどまった。一方、移住を望まないと答えた農民は54％、「様子を見たい』という人は31％。38％が『現有の農地耕作権を手放したくない』と答えている[＊37]」ことを指摘している。

この「積極的に都市移住を望む出稼ぎ農民の割合は15％」という数字は、おそらく当を得ているであろう。中国の農民の生活状況は、かつては出稼ぎに依存していた日本の農民のそれと比較しても、到底同日に論じられないと思えるからである。また、小林の挙げた「社会保障、子女教育」さらに医療においても都市と農民には大きな格差があり、北京や上海などの大都市住民はたとえ頭では「悪いと思っていても」、その既得権を守ろうとすることは間違いない。

ただし、小林はこれに続いて、都市部で働く農民「2億5千万人の15％＝3750万人が、都市での住宅購入を望んだ場合、…中略…33億7500万㎡の不動産がさばけることになる。現有在庫の約4倍だ[＊38]」と計算している。これまた中国の巨大さのなせる業であろう。

小林は、「習近平主席をはじめとした中国指導部は、歴史に裏付けられて危機感を持ち、反腐敗運動を推進しているのだ[＊39]」という一句を同書の結論としている。その上で、この著書の「終わりに」で、「最大の人権侵害は貧窮である」という言葉が引用されて、「中国指導部の人権問題に対する考え方を凝縮」しているとする。さらに「われわれは、人権というと言論、政治の自由を思い浮かべますが、中国の執権政党と政府は『生存権と発展権』が最優先だと主張している」と規定して「14億人がまずまずの生活」を保障しようとする「パワー」を評価するという「現実主義[＊40]」であり、ひいては農村市場を含む中国国内市場の発展力に対する楽観論に立っている。

それは、中国の内部には「まだ耕されていない市場」があり、その発展には時間がかかるということである。たとえば、2016年度2800万台強となった中国自動車市場の発展は、安価だが低性能かつ雑多な農民車などを小型車に置き換えようとする小型車減税措置を大きな動力としていた。ただし、中国の自動車社会化の深化は農村地域

＊37　小林p.169、小林は、2015年10月16日習近平主席が「今後5年間に全国農村部貧困人口7000万人を貧困から脱出させる」と公約したこと、その中に少なくとも一千万人を都市部に移住させる計画があることを、評価する立場である。同書pp.144～145

＊38　小林pp.168～169

＊39　小林p.84

＊40　小林pp.285～286

の便益とはなるが、コミュニティの解体を促進するという他の面も持つ。

5. 中国巨大資本主義の現状と中国社会の変貌

5－1　中国巨大資本主義における金融業と製造業との分極化

「中国の上海」から「世界の上海」へ

私が2016年9月時点で中国を瞥見し得た印象を、2つ挙げたい。

第一に、上海が「中国の上海」からすでに「世界の上海」となったと、上海の人々は思っていることである。

銀行のビルディングが櫛比（しっぴ）する浦東（プードン）の金融街は、ニューヨークのそれに匹敵する規模――中国工商銀行は資産規模で世界第一位であり、中国は貯蓄率が依然として高い資金大国である――となったことを自負している。「おもてなし」を表に出すしかない東京よりも、上海はビジネス面ではるかに国際的に発展している。さらにG20が開催された浙江省の中心都市杭州も、かつての観光産業に加え、貿易、IT産業、製造業の4つが発展している。

この企業ビジネスという面において中国は、対外貿易面から中国の国内市場へと、さらに国内市場における設備投資競争への依存から消費市場の拡大及び高齢化社会の急速な進行に伴う新型サーヴィス産業へと向かっている。韓国や台湾を訪れた時に、この都市の発展のピークがすでに過ぎたという感じを受けるのとは異なっている。

第二に、私は2005年の拙著で金融市場主義のアメリカ・ヨーロッパと製造業を担う中国・アジアとの世界市場的な分極化を指摘した[*41]。当時の金融業と製造業との分極化とは、アメリカ・ヨーロッパの金融業が製造業の拡張再編を媒介する積極的役割を果たさなくなったことであったが、同じ状況は中国の内部においても進んでいる。中国の銀行は硬直的であり、国有企業と不動産業に融資を振り向けているといわれている（2015年の中国鉄鋼需要の内訳で、不動産42%、インフラ25%と建設向けが7割弱を占めることと、新規融資先の比率は、ほぼ対応している）。

側聞にすぎないが、中国の金融業界で、製造業に関心を持っている人は少ないと思

＊41　拙著『中国巨大資本主義の登場と世界資本主義　WTO加盟以降の中国製造業の拡張再編と日本の選択』批評社、2005年

われる。また、中国の金融業界には（2015年の株価暴落を受けて）市場調査という職名で実際には株価操作に携わっている人が多く存在し、結果的には中国の株式市場を不透明にする役割を果たしている。つまりは、中国の貨幣市場だけでなく資本市場も未成熟なのである。

したがって、中国における金融業がこの状態のままであれば中国製造業、さらには都市化や高齢社会化に伴って必要とされる新型サーヴィス産業も有益な方向に伸びないかも知れない。これは中国における企業間信用の拡張がどのような金融市場システムを生み出すことになるかという今後の問題に属する。

高利回りを求める「理財商品」も、2013年ごろから地方政府の資金調達に利用されたことからリスク商品として注目されるようになった。426の銀行が扱う銀行理財商品の2015年末残高は、23.5兆元（352.5兆円）と前年比56％増えた。そうした商品の販売がまず盛んになった温州地域のように、具体的に投資先が解らなくても誰に対して貸しているのかが解っているうちはともかく、従来型の「理財商品」も行き詰まり、インターネットを利用して貸し手と借り手とをつなぐ金融いわゆる「ソーシャルレンディング」が増大した。これは中国における不動産バブルの大きな要因となった。つまりは、人民元建て金融資産保有の不安定性である。

私見では、市場経済化の歴史がまだ短い中国の「格差問題」においては、①住宅購入を利殖の機会と捉えたか否か（具体的には自分の住む家を現金で購入するだけでなく、2軒目3軒目をローンで購入する才覚のあった人）と②1990年代前半の国有企業の民営化においていわゆるMBO（経営者による企業財産の購入）の機会を捉えて優良企業を購入することができた人が現状での富裕層となっているように考える。とりわけ②については中国での法規制が未熟でかつ緩いため、借金返済を引き延ばしたりすることによって実質的には安く優良企業を手に入れることができたわけであった。

企業債務の急増と不良債権の増加の継続

中国の民間債務とりわけ企業債務がいぜんとして全体的に増加し、金融機関の不良債権の増大も懸念されることに対して、IMFは2016年8月の年次報告書で、「具体的には国有企業への政府支援の制限、過剰債務を抱えた『ゾンビ企業』の再編、失業者の支援などを挙げて、「早急に企業債務の問題に取り組む」ことを促した。またBIS（国際決済銀行）は、9月の四半期報告書で、「民間債務の伸びがGDPの成長率より異常に高い」ことを指摘した。BISによると中国の民間債務は2016年3月末で209.8％と、四兆元対策を打ち出す2008年9月末の115.7％の2倍近くの水準になっているためである。それには過剰債務を抱えた国有企業の整理淘汰が必要であるが、地方政府は失業者の増加を恐れている。[*42]

また中国は借金の返済要求がこれまでのところなし崩しにされてしまう社会であった。債務逃れを図るいわゆるモラルハザードである。

しかし、中国企業の債務総額は2015年末に115兆元（1725兆円）GDP比1.7倍でバブル期の日本を上回っている。そのきっかけは、リーマン・ショック後実施された4兆元の景気対策と金融緩和策であった。銀行の不良債権は増え続けており、2016年6月末の商業銀行の不良債権残高は1.4兆元（約21兆円）を超え、2011年9月末から19四半期連続で増加していた。銀行業監督管理委員会によれば、商業銀行は過去3年間で約2兆元（約30兆円）の不良債権を処理しており、2015年の利益は1.6兆元（約24兆円）、貸倒引当金は約2.5兆元（約37.5兆円）ある。この不良債権の処理は、通常の資金回収のほかに、1990年代末以来の資産管理会社（AMC、かつての4社のほかに2013年以降各省の地方AMC30社近くが設立された）への売却、債券の株式化（債転股（さいてんこ））、債権の証券化を通して行われる見通しであるが、かつてのように政府が損失を補償しない市場化された運用が目指され、モラルハザードを防ぐ必要がある。

また日本総合研究所の試算によれば、中国の実際の不良債権総額は12.5兆元（約190兆円）、貸出金に占める比率は8.6%であり、日本の銀行の不良債権が最多であった2002年3月末の43兆円、8.4%という比率を上回っている。[*43]

中国の経済成長率が低下しており、担保不動産を売却するにしても不動産市場在庫があることによって、不良債権処理には時間を要することは間違いない。

5－2　中国製造業の動向

製造業とインフラ建設関連産業との性格の違い

中国の製造業は、若年労働力供給の減少に加えて生産年齢人口の減少がすでに開始されて賃金上昇が継続していることによって、「世界の工場」時代以来の利幅の薄い加工貿易型からの転換を迫られている。リーマン・ショックは、たとえば浙江省などにある中国の輸出産業に対しても大きな影響を与え、その転換を迫った。従来型の製造業は、中国の国内にビジネスチャンスがないと見て東南アジアなどの国外（一部はアメリカにも）に出て行くか、中国国内の内陸部つまりかつては農民工を送り出していた地方に行くことになった。

＊42　「日本経済新聞」2016年9月22日
＊43　「朝日新聞」2016年9月24日

中国の美的集団（東芝の家電部門も買収した）が、産業用ロボットで世界2位のメーカーであり、ドイツのインダストリー4.0のリーディングカンパニーであるクーカ（KUKA）を買収したのは、中国でも工場の自動化・ロボット化が進んで行くことを意味する。

4兆元の財政支出に引き続く銀行貸し出しの急増、地方債務と企業債務の膨張によって支えられてきた高速道路、高速鉄道、港湾などのインフラストラクチャー建設、さらに都市と住宅建設に依存してきた鉄鋼業やセメント、石炭、造船業などのインフラ建設関連産業は、過剰設備の整理統合などの大規模な再編を必要としている。これらの産業は、習近平政権の登場以来中国経済の「新常態」と言われてきた経済成長の低下の中で、国有企業の比率が高いことに焦点が当てられてきた分野に属する。

OECDの鉄鋼委員会議長を10年間務めた根津利三郎は、世界的な鉄鋼の過剰生産問題（その多くが中国によって生み出されているので、OECD加盟国ではない中国やインドも招待国として参加）について、中国鉄鋼業を念頭に置きつつ次のように述べている[*44]。「一つは情報交換の精度を上げること…中略…補助金などの政府支援措置だ」「もう一つは市場をゆがめるような政府介入をやめること。…中略…国営企業は財務状況が不透明で、補助金が入っていてもわかりにくい」。中国鉄鋼業の構造調整については「実際に生産量は減っていない。地方政府の管轄で中央政府も把握できない面があるのだろう」とし、「鉄鋼の需要は…中略…ある時期で止まる。日本は1973年の石油危機がピークだった。それ以降はほぼ横ばい。中国もまさにその状況だ」と見る。その上で、「中国は日本の状況を分析していれば、今の状況を避けられたかもしれない。インドやブラジルもいずれ同じ状況を迎える。日本は過剰生産の解消にピークから20年かかった。日本の経験を共有できれば20年が10年になるかもしれない」と指摘する。

G20は、世界の粗鋼生産能力の半分を占める中国の鉄鋼輸出量が2015年に1億トン強となったことによる中国発「鉄冷え」に対して、中国を含めた鉄鋼業の「世界フォーラム」の設立を決めた。だが、中国の地方政府補助金で延命している赤字続きの鉄鋼企業が5割超あるとされ、国有鉄鋼大手が宝鋼・武漢鋼鉄のように合併再編しても、無数にある中小の民営製鉄所が生産量を増やして市況が悪化するという状況が続いている。セメント、石炭産業なども同じ状況である。こうした装置産業型や資源産業というインフラ建設関連産業は、中国製造業とは性格が異なる問題を抱えている。

＊44　「日経産業新聞」2016年9月20日

工作機械産業から見た世界と中国の設備投資動向

リーマン・ショック以後のアメリカ、EU経済の停滞傾向により、温州などの沿海部における従来型の中国輸出産業は打撃を受けた。中国においても製造業の比重が低下しており、抽象的に言えば産業再編を必要としているということである。このことについて、設備投資に密接に関連する工作機械の生産拠点を日本とドイツに持つDMG森精機の森雅彦社長は、「日本経済新聞」紙上で「世界の設備投資需要」について発言[*45]しており、2016年前半の工作機械業界状況をよく反映していると思われるので引用したい。

「中国での電子機器の受託製造サーヴィス（EMS）受注が今年はない」、中国からの「受注は1割減だ」として、世界市場の回復は「中国の構造改革の進展による」と中国の重要性がカギになると見ている。さらに、「全世界で同じものが同じように売れる時代になってきた。アジア企業は安物から本物への生産の転換に苦しむ。安くて人手のかかる設備では作れない。日独のメーカーにとっては追い風だ」と評価する。中国においてこれまでの電子機器の受託製造サーヴィス（EMS）の代表であった鴻海のように、労働力を大量に都市の工場に集めていわば《力尽く》の形で物を作る時代でもないし、またそれが可能なことでもなくなったということである。

なお米国市場に対しては、「約2割のエネルギー関連がゼロで全体は弱含みだ。自動車や航空宇宙は良い。顧客の機密保護が厳しく、中国勢は入れない」、「心配は深刻な人手不足だ。高性能の機械を入れても操作する能力のある人がいない。米社会は二極化で真ん中の層が不在。成長の障害になりかねない」とする。この指摘が示すものは、アメリカ製造業企業のいわゆるグローバル化が進み、製造業のサプライチェーンの世界的基軸である中国への雇用流出と対中貿易の不均衡とが生まれたことである。このことは、直接には米国における雇用と賃金の問題であるだけでなく、今後の米中経済関係さらには米中関係にも影響し、中国にとってはその雇用と賃金上昇に、また華人社会を通して繋がっている周辺アジア諸国との関係にも影響する問題でもある。

ちなみに、欧州全体に対して森は、「受注台数は昨年を15％上回り、悪くはない。西欧から中・東欧、トルコなど各地域も2桁増だ。3軸の機械が4軸、4軸が5軸と進み、周辺機器もつけて単価も上がっている」と評価している。

第四に、製造業に力点を置いて中国に進出した日系企業の存在感は、中国において低下している。世界全体の3割弱を占める最大の中国自動車市場において、外資系ではドイツの19.5％に次ぐ15.4％（2016年上半期）を占め日本国内新車市場の484万台

＊45 「日本経済新聞」2016年9月19日、月曜経済観測欄

(2016年見通し）に迫る日本自動車企業に対しても、世界最大の自動車市場で勝ち残れなければどうなるのかという問題を突きつけている。日本国内について森は、「国内受注は5%減ぐらいだ。大手顧客は自動車エンジンの刷新などに積極投資し、あらゆるものがつながるIoTも進めている。7割はそうした積極派だが、3割は保守派で現状に甘んじる印象がある」「中堅顧客では一部自動車メーカーの一次下請けなどが活況だが半分は厳しい」と見る。ここでも工作機械の性格から見たら当然かもしれないが、自動車産業が主軸となっている。

人手不足や人件費高騰のため中国の工場ロボット化は進む

中国の設備投資動向は、人手不足や人件費高騰のため今後も進むと予想される工場のロボット化とも関連している。

そこで、産業用ロボットの動向について、その生産台数で世界1位（サーボモーターやインバーターも共に世界首位）の安川電機の見通し[＊46]を検討しよう。

「上期は前年比10%ほど増えそうだ。中国は自動車と電機向けを中心に」、「米国は自動車のほかに、食品や薬品、化学品の『三品』産業向けが堅調だ」。「日本と米国、欧州は自動車よりも、一般産業向けの成長率が大きい。特に三品産業での搬送や梱包作業での自動化ニーズに期待している」。

さらに「景気減速の影響が懸念される中国市場」という問いに対する答えとしては、「中国は日米欧と比べて、圧倒的にポテンシャルが大きい」とその市場としての重要性を挙げる。その理由としては、中国の「ロボット需要は自動車だけでなく、スマートフォンなど電器産業向けでも急速に高まっている。背景にあるのは人件費の高騰や人手不足で、人海戦術で対応してきた工程をロボットに置き換えようとする動きがある」ことである。

さらに、より一般的に「自動車は設備過剰ではという指摘もあるが、今ロボット化が進んでいるのは物流や搬送の工程だ。塗装や溶接などの製品品質に影響を与える分野だけでなく単純作業の自動化に力を入れている。自動車以外の産業では機械加工が終わったワークの取り出しや研磨作業」という。ここで「物流や搬送の工程」、「単純作業の自動化」に重点が置かれていることに注目すべきであろう。

一般的に見れば、産業用ロボット業界のこれまでの発展は、自動車産業とともにあったものであり、現在は半導体業界、この記事にも言う食品、医薬品、日用品のいわゆる三品分野、医療・介護・福祉のサーヴィスロボット分野にも拡大しているが、安

＊46　「日経産業新聞」2016年9月20日、富田也寸志・ロボット事業部事業企画部長

川電機も「現在受注の6割は自動車業界に頼っている。この比率を中長期的に5割に下げたい」としている。

そして、ファナック（多数のロボットを一台のパソコンで整理・統合でき、ばら積み部品の取り出し、機械部品の精密嵌合（かんごう）を得意とする）やスイスのABB（2006年にロボティクス部門の本社をデトロイトから上海に移し、2010年 オートメーション・ロボティクス事業部をプロセスオートメーション事業部とオートメーション・モーション事業部に再編した）など競合他社も同じ地域や産業を狙っているという問いに対して、次のように答える。「ロボット導入をエンジニアリングするシステムインテグレーター（SI）との関係が重要だ。…中略…特に国内と中国で、付き合いのあるSIの数を増やしていく。中国は独自の商慣習でSIとエンドユーザーの関係が密接だ。そのため、SIにロボットの新製品や自動化のアプリケーションを提案することが必要になる」とする。また「人の隣で作業できる」協調型ロボットやIoTに関して「欧米はフレキシブルな生産が求められており…中略…先行投入する可能性がある」と見る。

この状態を「中国は、ドイツの影響を受けており、関心は非常に高い。ただし技術レヴェルに差がある」と評価する。この点は重要であろう。中国が世界最大の産業用ロボット市場となっているからである。なお日本については「欧米と考え方に差があり、保守的に効率を追求する傾向がある」と見る。日本ではまだ製造業が自分の手の中にある工場生産（おそらく総コストの1/3程度）の範囲でしかコストを考えていないためであろう。現実には、どこでも部品が製造できサプライチェーンが発展すれば、工場の外側のマーケティングコストの削減の問題がはるかに大きくなる。

したがって、中国にとっては、アメリカのような製造業の対外流出が問題となるよりも、中国国内市場における旧来型の製造業から例えば深圳に代表される企業（華為技術、ZTE、テンセントなど）のイノベーションが進んでいる地域の動向が重要となるのではないか。

5-3　中国巨大資本主義の「巨大さ」が持つ意味

中国巨大資本主義がその巨大さ――中華思想のことまで今さら言わなくても、それ自身が世界に匹敵する存在であることは疑いない――ゆえに、今後の世界資本主義において大きな役割を果たす。

大国はどこでもそうであろうが、中国はもともと地域格差の大きな社会であり、現在も省単位でも一見してわかる貧富の差がある。したがって、中国巨大資本主義の内部では商品経済の原則で平等なものは平等に扱う透明性は必要であるが、政治的には不平等なものを平等に扱う配慮が必要とされよう。

中国やアメリカのような巨大国家と巨大資本主義システムは、その領域の内部が世界と言える規模を持つ。したがって、そのシステムの構成部分（アメリカの州＝ステーツ、中国における省や中央直轄市）間の利害調整[*47]が、対世界、対世界市場的調整以上に重要な課題となる。

「日経産業新聞」紙上[*48]で、広州駐在の中村裕記者は、「中国で暮らしていて困ることは山ほどある」として、「レストラン」のサーヴィスのレヴェルが低いことを例として「まだまだこれからの新興国なのだと実感する[*49]」としている。

これに続けて中村が強調しているのは、「中国にいて本当に困ることと言えばやはり景気」であるが、「公表される数字は信頼に足りない」として、「日本の25倍の面積に10倍もの人口を抱える大国故、この国全体の状況を正確に把握するのは並大抵のことではない」、例えば「広東省だけでも国内総生産はメキシコ一国に相当し、人口は1億人を超える」ことを挙げる。さらに「北京、上海、広州など地域によって景気は大きく異なる。地域別や業種別により具体的に」見るべきものという。

したがって、巨大国家の内部にいる人々にとっては、自らの外側にある世界・世界市場に対する関心度や理解度は、日本のような国民国家レヴェルの規模の国と比較すれば低下せざるを得ない。日本やヨーロッパのような国民国家規模の国の状況を物差しにして中国やアメリカに当てはめても、その状況を理解することはできないであろう。

そこで、中国巨大資本主義の巨大さとは、それぞれの地域ネットワーク相互の激烈な競争を通して変化が波及して行くにしても、全体が起動するまでには長い時間がかかるということである。たとえば、中国は世界一の自動車販売国となり、だれでも運転免許を取得して自動車を持てるようになった。運転マナーも、それに伴って次第に変わってきたと感じられる。

また、地方の3級、4級都市に浙江モデルの都市計画が普及していると言われるのは、浙江省時代が長かった習近平が国家の指導者になったため、浙江時代の人脈を、諸地方に配置しているためと言われている。一般に政策の執行過程は執行機関の人的

＊47　中国にも『新左派』というグループがあり、現在ではトマ・ピケティの『20世紀の資本』を論拠として、格差の是正、中国政府の一面である新自由主義・市場主義に対する批判を行っている。

＊48　「日経産業新聞」2016年9月20日

＊49　服務員を呼んだらすぐに来てくれる程度でも、中国では高レヴェルのサーヴィスである。

構成によって左右されるが、中国ではそれが縁故資本主義[*50]と結びつく。中国巨大資本主義の発展を妨げている不合理なものを整理するには、市場経済的合理性が一方では必要と考える。

他方で巨大国家と巨大資本主義システムの内部において多種多様な人間集団が存在し、その間の多様なネットワークが存在し、その間の興隆と競争関係が激しいことは、それを通してこれまでとは異質のシステムや発想法を生み出す可能性を持つ。

人類史は、同じような因果関係が新たな状況の中で繰り返すという一面を持つため、歴史的な比較が可能であり、また古くからある発想法が新たに解釈され直される。同時にすべての出来事が一回限りの必然性によって起こるからこそ新たなものが生み出され、人類史はそれまで予想されなかった新たな方向に向かって展開する。

したがって、中国・アジアシステムの今後の展開が人間社会に対して何を生み出すのか、何を変えようとしているのかに、私たちはあらためて注目する必要がある。

最初に見たように、中国とアメリカの双方、とりわけアメリカにおいて「グローバリゼーション」に焦点が当たっていた時期から再度転換し、双方において国内問題の動向が、ひいてはそれぞれのコミュニティの問題があらためて問われることになる。組織体（オーガニゼーション）ではなく家族を含めて日常的な存在としてのコミュニティは、人間がそれなしには生きられないものであり、また資本（企業）が作り出すのとは異質のネットワークを作り出す。

5－4　次の焦点がコミュニティとなる中国

中国のコミュニティの変化とそのグローバル企業との関係

中国巨大資本主義の実態についてはすでに触れたが、中国社会の今後を左右する根本問題は中国のコミュニティに行き着く。中国の都市化と工業化は、既存のコミュニティを急速に解体するが、社会保障・医療・福祉・環境問題への取り組みには新たなコミュニティが生み出されることが必要である。中国だけでなく、アジアの全体さらに中東やアフリカにまで拡大する都市化と工業化という条件の下で、環境問題などの世界的かつ地域的課題に対してどうするかを、（商品経済の存在を前提としつつそれを超えるべく）具体的に考えなければならない。

それを通して、中国社会の歴史的伝統としての思考様式、価値観——その根底にあ

＊50　これに対する批判的な見方としては、Minxin Pei “China’s Crony Capitalism—The Dynamics of Regime Decay”, Harvard University Press, 2016を参照されたい。

りかつ上位を占める概念は、家族関係とりわけ親子関係である――が、高齢社会化が急速に進行することを通して変化すると予想される。一人っ子世代の中国の若者は、頭は伝統概念（親の老後を見るのは義務だという観念）によって縛られているが、現実の彼らは、その負担を担う力を持っていない。認知症なども急速に増えているので、中国の高齢者福祉は施設福祉の方向に急速に移行するであろう。また一人っ子政策が廃止になっても出生率がそれほど高まらないのは、中国の若者にとって子供を持つことの意味が薄れ、若い自分たちの享楽と消費に関心が向けられているからなのかもしれない。

20世紀的なソ連型社会主義の崩壊によって、体制変革ということが少なくともそれを知る二世代くらいの間は中心課題ではなくなった。商品経済の存在を前提とする漸進的改革と改良は、これも難しい。

一般的にいって大災害の場合でも、特に人命救助などは、行政によって救われるのはほんの一部であり、住民相互のふだんからの助け合いの準備（どこに誰がいるか、救助の機材として何がどこにあるのかなど）に依存する。四川地震以来行政の無策により拡大した中国におけるヴォランティア活動や、さらに中国社会の存続に関わる水汚染・大気汚染等に係るNGOの活動も、比較的盛んである。したがって、中国社会の今後を考える上で、こうしたコミュニティの変容に注目して行かねばならない。

ここでは、中国のコミュニティに対して観点が異なる二人の考察を挙げておくに留める。

城山英巳、『中国　消し去られた記録』

時事通信の城山英巳は、『中国　消し去られた記録――北京特派員が見た大国の闇――』において、彼が北京特派員であった中国のこの時期（2011～2016年）を、共産党権力とそれに対する民間の反抗が激しく、権力が民間を抑え込んだ時期の一つ――「異論を取り込みながら政権運営を」という余裕がないため、弾圧しかなかった――と特徴づけている。

彼は、習近平が毛沢東を今も〈武器にできる〉と考えており、それが中国のゆがんだ政治・社会構造を作り出しているという。その根底にあるのは、「中国人は共産党一党独裁体制のままでも豊かになればそれでいいのか」という問題であるとするが、それに対する彼自身の答えは、率直に言ってよく分からないという。「中国の未来は全く予想できないし、そうなったとしても明るい未来が待っているかと言えば、必ずしもそうでないだろう」。

城山は、共産党・政府が外国メディアに対し自分たちが作り上げた『中国像』を宣伝するよう巧みに誘導していることに対して、民間側から見た『中国像』を伝えたいという。「習近平という強権指導者の下で、権力と民間がせめぎ合う緊張した局面が多かった。…（中略）…景気減速の中、痛みを伴った構造改革を展開しているが、それが失敗して社会不安が押し寄せる時代に懸念を強める」が、中国指導部が「異論の封鎖」という手段をとっているとする。

だが、城山が取り上げている人権派弁護士たちのような硬質の知識人の活動――その存在が中国社会の奥深さを示していることは間違いない――だけを見るのでは、中国社会の全体的動向をとらえるのには不十分である。

ふるまいよしこ『中国メディア戦争』（NHK出版新書、2016年）は、中国には3億人と言われる中産階級がおり、中国のビジネスマンは、インターネットや英語を使いこなし、世界を見ていると言っている。この中産階級の厚さは、中国社会の特徴であり、たとえばミャンマーなどとは大きく異なるが、その動向はまだ定まっていない。

阿古智子、『勃興する「民」』

阿古智子は、『勃興する「民」』（英文表題では“EMPOWERD CITIZENS ON THE RISE”（「超大国・中国のゆくえ」5、新保敦子と共著、東京大学出版会、2016年））において、「格差社会の構造」、「揺れ動く言論空間」、「国境を越えた公共圏の構築に向けて」、「勃興する『民』と社会の再生への道」の4章を執筆している。

阿古は、国家・国民の側双方において抗争型の政治環境が浸透していると見る。「中国の政治体制は意外に弾力的であり、中央と地方の権力が分断的に存在するため、民衆の不満はしばしば中央ではなく、地方の役人に向けられ、国家の正当性を脅かすには至らないことが多い」が、「抗争型政治が、ネット空間を通じてさらに強化されてしまうという状況もある」という。そしてこの抗争型政治は、中国の人々の「『自由はいるが、民主はいらない』というメンタリティに基づいて発展している」と考えている。

阿古はこの問題を、「対等で自立した個人が、自発的なネットワークを構築する基盤が、中国という『私』の伸縮幅が大きい国家と社会」、すなわち「国家と社会の双方において、人間関係の形成が伸縮幅の大きい『私』に影響を受け」るという。「個人主義とキリスト教文化の影響を受ける欧米諸国のコミュニティが親族集団を中心とする縁故主義から離れていったのに対し、伝統中国では家族や宗族が機能し続けた」という解釈をとる。中国の人類学者費孝通（ひこうつう）が、「『己』を中心とする関係が同心円状に広がるというもので、『己』が他者を序列化・差異化する基準は普遍性を持たない」ことにより、西洋の個人主義と区別して「自己主義（自己中心主義）と規定して」いることを挙げて、「『公』も『私』も相対的になる」とする。

「中央政府にとって重要なのは統治であり、統治に大きな支障が出ない限り、地方の管理上の問題には目をつぶる」、「法の支配が定着せず、思想・言論が厳しく統制される社会では社会のモラルが低下し、正直者が馬鹿を見る風潮が広がっていく。そのような環境において、新たなアイデアや社会的に意義のある価値を創出するのは難しくなる」と断じて、中国の国家統治システムには難しい問題があることを語る。

ただし阿古は、最後に「巨大な規模を持つ中国の変化が周辺諸国に及ぼす影響は計り知れ」ないことを指摘する。「地域間格差が大きく、社会保障や土地所有の面で農村と都市とを区別する戸籍制度を有し、漢族と少数民族との衝突も深刻化している」複雑な「中国の断裂構造」の「漸進的な変革の模索」において、「グローバル企業の社会的責任」にも期待をかけ、「環境情報データベースの構築」の必要などを説く。

阿古も、先に検討した谷川道雄と軌を一にして「中国の断裂構造」の「漸進的な変革の模索」を行っていることを指摘しておきたい。

6. おわりに

経済学は、「市場」ないし商品経済が社会にとっては表皮的なものであると見るが、商品経済がどこからどのようなものとして生まれるのかは、歴史学だけでなく考古学を含めて考察すべきテーマであろう。経済学の発想法は、「市場の相対的合理性・透明性」および「市場の強制力」を前提とするからである。小論において論じたコミュニティとは、生物の社会さらには生命体の組織方法にまで遡る問題である。コミュニティにおけるコミュニケーションを成り立たせる言語システムの研究も必要である。また商品経済によって包摂される生産過程における生産力・生産方法の革命的発展進化の現状を考察することも不可欠である。ロボットが生命体を模倣する人型ロボット、人工知能などの新しい問題がすでに登場している。

したがって、経済学が歴史的現実の根底にある人類社会にとっての根源的課題を考察し、「市場の合理性」・「市場原理主義」といった発想法を超えようとすれば、経済学の内部ではなく、違う分野の発想法との対話が必要である。

これまでの経済学の「原理」では明らかに解けない現実問題が登場している。固有名詞を外した「原理」を絶対視しないこと、また資本主義社会を対象とする経済学の発想法からの転換が必要であろう。21世紀の世界には経済学だけでは解けない問題が数多くあるからである。

一方で、経済学の「原理」として残っている古典は、それぞれの時代が作り上げた全体認識であり、特定目的達成の手段としての部分認識ではない。これらの古典は、われわれの視野を広げ、思考を訓練し、人間の考え方は古いものを新しくしているだけであるという一面を持つことに気付かせた。だからこそ、私たちは、これまで予想されていなかった新しいものについて、古典を振り返ると同時に古典の時代では想定されていなかった事態、すなわち普通名詞ではなく歴史的固有名詞がついた新しい現実の内部関係とその動向を推論しつつ、それが人類にとって提起する根底的な課題を洞察しなければならない。

人類社会は、過去から現在を通って未来へと展開する。現在は直ちに過去ないし歴史となって未来に向かって進む。また歴史はそれまで予想されていなかった方向に向けて展開する。現在・現実と言っても絶えず過去となって行く歴史的現在である。

したがって、私たち観察者としては現時点の特徴を見出し、過去を現在に向かう過程として見直すことを絶えず繰り返す以外にない。これは、具体的にはどこから現実の全体性に切り込むかという問題意識、堅苦しく言えばその人に独自の方法論がないとできない。一貫して考えることは、それまでの見通しを現実の展開に合わせて絶えず修正することを必要とするのではないであろうか。

私の恩師岩田弘は、「コミュニティ」のネットワーク性を強調したが、この「コミュニティ」とそれが生み出すネットワーク組織活動は、経済学においては、まだ十分に考察されていない。

この小論において、アメリカの大統領選挙やイギリスのEU離脱など、本書が出版される時点では当然問題の様相が変化している問題を敢えて論じた。その理由は、経済学が重金主義・重商主義の時代の世界市場における固有名詞のついた各国の対抗関係から出発したことを重視したからである。経済学の重要な一面は、時事問題に即した考察にあり、したがって経済学者の役割は現実の推移の記録者となることにある。

アジア・中国の21世紀における中米体制は、当面の主役である。「デ（脱）グローバリゼーション」（中国内部においても「一路一帯」が議論されている）は、中国に対して新たな世界（市場）戦略を要求している。国内改革の必要はいうまでもない。人間社会の根本にあるコミュニティの変化を含めて具体的に固有名詞をつけて変化の動向と意味を考察することが私たちの課題ではないか。

[引用文献]
＊片山杜秀、『大東亜共栄圏とTPP』、アルテスパブリッシング、2015年
＊渡辺将人、『アメリカ政治の壁——利益と理念の狭間で——』、岩波新書、2016年
＊宮地ゆう、『シリコンバレーで起きている本当のこと』、朝日新聞出版、2016年
＊「世界」2016年10月号
＊冷泉彰彦『民主党のアメリカ　共和党のアメリカ』日本経済新聞出版社、2016年
＊エマニュエル・トッド、『グローバリズム以後』、朝日新書、2016年
＊「The Economist」、2016年10月7日号
＊Charles A.Kupchan、“NO ONE'S WORLD: The West, the Rising Rest, and the Coming Global Turn”、OXFORD University Press, 2012　チャールズ・カプチャン（ジョージタウン大学教授、国際関係論）『ポスト西洋世界はどこに向かうのか——「多様な近代」への大転換——』（小松志朗訳、勁草書房、2016年）
＊Gideon Rachman, “ EASTERNISATION: War and Peace in the Asian Century”. The Bodley Head, London, 2016
＊高橋和夫『中東から世界が崩れる　イランの復活、サウジアラビアの変貌』（NHK出版新書、2016年）
＊羽田正『新しい世界史へ——地球市民のための構想』、岩波新書、2011年
＊王国林著『失地農民調査』、2009年。谷川道雄監訳、『土地を奪われゆく農民たち　中国農村における官民の闘い』河合文化教育研究所、河合出版販売
＊都出比呂志は、『古代国家はこうして生まれた』（角川書店、1998年）
＊小林一成、『チャイナギャップを見極めろ』（実業之日本社、2016年）
＊五味久壽『中国巨大資本主義の登場と世界資本主義　WTO加盟以降の中国製造業の拡張再編と日本の選択』批評社、2005年
＊IMF、年次報告書、2016年
＊BIS（国際決済銀行）、四半期報告書2016年9月
＊城山英巳、『中国　消し去られた記録——北京特派員が見た大国の闇——』
＊ふるまいよしこ『中国メディア戦争』（NHK出版新書、2016年）
＊阿古智子（新保敦子と共著「超大国・中国のゆくえ」5、東京大学出版会、2016年）
＊南塚信吾他編『「世界史」の世界史』、ミネルヴァ書房、2016年

[参考文献]
＊拙著『グローバルキャピタリズムとアジア資本主義　中国・アジア資本主義の台頭と世界資本主義の再編』批評社、1999年
＊IAN MORRIS, “WHY THE WEST RULES—FOR NOW”, Farrar, Straus and Giroux, 2010
＊羽田正、『イスラーム世界の創造』東京大学出版会、2005年
＊羽田正編、『地域史と世界史』ミネルヴァ書房、2016年
＊Joe Zhang “Party Man, Company Man: Is China's State Capitalism Doomed ?” Enrichment Professional Publishing, 2014
＊都出比呂志、古代国家はいつ成立したか、岩波新書、2011年

* Minxin pei "China's Crony Capitalism—The Dynamics of Regime Decay", Harvard University Press, 2016
* Minxin pei "China's Trapped Transition—The Limit of Developmental Autocracy", Harvard University Press, 2008
*岩田弘、世界資本主義1、批評社、2006年
*トマ・ピケティ、『21世紀の資本』、山形浩生他訳、みすず書房、2014年
*大越匡洋、『北京レポート　腐食する中国経済』日本経済新聞出版社、2016年
*入江昭『歴史家が見る現代世界』」講談社現代新書、2014年
* Nicholas R Lardy "Markets over MAO— The Rise of Private Business in China" Peterson Institute for International Economics 2014

Ⅱ
環境と経済の間
――21世紀の文明史的課題

元木 靖

はじめに

本稿の副題を「21世紀の文明史的課題」とした。しかし、このテーマを正面から論じようと意図したものではない。日本は、第二次世界大戦後、驚異的な経済成長をとげ、さらに経済のグローバル化が進む中で、社会システムと人々の生活様式が急速に変容してきた。いま、それらが望ましい方向に向かっているかというと決してそうではなく、むしろ混迷の時代あるいは大きな転換期にあると言うべきであろう。このことについて、世界の動向に学びつつ、大局的な観点から展望的な問題整理を試みたのが本稿である。

具体的には、文明史の原点に立ち返り、人間の生存にかかわる環境について考え、環境問題を問い返しつつ、今日の経済社会に現れてきた変化とその特徴を検討し、現代の課題について考察する。その上で未来に向け新しい地域を創造してゆくための方向性に触れてみたい。

1. 文明史の構図

わたしたちが生きるいまの時代は、「文明社会」と呼ぶことができよう。G.チャイルドの著書『文明の起源[*1]』にみるように、人類はその誕生以来、長大な時間を経た後、約1万5000年ほど前にはじまる最終氷河期以降、新石器革命（農業革命）を果たして文明の曙をみいだした。そして19世紀の産業革命後になると、急速な人口の増加に象徴された「進歩」の時代を迎えた。それを可能とした生産様式（経済）の更新の結

＊1　Gordon Childe V.（ねず訳1966改版、上・下）

図1　文明史の構図

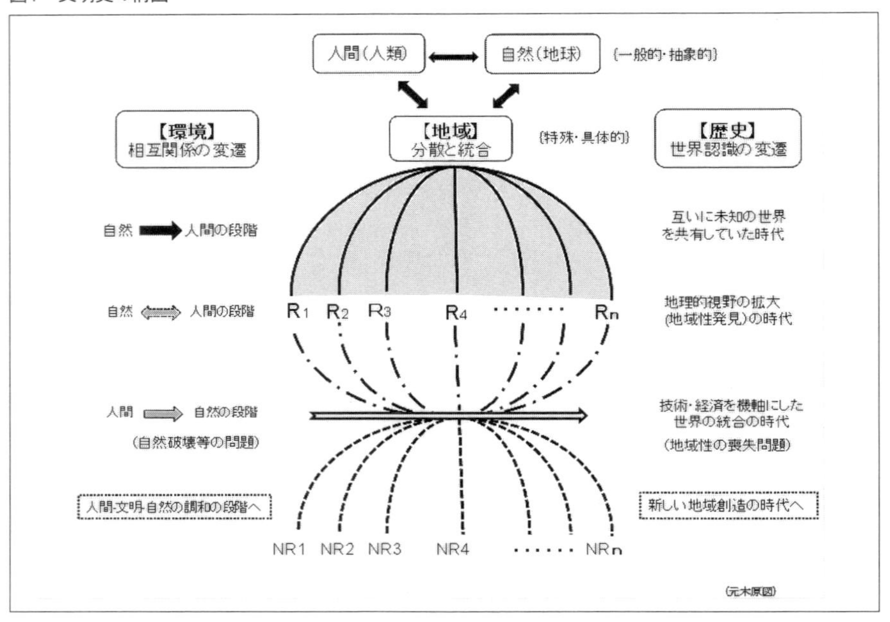

果、流通経済はグローバル化の傾向を強め、今日に至っている。

無論、現代社会は、必ずしもグローバル化という1語で一括りにできるわけではない。しかしここでは、簡単に一般化をこころみた図1を示そう。この図はあくまで従来の知見を総合して、人類史の歴史的・空間的構図を示したものであり、同時に、筆者の現代社会に対する認識と今後に対する見通し（結論的仮説）をも表している。

さて、人類史を考えようとする場合、自然と人間との関係が問題となるが、それをここでは人間の原体験の場としての「地域」が、歴史の中で地球全体に広がり、今日の「世界」の形成にむかって変容してきたことを前提に描いてみた。図中に描いた3つの弧状の線のうち、実線はこれまでの過去を、一点鎖線は現在進行していること、点線は将来の方向性を表現している。そして、図1の左側には自然と人間との相互関係を環境として捉え、右側には歴史における人々の世界観をおいて、それぞれの変遷を大まかに示した。

まず図1（左側）は、人類史がおおきく狩猟採集の段階（自然→人間）、農牧業の成立後の段階（自然＝人間共存）、そして人間が人工（技術）を駆使して自然を改変・利用し、今日の文明化を飛躍的に達成しつつある段階（人間→自然）へとすすんできたことを示した。

つぎに図1（右側）は、人類は所与の自然環境の範囲内で生活をスタートさせ、互いに未知の世界を作りあげていた時代、ついで未知の世界が徐々に開放され拡大した時代、そうして今日のいわば一体的な世界が形成されてきた時代である。

松井孝典・山地憲治氏[*2]は、このような人類史のプロセスを、地球環境問題を考える立場から、次のように説明する。すなわち、人類は、はじめ、生物圏の中の種の一つとしてその閉じられた中で生きていた段階（「生命の惑星」）から、人類が生物圏から分かれ人間圏をつくって生きるようになった段階（「文明の惑星」）に大別した。そのうえで、人間圏を内部に駆動力（エネルギー）を持たない「フロー依存型人間圏」段階（地球システムと調和的な「農耕牧畜段階」）と、人間圏内部に駆動力を持つ段階「ストック依存型人間圏」（地球内に蓄積されてきた資源利用による「工業化段階」）に区別している。

いずれにせよ、人類はこのようなプロセスを経て、いわゆる居住空間としての人間圏を拡げてきたのであるが、その初期段階には所与の自然のもとに多様な諸地域（$R_{1,2,3\cdots n}$）を形成し、時代がすすむにつれてそれらは統合されつつ、今日のグローバル時代に向かって変化してきた。

図1の下方の点線は、そうした傾向に対して、これからの未来を予察し先取りするかたちで表現している。無論、ここに人類が求めてきた文明の枠組み（グローバル世界）を否定し、昔の世界に復帰することを主張しようというわけではない。むしろ、これまで培ってきた文明の要素を残しつつ自然－人間関係の調和を図っていくためには、新しい地域（$NR_{1,2,3\cdots n}$）の形成が未来に向け期待されるのではないか、という意味をこめたものである。

このような人類史の構図を念頭におきながら、以下では、まず環境と環境問題ついて検討しよう。

2. 複雑化する「環境」の概念

2－1　地理学における環境と人間

最初に、環境と人間との関わりについて、早くから学問としての関心を示してきた

＊2　松井・山地（2009）

地理学の見方を簡単に振り返っておこう。無論、環境が人類生活に与える影響という場合、その起源はいわば自然発生的なものであるから、この両者にかかわる思想の発達を、歴史的に系統立てて明らかにすることは不可能であろう。しかし、少なくともギリシャ時代には、民族の諸特質の形成に及ぼす気候の影響、例えば光、空気、栄養など生命体の最深部にまではいりこむ要素について、深い関心が向けられていたようである。紀元前7～6世紀の地理学にも同様の関心がみられるようになった[*3]。

しかし19世紀の初頭になると、地理学は科学として環境に対する認識を深めるようになる。その役割を担ったのが、A.フォン・フンボルト（1769～1859）とC.リッター（1779～1859）であった。二人は近代地理学の創始者としてよく知られている[*4]。フンボルトは地表における自然と人類との相関関係を各地の探検を通じて明らかにし、リッターは地表を自然と人間と神の3者により統一された「地理的領域」「地理的個体」としてとらえる見方を確立した。その後、ドイツのF.ラッツェル（1844～1904）は、環境の研究を中心におき『人類地理学[*5]』を出版している。ラッツェルはそこで、生命体に入り生命体に影響を及ぼすひとつ一つの自然の要素ではなく、その総体を環境という概念で把握しようとしたのである。その後、気候についても土地自然とあわせた総体（環境）として、その影響が考察されるようになった。

それではなぜ、環境（milieu／environment）[*6]が、19世紀に入ってこのような意味を有

＊3　思想史上いつの時代にも、人間に対する自然の影響について考えた思索家がいた。最も初期の考察法は、民族の諸特質の形成に対する気候の著しい影響を認めていた。F.ラッツェルによると、古代のヒッポクラテス、近代初めのボーダンやモンテスキューらは、この種の見解を有する先駆者たちの中でもきわだった人物である（Johannes Steinmetzler 山野・松本訳 1983：78～78）。

＊4　例えば、水津（1974：3）

＊5　F.ラッツェルの大著『人類地理学』は、その原著出版後1世紀あまりを経て、ようやくその全訳（604頁）が紹介された。翻訳者の由比濱省吾氏は、その意義について、ラッツェルの論述が「複雑な人文現象を扱う場合にも決して環境諸力という視点を見失わなかった。」ことを指摘している（由比濱，2006）：まえがきiii）。

＊6　ヴィダル・ド・ラ・ブラーシュは、彼の著書『人文地理学原理』のなかで、「之（環境：筆者注）を明らかにするのに興って力があったのは殊に植物地理学である。（略）一体それからのがれて生きた有機物があり得るであろうか」（Paul Vidal de la Blache 飯塚訳，1940: 43～44）と述べ、生物をとりかこむ自然認識の成果を讃えている。F.ラッツェルによれば、そうした意味の環境と並んで、人間社会の発展を妨害したり促進したりして影響する第二の力、すなわち社会的競争（人口密度の増大、したがって食糧の需要増加、分業と協業を導く力も環境の基礎事実）であって、それらについてフランスの実証主義哲学者オーギュスト・コント（1798～1847）は、非常によくミリゥー（Milieu）と総称していた、という（Friedrich Ratzel 由比濱訳2006：18）。

する言葉として重視されるようになったのか。理由は、シカゴ大学の教授であったグリフィス・テーラー[*7]は、「環境」が生物的にも社会的にも人間の進化を支配するもっとも重要な要素であることが分かってきたからである。その後「環境」は狭く人間に適用され、人間生活に必要でかつ影響を与える「外囲の状態」をさすことになった[*8]。

ちなみに、英語で環境を意味するenvironmentは1827年[*9]、その語源に当たるenvironsは1665年までさかのぼることができ、その語義は“the district around the city”とある。「環境」には、「都市の周り」という意味がこめられている。すなわち産業革命を先行したヨーロッパにおいて、近代社会の特徴である都市の周りの地方、すなわちその自然と社会を含めた総体が、環境であるとと説明されている。これより推察すると、「環境」が意識されてくるのは17世紀半ば、その概念の成立は19世紀であった。なお、environmentalist（1916年）、およびenvironmentalism（1922年）の登場は20世紀初頭であり、これらは後述するように環境問題が重視されるようになった、ほぼ一世紀前であった。

2－2　「環境」と「文化」──エクメーネの拡大

地理学の立場から気候順応の問題を取り上げた能登志雄氏[*10]は、上述のような環境観の成立過程をふまえ、文化に目を向けることの重要性について、次のように述べている。「気候順応とは、気候を主とする自然環境への順応の意味に解され、その中でも最も影響力の強い気候が環境という概念の核心をなす」が、「人類は生物学的な意味で気候に適応するだけでなく、その文化を通じて気候に順応する」と。

その文化は、J.シュタインメツラーが指摘したように、所与としてあらかじめ存在するものではなく、人類による地表の占拠、すなわち生活空間（エクメーネ、Ökumene）の形成と拡大の過程で生成されてきた[*11]。ラッツェルに学びアメリカの人文地理学の樹立に貢献したE.センプル[*12]は、総ての人種、国民、国家は小さい地域から大きい領域へと発展してきた歴史に注目した。そして文化や文明の場合も同じ傾向がみられるが、文化や文明には移動性があり、一地点に限定されて停滞することはなく、個人か

＊7　グリフェス・テーラー（徳重訳1931：2）
＊8　例えば、渡辺（1977：10）
＊9　Merriam Webster's Collegiate Dictionary（USA）による。
＊10　能（1966：5）
＊11　Johannes Steinmetzler（山野・松本訳1983：61）
＊12　Semple, E.C.（金崎訳1979：175）

ら個人へ、国民から国民へと伝わってゆく[*13]性質があるので、歴史の過程では地域に応じた文化変容が起こったことにも留意すべきと示唆している。

ちなみに、エクメーネの形成の全体像については、ノルベルト・クレーブス[*14]が強い関心を示した。その記述によれば、地球上でエクメーネがもっとも著しく拡張した時期は、最後の氷期よりも後の時代であった。森林の開拓がエクメーネの形成に大きな役割を果たしたとみられている。そして開拓が限界地に向けて進められるにつれ、山地の高位部の居住地や極に近い所などでは、当初は逆にエクメーネが島をなすような状態がつづいた。それらが少しずつ克服され、エクメーネはひろい帯となって地球をおおうようになった。理念的にいうと、これが簡単な人類史である。

ところが、人類は相互に遠くかけ離れていたエクメーネ（国々）の存在に、しばらくの間気づかなかったようである。いわゆるコロンブスの偉大な功績とされる地理的発見時代以降、エクメーネは多種多様な生活様式をもつ人間集団によって棲み分けられることに気づくようになったのである。

そうして産業革命以降の時代に入ると、人類は周囲の事物から生活物資や生活手段を豊富に創りだす知恵と力を身につけ、既存の環境を改造し、種の保存と繁栄のために、より有利な世界（環境）を創り上げるようになった[*15]。それは、これまでのエクメーネをめぐる開拓の歴史とは異なった方向に人類が歩みはじめたことを暗示している。

2−3　複雑化する「環境」の概念

「環境」とは、既述のように、ある主体の外囲の状態のことである。人類史に即して人間（あるいは人間集団）を中心においてみると、その外側には「自然」がある。無論、普通にいうところの自然は、人間が存在しようがしまいが関係なく現れる客観的な状態である。しかし、自然環境（the environment　natural environment）となると、人間により評価された自然状態であり、必ずしも自然のすべてではない。ただ、どこまでが人間とは関係のない自然で、どこからが自然環境として意味をもつかは、人間が育んできた文化、あるいは抱いている目標（価値観）により変化する。その意味では環境とは主観的な概念であり、同一の環境であっても人間の価値観（主観）によって異なった意味をもつことになる。

ここで、いったん自然と人間（生存）との相互関係について、両者の時間的な変化を

＊13　前掲12（1979：183）
＊14　Norbert Krebs（辻村・能訳 1936：41,55）
＊15　西川（1985：69）

捨象して模式化してみると、図2のように示すことができよう。この図は人間を中心において、上部の半円は自然（環境）とのかかわり、下部の半円は人間活動に伴う環境形成の作用と自然（環境）の側からの環境への反作用、すなわち環境変動を示してある。

上部について言えば、類の対極には純粋自然があり、次に類の生存に直接かかわる自然環境、環境に人為が加えられ両者が一体となった人工的自然環境、さらに人為の影響がつよく表れた人工（技術あるいは社会）環境と区別してみることができよう。したがって、実際には、このような自然－人間関係を含めた重層的な構造が、環境を外囲の状態という時の意味である。

図2の下部は、環境と人間社会との間にある相互の関係、すなわち人間の側からの環境に作用する関係と、環境の側からの反作用の関係があることを示している。ちなみに、フランスの地理学者ピエール・ジョルジュ[*16]は、この問題の取り扱いについて、環境を占拠しこれを変形加工する諸集団によって環境がどのように認知されているか、を理解しなければならない、という。さらに環境の認知にあたっては三つの柱、すなわち、「第1に環境が人間のいくつかの欲求に答えうる可能性、第2に環境の側からの拘束力に対する従属性、第3に環境に発する脅威や危険に対する恐れの程度」に留意すべきであると、示唆している。

いずれにせよ、環境あるいは環境問題を論ずる場合、今日では、一般的に主体とし

図2　環境の重層的構造

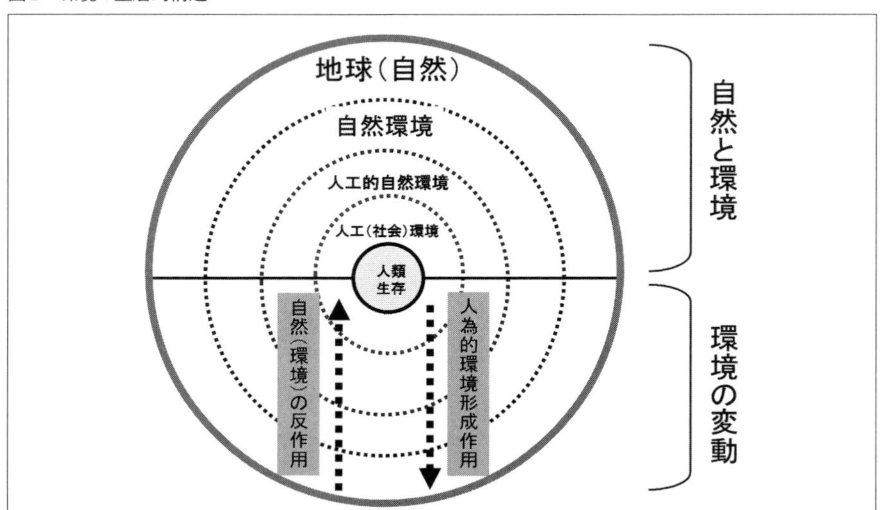

＊16　Pierre George（寿里訳 1972：22）

ての人間（あるいはその生活空間）の外囲の状況について、気候を核とした自然環境に人間の文化的営力が刻まれた総合的な環境の理解に加えて、人間と環境の相互間の作用（変動）にも留意することが求められる。

3. 環境問題の連鎖構造

3－1　環境問題の連鎖構造

環境問題とは何か？　もちろん、温暖化問題に代表されるような地球環境問題のみが、環境問題を理解する際の主題になるわけではない。その背後にある人間とのかかわりあいの歴史的な背景をもふまえた議論や考察が不可欠である。日下雅義氏[*17]が指摘したように、いまわれわれの眼前に展開する光景は、人間の能動的な役割を重視するようになった「環境可能論」の時代からは、一変してしまっている。その意味で環境問題は、「ある種のタイプの文明が生活環境にどのように影響を及ぼすかという角度で理解されねばならない[*18]」。

つまり、環境問題の論点は、いまや一つの原因に帰結できるものでもなければ、技術から経済、人間の居住、さらには現代の人間の精神とも関連する連鎖構造として展開している。そのことについては、以下、これまでに示された重要な見解をたよりに、環境問題をめぐる基本的な論点を、大きく3つに分けて整理してみよう。

第1は、産業革命後の20世紀に進歩した技術と土地開発にともなう問題である。まず、カーターとデール[*19]は、『土と文明』において、人間の生存基盤としてもっとも重要な土地が、開発により破壊される現象を重大問題として警告した。土地を収奪する多くのすぐれた道具、例えば近代のトラクター、ブルドーザー、大プラウ等々の機械が考案され、その威力が古代のひとびとがかつて夢見たよりも早く土地を開墾できるようになったことが、土地の荒廃というかたちで逆効果を招く可能性があることを問題とした。

同様に、日下雅義氏[*20]は地形学の観点から、コンクリート・アスファルト・トタン・

＊17　日下（1975：3）
＊18　前掲16（1972：10）
＊19　Carter, V. G. and Dale, T.（山路訳 1975：235）
＊20　前掲（1975：3）。同様に、そうした地形改変の問題については、田村俊和氏が人工地形

ガラスなどによっておおわれた空間が広域にひろがり、その周辺部では大気や土地、湖海が急速に汚染されつつあること、またブルドーザーやパワーショベルなどの大型機械が導入されるようになって、丘陵や段丘が消滅したり、後背湿地が埋めたてられて、高燥な土地に変化したりすることが、新しい土地環境問題を引き起こす危険性があることを指摘している。

さらに、レイチェル・カーソン[*21]による『沈黙の春（Silent Spring）』は、20世紀にはいり人間がおそるべき力を手に入れ、自然の秩序をかきみだしたのみならず、空気、大地、河川、海洋が、死そのものにつながる毒に汚染されてきたことを警告した。彼女は、いまこの地上に息吹いている生命が大きくつくり出されるまで、何億年という時がすぎ去り、その発展、進化、分化の長い段階を通ってたどりついた、生命のための環境が破壊されていることを問題にした。そして、その危険に目覚めている人の数が本当に少ないこと、いやわざと考えようとしない人がいることに目を向けている。

同様に市川定夫氏[*22]は、『環境学　遺伝子破壊から地球規模の環境破壊まで』において、環境問題が自然から人間自身にまで及んでいることを、より科学的に明らかにした。市川によれば、今日の科学技術の適用は地球規模で環境を破壊し、生命の設計図である遺伝子DNAを破壊し続けることになっている、という。しかも、そうした破壊は、「しばしば軍事目的で行われたほか、ほとんど常に、その時点での経済的利潤を追求するために行われ、直接的に環境と遺伝子を破壊し、また、その産物を一般の消費者に使わせることによって間接的にも環境と遺伝子を破壊し続けている」、と問題を提起した。

第2に、今日の環境問題には、単に技術の問題という以上に、政治や経済の視点からつよい関心が寄せられた。まずカール・ポランニー[*23]は、『経済と文明』において、環境問題にかかわる社会変化の特質を鋭く分析し、次のように明らかにしている。つまり、「科学と技術の力が開花する興奮の中で、近代人は自然を奪い去る生産体制と人間を骨抜きにする社会形態を作り出してきた」。「近代的交換経済がすすむ中で、経済（または物の供給過程）を支配する原理が絶対者として考えられるようになった」。そして、「いったん技術が市場システムを導くと、その制度的配慮が経済についての人間の思想と価値観の中心に座る。自由、正義、平等、合理性、法律の支配といった

改変の問題に焦点をあて多方面から考察した貴重な研究成果を残している（例えば、田村・山本・吉岡1983を参照）。

＊21　Rachel Carson（青樹訳2008）

＊22　市川（1999：序論、490）

＊23　Karl Polanyi（栗本・堀訳1981：3～4）

概念は、市場システムのなかでもっとも隆盛を極めるように至った」という。

このような形でグローバル化する経済に対して、“small is beautiful”（日本語訳『人間復興の経済』）を著したシューマッハー[*24]が、詳細な議論を展開した。シューマッハーは、「ひとびとは、ますます多くの富さえあれば、そのほかのものもすべてが豊かになると考え（中略）金が力のすべてであり、正義、調和、美あるいは健康も、そうした非物質的価値は二次的なもの」となっていると分析し、「いわば物質主義の哲学によって現実の出来事が挑戦を受けている姿」が、環境問題であるとの認識を示したのである。

他方、環境問題は経済学の側からも無視できない課題となり、1972年にはアメリカにおいて、バークレイとセクラーによるすぐれたテキスト、『環境経済学入門――経済成長と環境破壊――[*25]』が出版された。このテキストの中で「少しの環境破壊もなしに経済商品を生産・使用・破棄するような道は想像できない。経済成長が長く続くほど、環境破壊はそれだけ深刻になってゆくであろう」、つまり「環境と経済はトレードオフの関係にある」との認識が示され、そこから資源節約を念頭に置いた循環経済の考え方も提起されるにいった。

日本では、1989年に環境経済学を体系化した著書が、宮本憲一氏[*26]によってまとめられた。本書において、「もともと経済の目的は、自然や人間の持っている潜在力を活かすシステムをつくることによって貧困を克服し、人々の暮らしにおける苦難を軽減すること、したがって経済のメカニズムを市場（価格）機構だけに限定せず、経済そのものをその本来の意味である経世済民ととらえ、その目的を実現するための政治や社会の役割を正当に位置付けていく必要」があることが提案されてきた。

さらに最近では、R.K.ターナー等[*27]により経済学の重要な観点の一つとして、人間の福祉が変化することが経済的影響とする見方、あるいはP.ダスグプタによる『サスティナビリティの経済学――人間の福祉と自然環境[*28]』が出版されるなど、本格的に環境を視野に入れた、経済学の新しい動きが生じてきたことが窺われる。

第3に、環境問題が経済学上の問題にとどまらず、より根源的な人間居住の問題、および人間の精神の変化の問題にまで連鎖していることを指摘しなければならない。その前に、ワールド・ウオッチ研究所のレスター・ブラウン[*29]が語った一文を引用し

＊24　Schmacher E.F.（斎藤訳 1976：221）
＊25　Barkley, P.W. and Seckler, D.W.（白井訳 1975：250）
＊26　宮本（1989）
＊27　Turner R. Kerry, David Pearce and Ian Bateman（大沼訳 2007）
＊28　Partha Dasgupta（植田監訳 2007）
＊29　山折編（2005：68 ～ 69）

ておこう。彼は人口増加が地球環境に及ぼす影響を世界の人びとに訴えるために、近年「50年間の人口増加は、その前の400万年前の人口増加よりも大きかった」とのべ、いまが如何に大きな変化の時代であるかを語っている。彼は、このことの重大性に人びとは気づいていない、と警告したのである。

しかしブラウンの警告と併せて、あるいはそれ以上に注目すべきは、急速に増加を続ける人口が、かつてのようにエクメーネの空間的拡大によってではなく、逆に、都市という限られた土地空間に収束ないし集中するする傾向を強めていることである。都市化の著しい進行、この現象は欧米におくれて経済発展を遂げてきた東アジアの場合も、例外なく認められる。

例えば、第二次世界大戦後の東アジア都市人口率（総人口に対する都市人口の割合）の推移をもとに確認してみよう（表）。まず東アジア全体の都市人口率は、1950年には世界平均を大きく下回り、20%に満たない水準であった。しかし2000年を境に東アジアの都市人口率は世界と逆転し、2015年現在では60%となり、世界の水準（54.4%）を上回っている。東アジアの中では日本と韓国の都市人口率がすでに2015年現在80%を越している。一方、近年の最も特徴的な傾向は、経済成長が著しい中国（2010年に中国のGDPは日本を抜き世界第2位になった）の都市化である。もっとも東アジアの他の地域･国と比べると、中国の現在の都市人口率は55.6%で最下位であるが、それでも世界の水準（54.4%）を上回り、東アジアの水準（60%）に迫りつつある。

今日のこのような都市化の特徴は、住環境としての都市の建築や交通環境における

表　東アジアの都市化（都市人口率（%））の状況

年	1950	1960	1970	1980	1990	2000	2010	2015
世界	29.6	33.7	36.6	39.3	42.9	46.6	51.6	54.4
東アジア	17.9	22.8	25.0	27.5	33.9	42.0	54.3	60.0
日本	53.4	63.3	71.9	76.2	77.3	78.6	90.5	93.5
韓国	21.4	27.7	40.7	56.7	73.8	79.6	81.9	82.5
台湾	—	26.4	34.4	47.2	50.6	55.8	74.5	77.0
中国	11.8	16.2	17.4	19.4	26.4	35.9	49.2	55.6
北朝鮮	31.0	40.2	54.2	56.9	58.4	59.4	60.2	60.9
モンゴル	20.0	35.7	45.1	52.1	57.0	57.1	67.6	72.0

＊United Nations: World Urbanization Prospects, 台湾はADB Key IndicatorsおよびWorldometers（www.Worldometers.info）による。
＊中国には香港、マカオを含まない。

写真1　上海市中心部

市中心部の人民広場。後方の高層ビル群（ホテル、オフィスビル、商業施設等）と広場の緑のコントラストが美しい。中央右よりの円形の建物は青銅器の展示で有名な上海博物館。虹橋空港―外灘間を東西に結ぶ延安高架路（1999年開通）が見える。写真左下には上海初の地下鉄1号線の人民広場駅がある。（2010年12月25日筆者撮影）

インフラストラクチャーの整備・改良と連動している[*30]。このことは中国経済を牽引している上海も都市景観からはっきりと窺うことができる（写真1、2）。

さて、都市化と環境問題とのかかわりについては、多くの人々が注目してきている。例えば、「すべての環境問題が一番激烈にあらわれているところ―それが都市である[*31]」。「近年の都市の数の飛躍的増加と大規模化とによって、資源の消費と環境破壊はかつて経験したことのない水準にまで達している[*32]」。などの指摘。さらに注目すべきは、都市における人間の考え方（あるいは精神）が、環境問題と関連して問題視されるにいたった点である。アメリカ合衆国において、E.A.ガトキント[*33]は「都市は、

＊30　Matthys Levy and Richard Parchyk（望月・星訳2001）
＊31　吉良（1972）
＊32　藤田（1993：208）
＊33　Gutkind E. A.（日笠監訳1966：1～2）

写真2　蘇州河の住宅景観

蘇州河沿岸は、かつて水運の利点を生かして工場地帯であったが、河川の汚濁が深刻化し、上海博覧会（2010年）を契機に再開発が進められた。西から東に流れる蘇州河の左岸一帯は高層住宅群、蘇州河が途中から南北に大きく湾曲したところに張り出した低地では都市公園の整備が進んでいる。（2010年12月25日筆者撮影）

農民や農業生産とは異なった思考形式をもつタイプの人間を創造した。農業革命が開始した仕事を都市革命が成し遂げたときに、自然との密接な交わりが断ち切られ、新しいタイプの人間が誕生した。」という。日本においても、養老孟司氏[*34]がまったく同じ見方を示してる。彼によれば、「都市化とは意識化である。計算であり、「ああすれば、こうなる」「一般化、普遍化透明化」である。そこでは人間を構成するもう一つの重大な要素、「無意識」は勘定に入っていない」「都会で排除されるのは、意識がつくらなかったもの、すなわち自然である。排除された自然は、やがて都会人の脳の中では現実ではなくなる。それが戦後の「自然破壊」の真の原因なのである」、という。

このように、今日の環境問題を理解する場合に、都市化が量と質の両面で深くかかわっているとの認識は、いまや多くの人びとにより共有されてきている。しかしその

＊34　養老（2002：20）

背後にある根源的な問題について、どのように考えられるべきか。『西洋の没落』の著者のシュペングラー[*35]は、今日の世界経済（文明）を「世界都市経済」と名づけた。筆者はその意味において、成長する巨大都市を介して現れたグローバル経済時代の諸課題を反映した社会現象、これを今日の環境問題の本質と理解すべきであろうと考える。

3－2　環境対策の限界

それでは、人類の生存に大きな影響を及ぼす環境問題に対して、今日、その解決に向けた対応策はどのように考えられ、どのような効果が期待され、あるいは逆にどのような問題があるのであろうか。前述したように、今日の環境問題はある一つの問題としてではなく、自然から人間社会、さらに人々の考え方にまで連鎖している。したがって、現象的には一方で問題が解決されたように見えても、他方で新しい問題を生み出したりする場合が少なくない。「環境の危機を、単に大気や水の汚染に対処する技術上の問題としてとらえている人々は、危機の範囲を誤って判断している[*36]」といわれる所以である。こうした指摘は、今日の環境対策の難しさと同時に、環境対策に限界があることを示唆している。以下、その限界について、人間の価値観の問題、環境政策上の問題、さらに学問研究上の問題にわけ、考えてみよう。

①《人間の価値観の問題》

オギュスタン・ベルク[*37]は、環境問題が深刻化した近代を、「倫理を根絶やしにする壮大なプロセス」と批判し、その対策には「価値の転換と新しい道徳責任感」を醸成することが重要であると述べている。さらに、そうすることが「現代の諸問題に対するいかなる解決にも必須」のことであり、「人間の振舞いを動機づけるものの最深部までおりて、私たちの文明の改革に取り組まなければならない」、という。こうした見解は、「科学技術文明がその巨大な技術力で自然をねじ伏せていくことを良しとしてきた[*38]」、近代以降の人間が目指してきたこととは対極に位置する思想である。

＊35　O.シュペングラー（村松訳 1979：353）

＊36　Barkley, P. W. and Seckler, D.W.（白井訳 1975：11）

＊37　オギュスタン・ベルク（篠田訳 1996：15, 23）

＊38　槌田（1996）　この槌田の主張は、シューマッハーが、『スモール・イズ・ビューティフル』といい、「仏教経済学」を主張したことを踏み台にしている。ちなみに、伊藤（2002）による「仏教環境倫理学序説」は、仏教を中心に総合的な視点に立って、環境倫理の体系化を試みた意欲作として、注目しておきたい。

ただ、実際上、人びとの価値観や倫理観は、地域の自然環境や生活文化、さらに経済活動の状況の違いまでを考慮した場合、直ちにその効果を期待できるわけではない。またそのような差異がないとしても、より根源的な課題として、人間がもつ「飽くなき欲望」を抑え、どこまで問題の解決に繋げていくことができるか、も問われよう。岸根卓郎[*39]は、「人間は地球環境の危機を予知しつつも、決して経済成長のスピードを抑えようとはしない」「交通事故死を予知しつつも、経済成長の高速バスからは決して降りようとはしない」といったが、残念ながらこのような認識はいまの社会の現実を示しているようにも思われる。その意味では、次に述べるような環境政策上の問題に即して、まずあるべき倫理観自体が具体的に問われなければならない。

②《環境政策上の問題》

環境問題は、長い間、個別的あるいは限られた地域の問題であった。しかし、産業革命以降、とくに1960年代後半から70年代にかけた時代は、先進国を中心に石油が石炭に代わるエネルギーとなり、また新たな化学工業の原料として、急速な経済成長を促す要因となった。しかし経済成長の反面で大気、水、土壌等の汚染（公害）が大きな社会問題となった。しかし間もなく途上国における経済開発の動きとも関連して、公害を含むより包括的な人間環境の諸問題に対処するための方策が、広く国を超え、世界共通の課題として議論されるようになった。

周知のように、1972年にスウェーデンのストックホルムで開催された国連人間環境会議は、世界ではじめての環境に関する国際会議であった。この会議は「かけがえのない地球（ONLY ONE EARTH）」をテーマにかかげ、人間環境の保全と向上に向けて、世界の人々を励まし、導くため共通の見解と原則が必要であるとの考えのもとに、「人間環境宣言」が採択された。なお、国連は、その啓蒙を図るために日本の提案を受け、会議初日の6月5日を「世界環境デー」と定めた（日本では後述する「環境基本法」で同じ日を「環境の日」を定めた）。

また、1992年には、ブラジルのリオデジャネイロにおいて、国連の環境と開発に関する会議（地球サミット）が、世界の首脳や自治体、NGO関係者が集まり開催された。この会議の成果として採択されたアジェンダ21、すなわち「持続可能な開発のための人類の行動計画」は、政府合意によるさまざまな条約の締結を通じて、世界的な観点に立った環境政策がいっそう具体化される道をひらいた[*40]。

＊39　岸根（2004）

＊40　この背景と経緯については、国連人間環境会議が開催された当初、最大の汚染者は貧困である（インディラ・ガンジー）という見方が有力であった。とくに低開発諸国における高

地球温暖化防止のためのIPCC（Intergovernmental Panel on Climate Change；国連気候変動に関する政府間パネル；1988年採択）や、生物の多様性（「生態系」、「種」、「遺伝子」のレベル）を保全するためのCOP（Conference of Parties；生物多様性条約締約国会議；1992年採択1993年発効）などは、実際的な取り組みを示す例である。ちなみに、このような動きは、前述したように、人間にとっての環境を自然―人間の関係をふまえて総合的に考えることを、目的としてきた地理学の考え方が、地理学の領域を離れ、広く政治経済上の問題として注目されるようになった、と見ることもできよう。

ところで、以上のような国際会議によって、深刻化する環境問題に対して各国間および地域間に共通の認識と関心を高め、世界の人びとが協調して取り組むことの重要性について、気づきはじめている。ただ、これから環境政策がどのように環境問題を抑制し、どのような効果を発揮することができるかについては、今後の経過と評価にまたねばならない。また、世界的な観点からの諸政策が決して万全なかたちで進められている訳ではないことも、これまでに幾多の指摘がなされている。以下に、代表的な2人の見解を指摘してみよう。

例えば、ドイツのエルンストU.フォン・ワイツゼッカー[*41]の見解である。彼は地球サミットの成果を高く評価する一方で、問題点についても注目している。とくに、環境と開発の間に橋渡しをする形で提案された「持続的開発（sustainable development）」の考え方について、現実的に異なった課題をもつ地域に対して、どこまで持続的開発という一元的な対応が可能であるかに疑問を呈し、さらに根本的な変化が求められている。そのためには「地球上のあらゆるものを経済の支配下におくという妄想を克服しなければならない」と断言している。

同様に、ペルー政府代表として国際関係の最前線で活躍しオズワルド・デ・リベラ[*42]は、『発展神話の仮面を剥ぐ――グローバル化は世界を豊かにするのか――』とい

い出生率による人口圧力が貧困を生み、貧困が持続不可能な方法で自然環境の悪化を引きおこすという論調が注目を集めた。ところが、まもなく、環境問題は貧困のような経済的不平等の問題に従属させることで解決できるか？　すなわち、貧困を克服することが逆に環境に対してより一層強い圧迫を加えがちとなることが問題になった。1983年にノルウエーのブルントラントを中心とした「環境と開発に関する世界委員会（WCED）」が設立されその後3年間にわたる調査をへて、『地球の未来を守るために』（Our Common Future）という報告書が1987年に国連に提出された。その中で環境と開発を結びつけた新しい用語「持続可能な開発」（sustainable development）が使用され、「環境の世紀」に対する関心が世界的に高められるようになった。（宮本・植田・佐々木監訳1994：134～136）

＊41　Weizsacker, Ernst U. von（宮本・植田・佐々木監訳1994：6）

＊42　Oswald de Rivero（梅原訳2005：87～88）

う著書の中で、環境問題が広域化した世界を「グローバル・ジャングル」、さらに環境汚染を招くゴミ問題が、地球の生態学的均衡と矛盾する消費パターンの普及に起因すること重視し、そのような世界を「金融賭博場」と呼んだ。リベラは、その原因が自然を単なるもう一つの消費のための原材料とみる、経済学モデルに依拠するとの認識を示して鋭い批判を展開している。

日本の場合についても簡単にみておこう。環境問題が国家政策として重要視されるようになった背景と時期は、基本的に世界の動向と同調している。第二次世界大戦以前に、足尾銅山の公害問題をはじめ特定地域での環境破壊が重視されたことは周知のとおりである。しかし、公害対策が法律として定められたのは、高度経済成長期の最中に公布・施行された公害対策基本法（1967年）であった。そして10年を経て環境庁が発足（1977年）し、1993年にいたって環境基本法が公布され、2001年には環境省の設置へと展開してきた。環境省が設置されたことは、環境政策が行政上の重要施策の一つとして推進されるようになったことを意味する。

環境基本法の第1条（目的）は、環境の保全について、基本理念を定め、「国、地方公共団体、事業者及び国民の責務を明らかにし、現在及び将来の国民の健康で文化的な生活の確保に寄与するとともに人類の福祉に貢献すること」と定め、また第二条（定義）において、「環境への負荷は人間活動により環境に加えられる影響であって、環境の保全上の支障の原因となるおそれのあるもの」と定められている。

ところで実際の対策は、行政の各レベル、企業、そして個人に至るまで、それぞれの役割を分担するように仕組まれている。ただ、いずれの場合も、全体としては環境基準を厳格にして、それに基づいたアセスメントや人間の消費抑制のためのreduce（縮小、減少）、reuse（再利用）、recycle（再生処理／加工）といった観点からの、責務の強制に終始しているようにも見え、しかも画一的な観が否めない。これは国家によるいわば上からの指導の限界とみるべきかも知れない。

しかし、環境対策基本法の第2条（定義）から推察できるように、対策はあくまで環境負荷の解消を前提とした技術中心であり、環境問題が生じる根源的な問題である人びとの価値観に訴えるための思想性の涵養という観点は乏しく、より広い観点に立って環境政策を試行錯誤できるようなプロセスと条件の整備には重きが置かれていないように思われる。

③《学問研究上の問題》

19世紀の地理学者で、既述したF. ラッツェルは、「環境」（Umwelt）に関する思想の発展全体を貫いているものは、「分析的取り扱いに対する嫌悪である。彼らが環境を扱うには包括的観察を行なおうとする欲望欲望」[*43]と述べて、環境問題を学問上から扱う際の指針を明示している。これは今日、一部の研究者によって主張されはじめた「環境学」に相当するものである。しかし、重厚な内容の『環境学』を出版した、市川定夫氏[*44]自身が言うように、現代の危機的状況に対応できる思考が熟成されておらず、「環境学」と呼びうるような学問体系の構築にはほど遠いのが現状である。

それでは、環境研究はどのよう進められてきたのか。日下雅義氏[*45]によると、「一般的な環境よりは、特殊な、機能的環境の研究に重点がおかれ、従来の方法や考え方に代わって、事象を量的・実験的手順にもとづいて解明する方向」に向かっている。また京都大学地球環境学研究会[*46]も、「環境の悪化をppmで表すことが中心で、分析化学＝環境科学といった面が強く、じっさいは定量的に環境悪化のモニタリングのためのデータ収集に片寄っている」と批判的な指摘もみられる。

たしかに、定量的な研究は、環境分野に限らず、近年の特徴的な傾向である。この背景には近年の分析技術の進歩、多くのデータの集積が進んだこと、さらに研究対象となる問題の地域が広域化したことなど、研究の条件と対象が変化している。筆者の私見を交えて言うならば、前述したように近年の研究が上からの環境政策と関連して、比較的安定した資金の裏付けのもとに進められていることも関係していよう。世界では定量的なデータを駆使した研究の意義が積極的に求められてきた故のことであることは間違いない。

ただひとつの大きな落とし穴は、そうした手法を使うことで、客観的なデータをもとに新しい発見や問題提起を行うことは可能であるが、複雑化した環境問題を総合的に認識し、解決に向けた方法論を導くことは、非常に難しいのではあるまいか。単に原因であるとみなされ、結果であると考えられる事項の組み合わせの数をいかに多数列挙しても、それだけでは、この真の因果関係が実証されたことにはならないからである[*47]。さらに重要なことは、シューマッハー[*48]がすでに早くから指摘している次のような点ある。つまり、そうした分析技術を先においた研究は、多くの場合「目的よりも手段を重んずるやり方――ケインズが近代経済学の態度として確認したもの――で

＊43　Friedrich Ratzel（由比濱訳 2006：15）
＊44　市川（1999：1994 第2版：はじめに）。なお、同様の認識は、『環境経済学』を著した宮本憲一氏（宮本 1989）や、『生活世界の環境学』をまとめた生態学者の嘉田由紀子氏（嘉田 1995）も明確に示している。
＊45　日下（1975：3）
＊46　京都大学地球環境学研究会（2004：iii）
＊47　能（1966：129）
＊48　Schmacher E.F.（斎藤訳 1975：3、39）

あって、人間の自由と真に好ましい目的を選ぶ力を破壊し、手段の開発が目的の選択を命令する」ような結果を招きかねない。これまでのところでしばしば指摘したように、現代の環境問題は一つの、あるいは特定の原因によるのではなく、自然から社会経済的な要因に至るまで、複雑な連鎖構造をつくりあげている。このことを考慮すると、直接問題が発生している現場[*49]についての総合的なアプローチをとる以外にはない。その方法は動態的と言い、歴史的と言い、発生的と言うにせよ、多かれ少なかれ諸事象が現在のように形成せられてきた過程を顧みることである。そのためには地域と環境問題の総合的な姿を把握し、その蓄積をはかっていくことこそが「環境学」の構築と同時に、真の意味で環境問題の解決に向けた道を導くことになるのではあるまいか。このような研究は、近年の定量的な研究と比べても、きわめて遅れている。と言うより、冒頭に述べたF.ラッツェルにしたがっていうならば、いつの間にか文明化したグローバル社会のなかでそうした研究が等閑視されてきてしまったと言うべきかも知れない。

4. グローバル化の反面で問われはじめた「地域」

前述のカール・ポランニーによれば、本来の普遍的人間社会である非市場経済社会においては、互酬（reciprocity）、再配分（redistribution）、市場交換（market exchange）という三つのパターンが、その基礎に組み込まれ社会を統合していた[*50]。しかしながら、今日の文明化した社会はそうしたしくみを改変しつつ広域化し、市場経済中心の世界として発展してきた。地域環境をめぐる巨大な問題群を生み出しつつ、大きな転換期にさしかかっている。しかし、こうした環境問題の深刻化と並行しつつ、「地域」への関心を呼んでいるのが今日のグローバル社会の大きな特徴とみることができる。

4－1　没場所性への反省

例えば、アメリカの地理学者のエドワード・レルフ[*51]、建築家の磯崎新氏[*52]が指摘し

＊49　宮本（1995：あとがき）
＊50　Karl Polanyi（栗本・堀訳 1981：6）
＊51　Relph, Edward（高野・神谷・岩瀬訳 1999）
＊52　磯崎（2000）

ていることに、まず目を向けてみよう。レルフは時代の先端に現れた都市景観について、「20世紀後半は、ほとんどの人が自分の周囲に関する知識なしに暮らせるようになった初めての時代かもしれない」と指摘したが、“没場所性”“単純な景観”ということばでもって特徴づけている。彼によれば、そのような景観には二つの意味が含まれている。すなわち、そこには、一方で「奥深さと多様さを欠いて過去の地理を根こそぎ」にするような傾向がみられるが、他方では「心地よいまったく効率的な地理」あるいは「意義深い場所と結びつきたいという根深い人間的な欲求」が存在する。

そしてレルフは、「もし私たちがその欲求を無視し、没個性の力が野放しにされることを選ぶなら、将来は、場所がまったく問題にならない世界になってしまう」他方、「もし私たちがその欲求に応えて没場所性を克服するなら、場所が人間のためにあり、場所が多様な人間の経験を反映し高めるような環境が育まれる」と将来を展望した。

これに対して、建築家の磯崎新氏は、1990年代に入ってからのアメリカの建築様式の変化について、具体的な見解を示している。すなわち、磯崎によると、アメリカでは従来の民族国家を主体とする「近代建築」も、普遍性を目指してきた「国際様式」も役立たなくなってきた、つまり理念を目標とする建築の設計は、すでにやりにくくなった、という。グローバル社会では「すべて瞬間的で、確実な居場所がなくなる」、あるいは「どんな場所にいてもさしつかえない」が、「そのような枠組みのもとで建築すること、つまり何事（物）かをつくる」ことは困難であり、したがって将来的には、「いまいる点を垂直に掘り下げることしかあるまい」と述べている。これは建築家の立場から、レルフ自身も評価している、人間にとっての場所とのかかわりの重要性を示唆したものであって、今日のグローバル化の傾向に対する重要な反省点が込められた発言である。

こうした傾向は、もちろんアメリカに現れただけではない。ドイツの哲学者であるO.ボルノウ[*53]は、ハイデッガーの言葉を借りて、同様の見解を示している。彼によれば、非常に多くの不安と動揺によってゆり動かされているわれわれの時代においては、まず第1に「住まうことをまず学ばなくてはならない」「住まうことは存在の本質であり、男と女が地上に存在するための方法である」からである。

ところで、彼のいう“築くこと”とは、今日でいう“地域づくり”ということとほとんど同義であろう。日本においても、多くの人びとが「地域」に関心を示すようになった。例えば、西洋史家である増田四郎氏[*54]は『地域の思想』において、「生態学と

＊53　Otto Friedrich Bollnow（大塚・池田・中村訳 1978：日本語版への序文）
＊54　増田（1980）

経済学のからみあいをもう一度考えてみる必要があることを示唆し、そのために具体的に地域社会を検証し、その存立条件を全体的に」理解してみることの意義を提案している。「地域」に関した出版物が近年（1970年代後半以降頃から2000年代の最近）まで、学術界をはじめ、行政分野においても数多く出版されている[*55]ことは、その証とみることができよう。

4－2 グローバル化の中で忘れられた「地域」

グローバル化の方向は、長い歴史の中で人類が選択してきたものであり、文明の進歩もその所産ということができる。しかし、それではなぜ、いまグローバル化の傾向に反省をうながすように「地域」への関心が高まってきているのか。また一体、「地域」の何が問われているのであろうか。

「地域」ということばは、一般に、地表における限られた範囲、つまり全体に対する部分を指す。そしてこのことばは日本語として定着している、しかし文字は漢語である。そこで語源を尋ねると、管見の限り、その初見は 中国古代の封建王朝の周（しゅう、紀元前1046年頃～紀元前256年）代にまでさかのぼる。周代の封建王朝の土地支配にあたって、その役割について記録した周礼「大司徒[*56]」には、区域ということばと併せて「地域」が登場している[*57]。

封建王朝が成立するためには、その支配区域を定め、その区域の実状を把握すると同時に、その区域内を（武力で）守るという思想が込められている。これが「地域」に込められた本来の意味であり、それはいわば支配の側から生まれてきた用語である。無論、こうした理解は東洋の中国だけではなく、ヨーロッパでも同様のことであった。地域（Region）の語源でもある《regio》はラテン文明にまでさかのぼる。ローマ帝国の例で言えば、その本来的な意味は“領域区分”であると同時に、税額と税金の徴収を

＊55 行政上あるいは大学や研究機関においても、具体的に地名を関した「◎◎地域学をはじめ、地域特性、郷土誌、流域学や自然学、環境学などの出版物がみられるようになった。

＊56 本田（1977）

＊57 「以天下土地之図 周知九州之地域、広輪之数弁其山・林・川・澤・丘・陵墳・原（中略）之名物」「凡造都鄙 制其地域而封溝之 以共室数制之」（下線は筆者）とある。本田による日本語訳：（「天下の土地の地図によって、九州〔＝王の治める〕の地域と面積を詳知し、各山林…等の不同の地方から産出される品物を弁別する」「おおよそ都鄙〔＝王の師弟、公卿、大夫の釆地〕をつくるには、まず区域を確定し、その境界に溝をうがって土を盛り、植樹して、決められた戸数に照合して調整をくわえる」

容易にするための区分であった。[*58]

しかし、このような枠組みが、所与としてはじめから人類に与えられていたわけではない。私たちが普通に「地域」という場合、上記のような意味以外に暗黙のうちに想像し得る実体、つまり人間が居住する場としての「生活空間」のイメージが含まれるであろう。日本の古語として使われてきた「ま」や「ところ」、あるいは「しま」、「むら」、「さと」、「じかた」、「まち」、「くに」にあたるものである。こうしたことばは、支配や領域とは異なる。いわば、「単なる自然でも、また単なる人文でもない」、自然と人文とが一つに織りなされた「住みか」の意味である。人間存在に根源的なもの、あるいは「原体験」の場となるものである。[*59]

古代の原初的なムラには、両者が「相即不離」(水津1969:133)の関係をもって、自然的にまとまった区域において一つのコスモスをなしていた。[*60]そのようなコスモスは、支配の空間(思想)と生活の空間(思想)が一体となって成立した世界である。水津一郎氏は、「地域」について論ずる場合、その関係をよみとる必要があると述べている。これは文明史的に社会の変容を理解しようとする際にはとくに留意すべき見識である。

日本の歴史をかえりみると、上記の「コスモス」をイメージさせるすがたは古代から中世へ、さらに近世へと進んでも、従来の「村」あるいは「自然村」につながるように維持されていた。さらに明治に入ってからの近代化の時代でも「基礎地域」が高く評価されていた。例えば、明治22年、昭和29年代の市町村合併の考え方(精神)にはそのことがよく表われていた。[*61]

しかしながら、日本が産業社会として発展し、さらに今日の「市場経済」を基軸としたグローバル経済の時代になると、政治的な領域、あるいは経済的な領域の拡大が一方的にすすめられ、人間の生活空間としての基礎地域は統合され、その考え方自体が薄れるようになった。

ところで、このような重要課題について、日本に先行して近代化が進んでいた欧米では、問題提起がなされていた。前述したラッツェル[*62]は、次のように指摘している。彼は

＊58　Garnier, J. Beaujeu(阿部訳1978:138)

＊59　水津(1974:97)

＊60　水津(1969:135)

＊61　明治21年(1888)のわが国初の市町村合併時には、1町村あたりの最大規模(標準規模)は小学校1校の区域(約300戸から500戸)、第二次大戦後の昭和28年(1953)の新市町村合併促進法による合併時においてさえ、新制中学1校を管理するのに必要な規模(おおむね8,000人以上)とされた。ここには、生活に根ざした地域の範囲を重視する考え方が反映されていた。

＊62　水津(1982:210)

国家の成立について、その領域を「政治的に併合することがわれわれを強化するかどうかは疑問である。いまたしかなことは、そのことがわれわれドイツの精神生活を豊かにはしないで、たんに単調なものにしてしまう」。「理想とすべきは、たんなる広い国土ではなく、多彩な部分からなり、それゆえに豊かな精神生活のおこなわれる国家」であった。

しかし、結果的にラッツェルの教訓は、今日のグローバル化した世界の中に埋没するようになった。本来「地域」の中に帯同されていたはずの要件が、忘れられ、今日のグローバル社会へときてしまった。近年の「地域」に対する関心が、さまざまな形で高まっていることの背景にある本質の問題はここにあると考えられるのである。

5. 環境と経済の間にのこされた根源的な課題――自動車を例に

最後に、自動車をめぐる問題を取り上げてみよう。21世紀のこれからわれわれが直視していかねばならない課題を見極める上で、これ以上に適切な指標は見当たらない。実は、半世紀近く前にS. F. 作家の小松左京氏[*63]は、"「機械人類学」の妄想"と題する論文において、自動車の功罪を含めて予見したことが、いま、私たちが暮らす生活空間に展開している。そして「車なしでは生活できない」地域が急速に広がっている。列島の各地に整備された舗装道路と多様な自動車の利用は、日本社会が「文明化」を遂げてきたことの姿を象徴している。

改めて言うまでもないが、自動車文明は日本に先行してアメリカにおいて発達した。その意味で、いまの自動車を基礎においた日本文明はアメリカに見習ったものである。また、日本に後続して急速に経済発展を遂げている中国をはじめ、アジア諸国の場合も自動車はあたかも文明化の指標のように見える。自動車は、人間の環境と経済の間にあって、いま不可欠の紐帯として重要な役割を果たしていることは、多くの人びとが認めるところであろう。しかし、今日のような文明社会が急速に展開した中で考えてみると、徐々にそのマイナス面についても多くの人びとが気づいてきていることは、すでにみた通りである。しかし総合的観点から、その功罪を的確に論じたものはほとんどない。ここでは、アメリカのバークレイとセクラーが1972年に著した『環境経済学』のなかに示した説明に注目したい。引用すると次の通りである[*64]。

＊63　小松（1970）

＊64　Barkley, P. W. and Seckler, D.W.（白井訳 1975：6〜7）

> 例えば、空想をいかに働かせてみたところで、いったい誰が自動車のような一見無害に見える革新の結果を予言しえたであろうか。しかしながら、自動車は家族を分裂させ、大気を汚染し、道徳律を変え、人口全体を都市へと移動させ、この高価な機械を購入するのは余儀ないことだと感じさせて、多くの人々をより貧しくしてしまった。
> 自動車は、人間をある場所から他の場所へと移動する機関として、きわめて平凡なものだが、人間の発明品中、これほど深い社会的・環境的影響を与えたものはまれである。自動車の意図したものは立派である。しかし、その意図しなかった影響は、広く、しばしば破壊的である。(pp.6～7)

これらの指摘は、そのまま日本の今日の自動車文明の発展に伴う、基本的な課題であるといって過言ではないであろう。ただ、日本の場合に即して、自動車がもたらした重要な変化と問題点は次のように要約することができるであろう。

第1は、今日の私たちの生活空間をみると、自動車の利用を前提に組みたてられ、企業と労働者との関係、農村における兼業化の差異や通勤範囲の広域化、医療や防災施設の巨大化とその管轄範囲の拡大、さらには行政の末端組織である市区町村の地域の拡大などさまざまな面で、広域化が進んでいる。とくに、高度経済成長期後の平成の広域合併では、その基準が生活者の立場よりも、市町村の財政規模の増大や財政破綻の回避の策としてすすめられ、その際に自動車の利用が大きな役割を果たすようになった。

第2は、そうした生活領域の拡大は、中心地の機能や施設の充実が伴う。その結果、広域化した地域（市町村）の中心部と周辺部の格差を拡大させ、地域住民の意見が市町村行政に届きにくくなるなどマイナス面が生じてきた。この問題は、都市―農村の問題とも結びつく、かつて民俗学者の柳田国男[*65]、『都市と農村』の著書において、「都市が発展する反面で農村がなくなることは悪いこと」である、と述べた。ところが今日ではさら巨大な都市地域と農村や地方都市間の格差が目立ってきている。現実には地方都市や農村地域にとどまるべきか、大都市へ移動するか、の選択を迫られる中にあって、大都市への流出あるいは特定の都市地域の拡大が進んでいる。しばしば指摘される、都市における“住宅難（高家賃)、交通混雑、水質・大気汚染”などの環境問

＊65　柳田（1929）

題は人口が一定範囲に集中することに起因する。しかも、経済学者の宮本憲一氏[*66]が指摘するように、かくして都市と農村との共存関係が崩れていく中で、都市自体が本来もっている特徴を失ってきたことも留意すべきことであろう。

第3に、自動車が人間や施設に及ぼす、交通災害の問題がある。交通事故に伴う者数は、戦後の高度成長期以降は増加を続け1970年には死者数は16,765人（過去最多）に上った。そのため、自動車自体の改良と道路環境の改良、搭乗者に対するシートベルトの着用、あるいは交通安全指導、高齢者に対する免許更新時の指導などの改善策は取られている。その結果、例えば、交通事故による死者数は減少傾向にある。しかしそれでも2014年一年間に4,113人もいる。こうした死者数があることについて、無視できる人はいないであろう。しかも、2014年の死者数のうち、65歳以上の死者数は2,193人で、全年齢死者数の53.3％を占めている。高齢化した場合、運転操作の困難、維持管理の問題はもちろん、近年フードデザート問題（食の砂漠：food deserts, FDs）[*67]は、高齢者の自立が困難になることを示している。

人間のライフサイクルを考えた場合、免許取得以前と退職後の年齢を考えると、経済的な合理性に基づいて自動車の利用を十分に図り社会貢献をし得る年齢層に対してではなく、さらに柔軟な自動車の利用、あるいはそれに代わる地域のあり方を模索していくことが必要ではなかろうか。自動車の免許取得以前と高齢者層にとっては、おそらく、生活空間に対する期待と関心は、広い行動空間よりは、自然と密着した狭い空間ではなかろうか。いま就学以前の子どもや、高齢者の施設利用を通じて、当面の問題解決がなされているように見られるが、筆者にはそれが本来の姿とは思えないのである。人びとが自然と密着して生育することは、今日の文明社会でこそ、考えられるべき課題であるといえる。以上、自動車問題に寄せて今日の文明社会の課題にふれたが、ライフサイクル全体を見通したとき、人間生存の原点とも言うべき、空間への理解が薄れている。

6. むすび

人類史は、常に環境と人間（経済活動）の相互関係の変化の物語である[*68]。本稿のねらいは、今日のグローバル経済の中における日本の姿を念頭におき、大局的な観点か

＊66　宮本（2003）
＊67　岩間（2012）
＊68　石・安田・湯浅（2001）参照

ら問題整理を試み、将来に向けた課題について考えてみることであった。そのための問題整理と考察は決して満足できるものではなく、きわめて不充分なままであり、残された課題は少なくない。

しかしながら、本稿を通して、筆者なりに確認し、気づいた文明史的結論は次の3点に要約することができよう。

第1は、端的にいってしまえば、文明の発展・進歩の過程で、人びとにとって本来両義的な生存の原点と文明の発展との関係を混同し、文明の部分のみが注目され、「地域」を忘れてしまった、あるいはきわめて脆弱視してしまったことである。文明の発展は従来、支配領域の拡大という歴史を通して、さらに20世紀以降の今日では、世界を市場とみたてた経済のグローバル化が優先され達成されてきた。さまざまな環境問題がこうした社会の変容の中で発生していることは、本稿でも引用した内外の多くの指摘によって傍証することができるであろう。経済活動のグローバル化はその領域が、国を超えて拡大しているというだけではなく、それを実際に媒介してきたのは都市経済の発展の特徴であり、その一方的な拡張が環境問題の根源とみることができるように思う。

第2は、環境問題に対する対応策に大きな限界があることを指摘した。このことについて、今日の経済システムに対する批判や、人間の倫理観の重要性が繰り返し指摘されている。それが一向に新しい期待を持たせてくれない。本稿を通していえることは、環境対策のほとんどが、現代の人間社会を支配する政治経済の頂点から提起されている。そこには常にそうした上部から、一般的な、理念と技術的対策が示されているだけで、人びとの心を動かすような具体策には結びつかない。その根源は地域を忘れたところにある。多くの人びとが集住する巨大都市では、人間の原点としての自然に対する一般的知識は豊かになるが、そうした一般的知識を確保した人間同士の問題としてのみ意義を持ってきているような点が目立つ。多様な文化と歴史を有する場(生活空間) に生ずる環境問題に対処するためのアイディアを期待し、環境問題に対する疑問や提案を可能にするには、あらゆる人びとが「地域」に学ぶことが重要になってきている。

第3に、将来に向けて、「地域」の課題は領域的なわくぐみの重要性は確認した上で、その本来的なもう一つの側面をどう取り戻してゆくのか。これは人間が生活領域を拡張しつつ、文明の恩恵を享受してきたことを考えると最大の難題といってよいかも知れない。しかし、これまでの文明の発展の帰結として、今日の社会の大きな特徴となって現れ、また問題化してきた高齢化社会に直面して、いまライフスタイル全体を如何に見直してゆくかが重要な問題になりつつある。この方向は経済・技術中心の「地域」整備ではなく、人間生存の原体験と結びつく「地域」への可能性が見えつつあるように思う。そのような未来を展望するためには、上からの「地域」の思想ではなく、もう一つの思想、すなわち人間と自然とが一体となるべき「すみか」の思想を如何にして、人間が造り上げてきた文明社会の中に組み入れていくが、最も重要な課題ということができるのではなかろうか。

本稿の最初にかかげた文明史の構図（図1）における新しい地域の創造とは、単にアンチ・グローバル化の観点から描いたものではなく、今日のグローバル社会の中に人間生存の枠組みを、しっかりと位置づけたときに期待される方向を予見したものである。

[文献]

＊石弘之・安田喜憲・湯浅赳男2001.『環境と文明の世界史』洋泉社.
＊磯崎新2000.「液晶の海に消える国境線」（基調報告）. 紙上シンポジウム「グローバリゼーションとは何か」（下）読売新聞夕刊（2000.3.8）猪口邦子（政治学者）×島田雅彦（作家）×磯崎新（建築家）
＊市川定夫1999.『第三版　環境学——遺伝子破壊から地球規模の環境破壊まで——』藤原書店（初版1993年）.
＊伊藤瑞叡2002. 仏教環境倫理学序説. 立正大学仏教学部編『仏教と環境』丸善、317～387.
＊岩間信之2012. 都市のフードデザート. 杉浦芳夫編『地域環境の地理学』、90～100. 朝倉書店.
＊岸根卓郎2004.『環境論——環境問題は文明問題——』ミネルヴァ書房.
＊京都大学地球環境学研究会2004.『地球環境学のすすめ』丸善.
＊吉良竜夫1972.「環境の危機」宝月欽二・吉良竜夫・岩城英夫『環境の科学』11～23、日本放送協会.
＊日下雅義1975.『環境地理への道』地人書房.
＊小松左京1970.「機械化人類学」の妄想. 季刊人類学1（2）、79～101.
＊篠田勝英訳1996.『オギュスタン・ベルク　地球と存在の哲学——環境倫理を越えて——』ちくま新書.
＊水津一郎1969.『新訂　社会地理学の基本問題』大明堂.
＊水津一郎1974.『近代地理学の開拓者たち』地人書房.
＊水津一朗1982『地域の構造——行動空間の表層と深層——』大明堂.
＊田村・山本・吉岡1983. 大規模地形改変の全国的把握. 地理学評論56、223～242.
＊槌田劭1996.「自然の搾取か自然への信頼か——21世紀生存の可能性を求めて——」京都精華大学紀要　第10号、107～125.

＊西川治1952.「地理学における動態的研究」人文地理4 (2)、58～71.
＊西川治1985.『人文地理学入門――思想史的考察――』古今書院.
＊能登志雄1966.『気候順応』古今書院.
＊藤田弘夫1993.『都市の論理――権力はなぜ都市を必要とするか――』中公新書.
＊本田二郎1977.『周禮通釋　上』秀英出版.
＊増田四郎1980.『地域の思想』筑摩書房.
＊松井孝典／山地憲治2009.「人間圏の内部システムの設計　新しい文明の構築に向けて」東京財団『地球環境読本』所収
＊三橋規宏2002.『環境経済学入門〈新版〉』. 日本経済新聞社.
＊宮本憲一1989.『環境経済学』. 岩波書店.
＊宮本憲一2003.『くるま社会』旬報社.
＊柳田国男1929.『都市と農村』(朝日常識講座第6巻) 朝日新聞社.
＊山折哲雄編2005.『環境と文明　新しい世紀のための知的創造』NTT出版.
＊養老孟司2002.『「都市主義」の限界』中央公論社.
＊嘉田由紀子1995.『生活世界の環境学――琵琶湖からのメッセージ――』農山漁村文化協会.
＊渡辺光1977.『環境論の展開』、環境情報科学センター.

＊O.シュペングラー著／村松正俊訳1979.『縮刷版　西洋の没落』五月書房.
＊Barkley, P. W. and Seckler, D. W.（1972）, *Economic Growth and Environmental Decay: The Solution Becomes the Problem,* Harcourt Brace Jovanovick, Inc. 篠原泰三監修・白井義彦訳『環境経済学入門――経済成長と環境破壊――』東京大学出版会（1975）.
＊ Carter, V. G. and Dale, T.（1955, 1974）, *Topsoil and Civilization*, the University of OklahomaPress, 山路健訳『土と文明』家の光協会（1975）.
＊Christopher Flavin et al.（2007）, *State of the World 2007*, クリストファー・フレイヴィン編『地球白書2007-08』ワールドウォッチ研究所／ワールドウォッチジャパン (2007)
＊Friedrich Ratzel（1882, 1891）, *Anthropogeographie, 2 Bde*, 由比濱省吾訳『フリードリッヒ・ラッツェル　人類地理学』、古今書院（2006）.
＊Garnier, J. Beaujeu（1971）, *La Geographie Methodes et perspectives*, Masson & Cie, Editeurs, 阿部和俊訳『地理学における地域と空間』地人書房（1978）.
＊Gordon Childe V.（1936）, *Man makes Himself*, Library of Science and Culture（London）, ねず・まさし訳『文明の起源（上・下）』岩波新書（1951, 1966改訂版）
＊グリフィス・テーラー著・徳重英助訳『人種地理学　環境と人種』古今書院（1931）
＊Gutkind E. A.（1962）, *Twilight of Cities*, The Macmillan Company (New York), 日笠端監訳『都市〈文明史からの未来像〉』日本評論社（1966）
＊ Johanne Steinmetzler（1956）, *Die Anthropogeographie: Friedrich Ratzels und ihre ideengeschitlichenWurzeln*, Im Selbstverlag des Geographischen Instituts der Universitat（Bonn）, 山野正彦・松本博之訳)『ラッツェルの人類地理学』地人書房（1983）
＊Karl Polanyi（1966）, *Dahomey and the Slave Trade*, University of Washington Press, 栗本慎一郎・堀信行訳『経済と文明――ダホメの経済人類学的分析――』サイマル出版会（1975,

1981新版）
＊ Matthys Levy and Richard Panchyk 2000, *Engineering the City:how infrastructure works:prospects and principles for beginners*, Chicago Review Press, 望月重・星聡美訳『都市ができるまで――インフラストラクチュアからみた都市のはなし』森北出版（2001）
＊ Norbert Krebs（1921）, *Die Verbreitung des Menschen auf der Erdoberflache: Anthropogeographie*, AuNatur und Geisteswelt Band 632, Berlin Leipzig, 辻村太郎・能登志雄訳述『ノルベルト・クレーブス　人類地理学』古今書院（1936）
＊ Oswald de Rivero（2001）, *The Myth of Development,* Zed Books Ltd. 梅原弘光訳『発展神話の仮面を剝ぐ――グローバル化は世界を豊かにするのか――』古今書院（2005）
＊ Otto Friedrich Bollnow（1963）, *Mensch und Raum*, W. Kohlhammer GmbH, Stuutgart. 大塚惠・池田健司・中村浩平訳『人間と空間』せりか書房（1978）
＊ Partha Dasgupta（2001）, Human Well-being and the Natural Environment, Oxford University Press（Oxford）, 植田和弘監訳『サスティナビリティの経済学――人間の福祉と経済学――』岩波書店（2007）
＊ Pierre George 1971, *L'environnement*, collection《Que sais-je ?》No 1450, 寿里茂訳『環境破壊』文庫クセジュ　白水社（1972）
＊ Paul Vidal de la Blache（1922）, Principes de Geographie Humaine, pulblies d'apres de lesmanuscrits de l'Auteur par Emmanuel de Martonne, Armand Colin（Pais）, 飯塚浩二訳『人文地理学原理　上・下巻』岩波書店（1940、1962/1964）
＊ Rachel Carson 1962, *Silent Spring*, Shinchosha Company, 青樹簗一訳『沈黙の春』新潮社（2008）
＊ Relph, Edward（1987）, *The Modern Urban Landscape*, Routledge Limited, 高野岳彦・神谷浩夫・岩瀬寛之他訳『場所の現象学――没場所性を越えて――』筑摩学芸文庫（2013）.『都市景観の20世紀――モダンとポストモダンのトータルウオッチング――』筑摩書房（1999）
＊ Schmacher E.F.（1973）, *Small is Beautiful: A Study of Economics as if People Mattered,* Blond&Briggs Ltd（london）, 斉藤志郎訳『人間復興の経済』佑学社（1976）
＊ Semple, E.C.（1911）, *Influences of Geographic Environment; On the Basis of Ratzels System ofAnthropo-Geography,* New York Henry Holt and Company. 金崎肇訳『環境と人間（上・下巻）』古今書院（1979）.
＊ Turner R. Kerry, David Pearce and Ian Bateman（1994）, *Environmental Economics: An Elementary Introduction*, Pearson Education Limited. 大沼あゆみ訳『環境経済学入門』東洋経済新報社（2001）
＊ Weizsacker, Ernst U. von（1990）, *Okologische Realpolitik an der Schwelle zum Jahrhundert der Umwelt*, Wissenschaftliche Buchgesellschft, Darmstadt, 宮本憲一・楠田貢典・佐々木建監訳『地球環境政策』有斐閣（1994）

現代資本主義の転換と経済学の課題

第1章
資本主義論の諸問題

中村宗之

はじめに

筆者はここ数年、社会経済学やマルクス経済学基礎などの講義を担当してきた。その内容は、多くは自身がこれまでに身に付けてきたと考える宇野学派の通説や、採用されたテキスト[*1]の記述に沿ったものであるが、講義をする中で説明を補足する必要があると感じたり、違和感を感じたりした箇所がある。そのような点をここではいくつか取り上げて、簡潔に論じてみたい。

1. マルクス経済学の資本主義論としての構成

はじめに大枠の問題となるが、いわゆる宇野派によるマルクス経済学や経済原論のテキストの多くでは、純粋な資本主義論や、あるいは資本主義の基礎理論ともいうべき内容が主で、そこでは資本主義にいたる人類の歴史や、あるいは資本主義の発展段階についてはそれほど触れられていない。また、資本主義に対する規範的な検討もほとんどないか、非常に抑制されている。そして宇野弘蔵によれば、労働力の商品化の無理は、景気循環を生じさせる要因となるが、それにより資本主義が自動的に崩壊することは論理的には説くことができないとされてきた。このような一つの（純粋な）資本主義像を構築し説明し、段階論的なあるいは歴史的な内容は他科目に譲るという

＊1　1年次の必修科目では、マルクスのいわば正統的な解釈に基づくテキストを複数のクラスで共通に用いている。資本主義についてなるべく客観的な説明や分析にとどめようというのではなく、労働者や市民の立場からの判断がところどころ明示的に述べられていることや、現状分析的な問題への言及、唯物史観的な内容が重視されることなど、参考になる点が多かった。

あり方は、それはそれとしてありうる叙述の仕方であり、考え方であろう。

しかし、現在の筆者の関心を反映させると、あるいは受講生や一般の人々の関心を考慮すると、マルクス『資本論』を基礎とする資本主義論の一つのタイプとして、次のような要素から構成されたものがありうると思われる。

すなわち、そのような資本主義論では、(1) 経済体制論および経済史的内容、(2) 資本主義の原理論、(3) 規範理論・資本主義の規範分析、これら3つの要素が組み合わされる。これはいくつもの専門分野にまたがるものであり、高い精度で完成させるのは筆者にはほとんどかなわないことであるが、おおまかには次のようなものである。

(1) の経済体制論と経済史的内容では、できればヒトと他の類人猿との共通祖先にまで遡り、ヒトの生物種としての特徴や、ヒトの経済の特徴（他の類人猿等との経済システムの比較を含む）を説明し、狩猟採集経済、農耕経済や封建制、市場経済および資本主義の発展段階、資本主義のいくつかの類型（新自由主義型や福祉国家）、ソ連型社会主義、市場社会主義、将来社会の展望といった項目を扱う。

(2) は、いわゆる原理論的な内容となる。商品から始まり、貨幣や資本、生産や労働、剰余価値論、生産価格論等を説明し、景気循環や諸階級で終わる資本主義像の解説である。資本と労働など、体制変革をもたらすような強い対立に焦点が当てられるが、例えば種々の市場や経済政策を分析・評価する際には、経済学のさまざまな分野の知見もある程度求められるだろうし、労働や財政などの分野も重要である。さらに現在でも、資本主義を批判的にとらえようとする人々が持つマルクスに対する関心は高く、そのような関心にも応えられる内容が求められるだろう。

つまり、(3) の規範的要素を同時に扱う方が、そうした関心によく応えられると思われる。資本主義の現状や展望が明るいものではなく、さらにマルクスに代わる資本主義の批判者はなかなか現れないようにみえる中、マルクスに対する一般の関心は資本主義の客観的な分析や記述にとどまらず、さまざまな問題を抱えた現状の資本主義をどう批判し、どう超えていくのか、こうした点に比重があるだろう。マルクスは『資本論』において資本主義の自動崩壊論に強く傾斜しているが、それでもなお疎外論的批判や、搾取批判の痕跡を読み取ることは十分可能である。そのような面を引き継ぎ、自由や平等、連帯、人権、生活水準、所有、民主主義といった諸価値を分析する[*2]とともに、それらの諸価値により市場経済や資本主義を評価し、よりましな資本主義のあり方や、諸価値が高いレベルでバランスの取れた将来社会像を構想する[*3]、

＊2　この点について、例えば松井暁［2012］、佐野亘［2010］を参照。

＊3　科学とイデオロギーは分離すべきという宇野弘蔵による主張に関連して、こうして規範理論や規範分析を資本主義論に持ち込むというのは、持ち込み方にもよるとはいえ、慎重に行

といった内容となる。

そもそものマルクスの考えあるいはマルクス主義をごく簡単にまとめれば、それは唯物史観と剰余価値論からなるといえる。資本主義論の講義では、これらをそのまま説くわけではなく、かなりの程度批判的に解説することになるが、私見ではそれはちょうど上記の3つの要素を説明するものになるだろう。

2. ヒト型狩猟採集経済の特徴

次に、各論的なものとして、一部のテキストで言及される、ヒトがチンパンジーとの共通祖先から分岐して以降の進化の過程を取り上げたい。ヒトの進化の契機として、あるいは進化の時期区分として、道具の使用や、道具の変化に重点を置く場合がある。F.エンゲルスなども強調したように[*4]、道具がヒトにとって重要なことは疑いない。打製石器であれば、どういう材質の石が道具として用いるのに適しているかを判断し、産出地を見つけ、入手し、適切な力加減により何回もうまく他の石を打ち付けて、もくろみ通りの形にしていくという一連の作業は、相当の知力や、手先の器用さを必要としている。それらが進化の重要な要素であることは確かと考えられるが、共通祖先との分岐の指標となっているのは、まずは直立二足歩行に適した骨格であり、これにより初期人類であるアウストラロピテクス属は区分されている。これらが出現するのが今からおよそ700万年前であり、打製石器や火の使用がある程度明確に認められるのは、ホモ属が出現してくる今から200万年前ほどの時代になってからである。

ホモ・サピエンスがアフリカに登場したのが、今から20万年ほど前と考えられ、土器や青銅器、鉄器等々はそれ以降のずっと現在に近い話となる。ホモ・サピエンスの遺伝子プールの変化は、それほど大きくないと考えられるから、ホモ・サピエンスに至るまでの種々のアウストラロピテクス属やホモ属の進化の要因を、石器に求めて

えば、イデオロギーをそのまま持ち込み、経済分析を歪めるということにはならないはずである。宇野が危惧したように、政治的な目的などにより経済分析の内容があまりにも歪められてしまうことは斥けなければならないのは当然である。その上で、諸価値に関してどのような点でそれは望ましく、他の価値とはどのような関係にあり、こういう市場や政策はどのように判断できるか、ということはかなりの程度客観的に分析や説明ができるはずであり、それらを避けるのではなく、必要に応じて積極的に扱うべきだろう。

＊4　エンゲルス［1965］。

済ますことには多少とも無理があると思われる[*5]し、現在では道具の変化と脳重量の変化には強い関係はないとされる。

むしろ、現在判明している種々の事柄[*6]から考えると、アウストラロピテクス属がチンパンジーとの共通祖先から分岐したのは、熱帯雨林から出て、食物密度の低い乾燥地帯で、小グループに分かれて食べ物を探し、その場で食べるのではなく住処に持ち帰り分配する、これを効率的に行える直立二足歩行[*7]と、それに適した骨格への変化、これがまず指標になるということであろう。この小グループに分かれ、モノを持ち帰り、単婚を基本とする家族などからなる共同体内で分配するという経済関係は、チンパンジー型の狩猟採集経済と比較して複雑さが増し、とくにモノの交換や、モノを媒介とする長期的な互恵関係の形成を促す、あるいはそのような関係が共同体内での必須のものとなるであろう。

そして、アウストラロピテクス属の脳容量はチンパンジーと大差なく、脳が巨大化するのはホモ属が出現してきてからである。また、ホモ属は、足の指の拇指対向性（親指とその他の指とでモノをつかみやすい骨格のこと）をなくして木に登りにくくなり、火を使うようにもなったようである。これらは、火などを用いて肉食獣への防御が強められ、そのことによって、肉食獣を避けるため夜間に木に登って睡眠をとる必要がなくなったこと、本格的に熱帯雨林から出て、平原などに住むことが可能になり、実際にそうしたことなどを示唆すると思われる。こうして、チンパンジー[*8]とは異なる、ヒト型の狩猟採集経済が成立してきたのではなかろうか。そしてそこにおいて、ホモ属の脳容量はなぜ増加せねばならなかったのだろうか。

道具や火を操るための手先の器用さに必要とされる脳の部分もあるだろうが、ヒトやあるいは広く霊長類の脳重量の大きさを説明するものとして、社会脳仮説がある。群れの個体数の大きさと、体重と脳重量の比率とに着目するものであり、関係する個体（他者）が増えたり、さらに敷衍すれば個体間の関係つまり社会が複雑化すると脳

＊5　なお、石器が注目されるのは、木など腐食しやすい材料から作成された道具は、後世に残りにくいといった事情もある。

＊6　内村直之［2005］などを参照されたい。

＊7　古市剛史［1999］（231頁）、Susana Carvalho, et al.［2012］参照。

＊8　チンパンジーや、それと近縁のボノボは、食物密度の高い熱帯雨林の中を、ほぼ集団でまとまって移動し、食事をとるという型の狩猟採集経済により生活している。彼らが森から出なかった、あるいは出ることができなかったのは、配偶関係がヒトとは異なったこと、逆にいえば、一夫一婦制の比較的強い類人猿がいくつかいて、それらが森からしばしば出て、子どもなどを本拠地に残し、小グループで乾燥地帯を徘徊し食べ物を探すようになった、それがアウストラロピテクス属ということかもしれない。

重量が増加せねばならないこと（つまり、脳重量の増加が、そのような環境では個体の生存と遺伝子の増殖にとってかなり有利に働くこと）を示すととらえられる。ヒトの場合には、ヒト型の狩猟採集経済が、他の類人猿にも増して、他者との協力関係や競争関係といった複雑さの処理を必須とすること、他者の心を読み、共感し、それに合わせて自分の行動を変えていくこと、こうしたことが脳の発達を促したといえるのではないか*9。とはいえ、この点に関しては、さまざまな分野における研究や調査の今後の進展に期待せねばならないと思われる。

現状においてヒトの進化の過程を扱う際には、道具のみに焦点を当てる*10のではなく、直立二足歩行や、それが可能とするヒト型の狩猟採集経済にも十分配慮した説明が求められる。

3. 資本主義の発展段階論

話は変わり、宇野弘蔵による経済学研究の三段階論について、中でも段階論の内容をどのように整理するかという大きな問題が存在する。戦前の日本資本主義論争においては、『資本論』に描かれたイギリスをモデルとする資本主義像と、現実の日本資本主義のありようとがかけ離れていたため、両者をどう接合するかということや、唯物史観と照らし合わせた時の明治維新の位置付け、来るべき革命の性格などが重要な議論としてあった。宇野弘蔵はその中で、『資本論』を原理論として再構成し、資本主義の発展段階論を中間に置き、それらを踏まえた各国資本主義の現状分析を経済学研究の最終目的として据えたのであった。そしてその図式の中で、戦前の日本資本主義は、後発資本主義国としての特徴を持つものとして位置づけられた。

宇野によれば、資本主義の段階区分はまずは経済政策の変化により行われ、重商主

*9　中村宗之［2013］も参照されたい。

*10　道具や火が使用できるためには、拇指対向性が必要であり、直立二足歩行の方がそれらを使用しやすいかもしれない。しかし、拇指対向性は、木に登り樹冠で生活してきた霊長類一般に共通するものであり、直立二足歩行にはあまり適さない骨格のチンパンジーもある程度の道具は使用する。こうした点を考えると、拇指対向性や直立二足歩行を、専ら道具や火の使用を可能にした点でのみ取り上げるのは適切ではなく、むしろ拇指対向性や直立二足歩行は、獲得した食べ物を効率的に持ち帰るというヒト型の狩猟採集経済が成立するための前提条件としてとらえ、そこに道具や火の使用がヒト型経済の補強要因として加わった、とすべきではないか。

義から自由主義へ、さらに帝国主義へという政策の移り変わりがまずあり、そのような時々の政策を要請するものとして、支配的な資本と、さらにそれを規定する支配的な産業があるとされた。そして、第一次世界大戦とロシア革命以後の資本主義と世界経済は、3段階論により解明されるべき対象というよりも、現状分析の対象としてとらえられるとされたのであった。[*11]

このような図式は、現在どのようにして維持されるであろうか。一つ明らかなことは、帝国主義という経済政策の特徴が、植民地に対する暴力的な支配や、帝国主義本国諸国の間での経済的政治的軍事的対立にあるのだとすれば、そのような政策は少なくとも今日では20世紀初頭と同様のものとしてあるとはいえないことである。むしろ経済政策は、端的に言って、第二次世界大戦後のケインズ主義政策ないし福祉国家政策と、1970年代後半あるいは80年代以降の新自由主義により特徴づけられるといえるだろう。

さらに、支配的資本については、重商主義段階の商人資本、自由主義段階の産業資本、帝国主義段階の金融資本（密接な関係にある大企業と金融機関）に対して、現状も新たな支配的資本が生じたというよりは、ひとまず金融資本が支配的とするのが適切なように思われる。

支配的産業については、重商主義段階の毛織物産業、自由主義段階の綿工業、帝国主義段階の重工業に対して、その後は種々の重化学工業やIT産業といったところになろうか。

このように、第一次大戦以降の時期についても宇野の規定にひとまず従い、支配的産業と支配的資本、特徴的な経済政策により資本主義の発展段階を区分し説明することは一応はできそうである。

しかしこうした整理についても、異論がいくつもありうる。中国やインドなど新興国の力強い発展を考慮した時に、むしろ発展段階論とは資本主義の地殻変動を把握するものであり、例えば、自由主義段階のイギリスに対してドイツやアメリカといった当時の新興国がいわば地殻変動を引き起こしながら資本主義世界を変えていったのだというとらえ方がある。[*12]

また、宇野のようにいわば歴史的要素を重視し、その中から支配的産業や支配的資本、特徴的な経済政策を取り出し、段階を区分するという方法に対して、そうではなくて、原理論の中にいくつか重要な、タイプが異なる資本主義を生じさせるような前

＊11　宇野弘蔵［1971］。

＊12　小幡道昭［2012］。

提があり（例えば通貨制度など）、それを変えることでいくつかタイプの異なる資本主義を組み立てる、そのような中間理論として段階論を位置づける考え方もある。[*13]

段階論の内容や、経済学体系の中でどのように位置づけるかに関して、こうした深刻な相違があり、かつ、明らかに相違していても、それらの妥当性や有効性などをどのように判定すべきで、それは可能なのか、判断しにくいのが段階論であるように思われる。したがって、これも私見となるが、現状においてはどの内容や方法が優れた段階論なのかを決定するよりも、いくつもの段階論があることを確認するのにとどめたい。

4. ソ連型社会主義について

これはテキストでの扱いに限ることではないが、一部に見られる言説として、「旧ソ連をはじめ従来の社会主義国で経済運営がうまくいかず、市民の自由や民主主義が抑圧されていたのは、経済的にも政治的にも遅れた国々で社会主義革命が生じたからだ」というものがある。これはつまり、「先進資本主義国で革命が起これば、経済的困難の度合いも少なく、自由と民主主義を尊重する社会主義体制ができていたに違いない」、という主張でもあろう。

しかし、このような見方は楽観的にすぎるだろう。実際に社会主義国が遅れた状態から、不利な国際環境の中で生起してきたという事実を考慮しても、である。社会主義計算論争以来のさまざまな議論によるおおよその合意として、市場経済や資本主義との比較において、計画経済が需要と供給に関する情報処理の点で不利なこと、技術革新を行う誘因に乏しいこと、ソフトな予算制約の問題、ともすれば雇用が安定しすぎていて解雇の恐れがなく、あるいは賃金の設定が平等主義的すぎることが勤労意欲を阻害したといった諸点をあげることができる。[*14]

＊13　他にも、景気循環の変化から段階を特徴づける方法や、国家独占資本主義論、原理論とも関わる世界資本主義論、パックス・アメリカーナ論、通貨体制や資本と労働との関係など歴史的に見たいくつもの指標によりタイプ分けする方法などもある。SGCIME編［2016］も参照。

＊14　ただし、医療や教育制度などを早期に普及させたことや、ある程度の生活水準を保障したことなど、社会主義体制にも優れた点があること、また戦時経済など特殊な状況では、需給に関わる情報の問題や、技術革新や勤労のインセンティブの問題が軽減し、市場にまかせるよりも計画経済方式の方が効率が良い局面があることも、記憶に留めておきたい。加えて、

さらに、人権保障や民主主義の諸点についても、従来の社会主義体制は深刻な問題を抱えてきた。自由な選挙が制限され、実質的には一党独裁であった。報道機関は統制下に置かれ、市民による自由な意見表明もままならなかった。強制収容所も存在した。政府を批判する言論や活動が抑えられたことも大きな要因として、環境保護の点でも遅れをとった。その他のさまざまな自由や権利の制限は、経済的な側面ともあわせてそれ自体大きな問題であり、種々の将来社会像を考察する上でも見過ごすことはできない[*15]。

これら社会主義体制が抱えた経済的、政治的、社会的問題は、先進資本主義国が社会主義体制（ここでは社会主義体制を、市場経済や資本主義をなるべく排して計画経済を主とする経済運営が行われ、そのための政治が行われる体制としておく）に移行したからといって、すぐさまそれらの問題から自由になり、理想的な社会主義的な経済と政治が行われる、というものではないだろう。それぞれの問題について、理論的あるいは実践的に丁寧な検討や解決がはかられていくべきものである。民主主義の中からファシズム体制は生じうるし、現在の先進諸国の政治や民主主義、経済状況が手放しで賞賛できるものとは程遠いことを想起すれば、なおさらそうである。

こうした課題を踏まえた取り組みとして、市場的要素を取り入れた市場社会主義の構想[*16]や、福祉国家政策を拡充する方向でのよりましな資本主義のタイプを追求する試みなどがあるだろう。筆者自身は、後に見るように、分権化を推し進め、個人の単位で政策が選択可能な状態に近づけていくことを、将来社会論の大きな課題として考えている。

経済的効率は重要であるとしても、雇用の安定や環境や動物への配慮など他にも考慮すべき価値があるのだから、市場社会主義などの構想においてはそういった他の価値を尊重した経済方式や政策の組み合わせを忘れずに重視すべきであろう。

＊15　社会主義と一党独裁、あるいは計画経済と自由や民主主義の抑圧にはどのような関係があるのだろうか。資本主義の下でも独裁政治が生じる場合はあるから（あるいは封建社会の政治を考えてもよい）、独裁は社会主義に固有のものではないが、社会主義には独裁つまり市民の政治的権利の抑圧は必然的なのだろうか。一つ言えそうなのは、計画経済は中央政府・計画当局の権限が非常に強いところに成立するはずなので、そのような政府は政治的な権限も集中し、政治的独裁にもなりやすいということである。あるいはさらに、中央集権的な計画経済はそのような強大な権限を持ち、市民のさまざまな不満を抑えうる政府の下でのみ成立しうるとすれば、計画経済は政治的独裁とセットでないと存在しないということになる。多数の人々が合意に基づいて計画経済を運営することの困難、あるいは、異論を多少とも抑圧した上でのみ成立し得る計画経済というところであろうか。

＊16　ローマー（1997）参照。

5. 資本主義の特徴ないし基本矛盾について

他の経済体制や社会と比較したときの、資本主義の特徴やそれが持つ矛盾とされてきたものをいくつか挙げてみると、資本家と労働者との階級対立、労働力の商品化、資本主義的な生産力と生産関係との矛盾といったものがあるだろう。ここでは、それらに加えて、いわば疎外論的な矛盾ないし問題を少し取り上げてみたい。

疎外論的矛盾とは、筆者が理解するところでは、市場経済ないし資本主義の下では人間の人間に対する関係が、モノに対する関係になってしまうこと、つまり目的としてではなく、手段として他人を扱う、利用する関係になることを指す[*17]。おそらく人間関係とは互いに多少とも利用し合う関係であることが多く、それらがすべて悪いこととは言えない（原理的な疎外批判者は悪いと言うかもしれないが）。市場の関係もまさにそうで、アダム・スミスが述べるように、何かを提供する代わりに何かをくださいという関係であり、互いにそれで納得していれば普通は問題がない、あるいは互いに利益を得ている良い関係ととらえてよい。利用はしつつも、利用し尽くさない、搾取[*18]しない関係であればそうなのだが、一方が他方を利用し尽くす、搾取する関係であればどうか。

商品経済的な関係とは、マルクスも言うように他人の関係であることが基本である[*19]。相手を利用し尽くし、買い叩くことができるのであれば、そうすることが自分の利益になる。もちろん市場経済や資本主義の下でも、取引相手との長期的な関係を維持することが自分の利益の増大につながる場合はあり、そのときには相手の利益に配慮し、長期的な関係を維持するであろう。しかしそうではない場合、相手を買い叩くことが利益になる場合、そのようにするのが商品経済的関係といえる。

＊17　マルクスの疎外論について、詳しくは田上［2013］などを参照。

＊18　マルクス経済学における搾取とは、当事者（労働者）の感じる不利益というよりも、利潤が存在するときにはおおよそ剰余労働の搾取が存在するという事柄を指すというほうが正確だが、ここでは利用し尽くすとかされ尽くすという意味合いで用いている。なお、搾取に関して、剰余労働の搾取が存在したとしても、労働者のそこそこの生活水準が維持され、雇用が安定的であるなどの条件があれば、とくに変更することなくそのような状態を認める判断は十分ありうると筆者は考えている。

＊19　「……このように互いに他人であるという関係は、自然発生的な共同体の成員にとっては存在しない。……商品交換は、共同体の果てるところで、共同体が他の共同体またはその成員と接触する点で、始まる」（マルクス［1972］，第2章，S.102，訳161頁）

例えば、計画経済と比較して、市場経済や資本主義には需給を分権的に速やかに調整しうるという特徴があると考えられるが、需要に合わせて供給を速やかに調整しうるということは、雇用の調整つまり配置転換やあるいは解雇も速やかにできるといったことを前提条件としている。この意味で市場の効率性は、雇用の不安定性と裏腹の関係にあるといえる。

そのような利用し尽くすという関係は、資本主義以前の経済社会と比較して、資本主義の下では非常に大きな領域を占めていると言える。狩猟採集経済では、狩猟や採集の成果は、まさにその土地における所属する共同体の縄張りの広さや豊かさに依存しているがゆえに、近隣の共同体とは縄張り争いなどの対立は激しく、平和的な関係や人的な交流も存在はするが、近隣とは強い緊張関係にあることが基本と言えるだろう。そういった経済社会の中で、自分や家族の利益を確保するためには、自らの所属する共同体が近隣との争いの中で存続していく必要があり、共同体内の成員は善かれ悪しかれ強い絆で結ばれていたし、そうすることが互いの利益であった。つまり、共同体内の隣人はいわば他人ではなく、利用し尽くすような関係はあまり生じず、隣人が貧しくなり健康を損ねたり、共同体の人員が減少したりすることは、近隣の共同体との争いの中で不利になることを意味し、あるいは狩猟や採集の作業に支障をきたし、かなり直接に自分の不利益となるのである。

農耕社会においても、何か気に入らないことがあれば人は自由に近隣に移動して、新たな共同体の中で農耕を始める、という関係にはなかったはずである[*20]。土地の面積や豊かさに自分や家族の利益が大きく依存する[*21]という意味では、農耕社会も狩猟

＊20　無論、逃散など、非常時における緊急避難的行動、あるいは領主階級に対するそのような抵抗の形態はあった。

＊21　狩猟採集経済や農耕経済では、自分や家族の利益（生物学あるいは進化論の視点から言えば、個体の生存と遺伝子の増殖という利益）を確保するために、土地は重要な要素をなしていると考えられるが（より正確には、労働能力、他者との協力関係、土地といった要素になろうか）、資本主義における労働者にとってその意味で重要なのはほとんど労働能力に絞られるだろう。資本家にとっては資産や経営能力、経営者は経営能力が同様に重要であろう。それらの要素はいずれも基本的には土地に縛られるものではなく、自由に移動できるし、移動後に新たな協力関係に入ることができると考えられる。現状では、（各国の移民制限を別としても）言語や文化などの障壁があり、移動後に同程度に有利な労働条件や生活水準が保たれるとは限らず、そういったことが自由な移動を妨げている。EUの内部においても、そのような流動性は限られるようである。しかしそういった障壁は、経済のグローバル化の中で善かれ悪しかれ低くなってきているし、後に触れるように市民が互いに自由な関係を確保するためにはそうした傾向を促進していくべきであろう。もちろん、農家など土地が重要で、自由には移動しにくい場合は資本主義の下でもあり、地下資源をめぐる争いもある。

採集社会と同様の構造であり、近隣の農村との対立関係はやはり多少とも存在したであろう。むしろ、そのような経済的基盤に基づく農村間の軍事的緊張関係を、軍事や政治を独占する領主階級がまとめ、領域の秩序を維持していたのが封建社会だともとらえられる。そして、隣の農家が経済的に立ち行かなくなることは、農村内の共同作業に支障をきたすことになろうし、また近隣の農村との緊張関係の中で不利に働くのではないか。やはり、善かれ悪しかれ、他人であることが許されない、利用し尽くされることはなくとも、自由でもない関係が基本だと考えられる。

このような伝統的社会関係に対して、商品経済的関係や、あるいはそれを構成要素とする資本主義的社会関係というのはどのようなものか。それは、置き換えの効く人間関係であり、代わりの者がいる限り、利用し尽くしても自分の利益を損ねない、むしろ利用し尽くせるならそうすることが自分の利益になる関係であろう。代わりの労働者がいる限り、資本家や経営者は低賃金や長時間労働、不安定な雇用といった条件で労働者を働かせ、いわば使い潰していくことを躊躇しないし、それにより利益が増大するのであればますますそのように利用し尽くす。このことは資本主義の歴史や現状が示している。

そのような他人の関係、置き換えの効く関係は、資本家や経営者と労働者との間にとどまらず、労働者どうしの間でもよく見られる。長期的な雇用関係の下、労働組合が組織され、共通の利益のために連帯する場合もあるが、職場での協力関係はやはり一時的なものであり、誰かと協力して作業する必要はあるが、その特定の個人である必要はない、置き換えの効く関係であることが多いであろう。そのような中では、他人が利用し尽くされていくことは、自分の利益にはならないまでも、自分がコストをかけてそのような事態を防ぐことには利益を感じにくいのではないか。非正規雇用の増大、不安定で劣悪な労働条件が改まらないことの一つの要因は、大きく言えばこうした人間関係、社会関係にあるだろう。

剰余労働が不当に支配階級に奪われるという意味での搾取ないし収奪は、封建社会[*22]にも存在するといえるが、こうして資本主義における階級関係は、そのような搾取に加えて、他人の関係において他者を不当に利用し尽くすという要素が加わったものととらえることができる[*23]。

＊22　封建社会において、領主は農民の疲弊を省みず収奪しつくせるような関係にはなかったし、疲弊した農民を、他の領地の農民と入れ替えるということもなかったであろう。ただし、中世の都市における人間関係は別途考察の必要がある。

＊23　なお、原理論的な内容に関連して少しだけふれると、生産価格論などの価格の説明に際しては、商品の等労働量交換を基本において説明するのではなく、労働投入を伴う生産技術

6. 将来社会論

では、そのような置き換えの効く希薄な社会関係が支配的な資本主義をもとにして、どのような将来社会が展望可能であろうか。筆者の考える一つの展望は、そのよい面を利用して、分権化を進めて互いの自由を最大限尊重し、個人単位で共同体や政策をより選択しやすい方向に持っていくことである。

例えば、現状の日本では、そしてこのことは多少とも各国に共通していると言えるだろうが、労働条件・社会保障制度、環境・エネルギー政策、安全保障といった領域に関して、かなり強い意見対立が存在する。労働条件については、非正規雇用の現状をどうしていくのか、長時間労働をどう規制するのか、解雇はどの程度容易であるべきかといったことが、経営者層と労働者の間で見解の相違があるとともに、労働者の間でも相違がある。非正規労働者が劣悪な労働条件にいるのは自己責任なのであり、その改善を社会的に取り組む必要はないと考える人々は、非正規雇用者の中にもいるようであり、そのような主張や政策の選択もそれなりに尊重されるべきであろう。経営者に有利と思われる労働政策を推進する政党を、支持する労働者もいるであろう。社会保障制度と税制についても見解の相違がある。

環境・エネルギー政策については、原発を再稼働するか否か、地球温暖化防止策の程度、あるいは農薬規制の程度等々についての意見の相違が存在するだろう。安全保障については、そもそも軍事力を持つべきかどうかという相違もあるし、保持する軍事力をどの程度、あるいはどのように行使するかでの相違も大きい。さらに、現在とは異なる国と安全保障上の同盟を組むべきだとする見解も一般的にはありうる。

これらの見解の相違は、同じ国家に属する人々の間での場合、何らかの形で独裁的に決められるのでなければ民主主義的に決定されて処理されることが多い（他には、くじ引きなども決定方式としてないことはない）。究極的には、あるいは単純に、国民で多数を占める、ないし国会において多数を占める意見が採用される。そのように決定される政策の内容は、少数派にとってある程度受け入れられるものである場合もあるだろうが、極めて受け入れがたい内容の場合もあるだろう。

しかし、このように多数決により社会的決定を行い、決定された政策を成員に強制する方法、民主主義的決定とはこのようなことであるが、これとは異なるやり方も可

の連関をベースにして価格体系や剰余、搾取を説明するほうが適切だと考えている。

能であれば、そちらを追求する価値はもちろんある。個人の自由を尊重する自由主義の方向を推し進めて、なるべく社会的に決定して強制するものごとを少なくし、個人の自由な選択に委ねる領域を増やすことである。[*24]

労働条件について、労働基準法を定め、それを厳格に適用し違法な長時間労働を規制していくのは、民主主義的な方法である。自由主義的に労働条件を改善する方法は、例えば、労働者はなるべく良い労働条件を保障する企業に勤めるようにすることは前提として、そのような企業を増やしていく行動を消費者がとることである。劣悪な労働条件の企業についてはその製品を購入しない、生産材を生産する企業とは消費者は直接にその製品を買う関係にはないが、そのような生産材企業と取引のある消費財生産企業の製品は購入しない、良好な労働条件を保障する企業の製品を積極的に購入する、といった消費者主権に基づく強い行動をとることができる。現在でも部分的に実施されている、劣悪な労働条件のブラック企業の名前を公表することや、不当に高い経営者の報酬を公表することは、このような行動を促す点で重要である。[*25]

＊24　英国首相ウィンストン・チャーチルはかつて、民主主義はこれまで試みられてきた他のすべての政治形態を除けば最悪の政治形態であると述べ、実質的に民主主義を最善のものとして擁護したが、これは間違いであるか、あるいはもっと慎重な受け止めが必要な言説であろう。「互いに邪魔しない程度に自由にやっていこう」という自由主義ないしリベラルな合意が、ある領域や問題に関して成立するならば、おそらくそれが最も自由で問題の少ない政治のやり方であろう。これを政治から定義的に除いてしまえば、チャーチルの言う通りかもしれないが、そのような扱いは自由主義的な解決を軽視したり、視野から外してしまう結果をもたらしてしまうのではないか。

本来は、自由主義ではうまくいかない問題や、解決に当たって効率が悪すぎる問題に関しては、次のプロセスとして、民主主義的に決定しよう（あるいは問題によっては、専門家の判断を重視して決定しようということを民主主義的に決める）ということになるはずである。もしそれでもうまくいかなければ、独裁やくじ引きといった方法が三番目に出てくるかもしれない。基本的に、一番目にくるのが自由主義であり、民主主義は二番目の手段だということを意識するのが適切ではないか。もし自由主義的に処理できる問題であるにもかかわらず、民主主義的に決定して、決定の結果に全体を従わせようとするならば、それはその問題に関する少数派の自由を不当に制限するものだといえよう。

なお分権化に関して、例えば、スーパーの食品売り場で農産物の産地を表示するとか、あるいは農薬の使用の有無や、放射性セシウム含有量などを表示し、消費者の選択に任せるというのも、分権化の一種であり、意見対立のリベラルな解消方法である。ここでの分権化はそのようなレベルのものから、国として分離独立するレベルまでを一応すべて含めて考えている。

＊25　こうした行動を進めていき、消費者や労働者の間で考え方や行動の分岐が強まれば、いわば相対的に独立した経済圏が成立することにもなろう。ノージックも示唆するように（ノージック［1998］，第8章）、搾取を排除した労働者自主管理企業とそれを支持する消費者で構

もちろん、ブラック企業の製品のほうが価格が安く、労働条件の良いまともな企業の製品の価格が高いということはありうる。そこで消費者がブラック企業の製品を購入してしまえば、その分良好な労働条件の職場は減るわけであり、自由主義的な方法ではどの程度良好な労働条件が確保されるかは、消費者がそれを維持するような行動をどの程度とれるかにかかっている。

社会保障制度と税制については、たとえば低福祉・低負担、中福祉・中負担、高福祉・高負担という三つの選択肢があるとして、個人単位でその中から選ぶ方法がありうるのではないか。とくに住み分けをしたり、国籍を変更する必要はなく、隣人とは異なる社会保障・税制に所属することができる。ただし、例えば若い頃に低福祉・低負担の制度を選択して軽い負担で済まし、高齢になってから高福祉・高負担の制度を選択して手厚い年金給付を得るというのでは帳尻は合わず、その財政は破綻する。したがって、制度間の移動については何らかの制限を設ける必要があるだろう。

また、社会保障費の企業負担分については、高福祉・高負担の制度では相応に多くなるとすれば、そのような制度を忌避する企業は多いであろう。しかし、そのような企業に批判的な、高福祉・高負担の制度を選択する消費者は、そうした企業の製品を購入せず、高福祉・高負担制度を支持する企業の製品を積極的に購入すべきだろう。そういう製品は比較的価格が高くなるだろうが、そうした行動をどの程度継続しうるかに、この制度の成否は依拠している。

原発の再稼働についても、賛成と反対とで激しく世論は分かれている。これに関して、民主主義的に再稼働推進か原発廃止かを決定し、それを国民全体に強制するのではなく、自由主義的に個人の選択を極力尊重するならば、原発の大事故時の被害状況を考慮し、ことの性質上住み分けが必要になろう。いわば非原発地帯を設けて、原発

成される経済圏、共同体が成立しうる。さらに、商品経済による人間疎外を完全に排除することに価値があるのだとすれば、そうした目的のために、市場によらず計画経済的に運営される経済圏を自由主義的に形成することも可能であろう。

なお、ノージックやあるいは笠井（2000）などリバタリアンの論者は、発想にはたいへん学ばされるが、リバタリアニズムやそれに基づく最小国家（社会保障制度などが存在しないか、あるいは新自由主義的なそれが最小限に抑えられたタイプの国家）を望まない人々に対しても、最小国家をいわば強制する議論を組み立てる傾向があるように思われる。そうではなく、筆者が構想するのは、最小国家や福祉国家、その中間のどこかにある国家や、その他の政策を軸とする国家が並存するような状態である。福祉国家的な強制力に合理性があるのは、十分に合意されたよい目的のためとしても、自発的な寄付で資金を集めることには限界があり、徴税という強制力は有用と考えられるからである（最小国家の中に、福祉国家的政策を選べる制度があってもよいし、福祉国家として独立していてもよい）。もちろん福祉国家からの離脱の自由（他のタイプの国家についても同様だが）は、認められなければならない。

を忌避する人々はその地域になるべく移住することが必要になる[*26]。電力自由化は、消費者が原発の電力を（計算上）使うか使わないかを明瞭に選択できるものにすべきだろう。原子力に関連する国の予算も明確に切り分け、反原発は負担しないようにする必要がある。今後発生する事故の対策費や賠償、あるいは放射性廃棄物の保管費用に関しても、推進派の国民の中で負担することになる。反原発派は、再生可能エネルギーの分量にもよるが、原発推進派よりも地球温暖化対策費を多めに支払うことになろう。

しかし、原子力発電がたんに発電方法の一つであるにとどまらず、潜在的な核武装能力の保持という安全保障上の事柄でもあるとすれば、この意見の対立は住み分けでのみ解消するとはいえず、原子力政策を支持するか否かで、国籍を分ける、国として分離する必要が出てくるだろう。

そういった安全保障に関する見解の分岐は、その対立を適切に解消しようとすれば、社会保障制度のように所属する制度を変えることで対応したり、原発のように住み分けで対応したりでは足らず、国として分離することが求められやすいと考えられる。どの国と安全保障上の同盟を組むか、あるいは非同盟でいくのか、どのように武力行使するのかといったことに加え、他国やあるいは相手方のテロリストの反撃の仕方にもよるが、反撃されることのリスクも勘案して判断する必要がある。つまり、例えば、何らかの形で他国に対して積極的に武力行使すべきかどうかで世論が割れている場合

＊26　福島第一原発事故の状況や、その後の関連する裁判の判決内容などを参考にすると、原発から250kmの範囲では事故時に強制移住を余儀なくされるなどの重大な被害や損害を受ける可能性がある（事故の被害は例えば北半球全域に及ぶのだという見解もありうるが、ひとまずこう考えておく）。したがって、非原発地帯は、最も近い原発の所在地から250kmは離れたところに、それを希望する人口が無理なく居住できるような面積でもって、あるいは原発賛成派と反対派の人口比で国土を計算上分割した面積を基準に設定されるべきであろう。例えばたばこの副流煙に関しては、分煙や、厳格な喫煙スペースの確保という形でいわば自由主義的に住み分けが行われており（しかし、そのような住み分けを実施することに関しては、さまざまなレベルでの民主主義的な決定その他によるといえる）、これと同様の措置は、甚大な被害をもたらすと少なくとも一方には判断されている原発の問題についても、実施されるべきであろう。嫌煙権との対比で言えば、嫌原発権は当然保障されるべき権利であろう。

とはいえ、このような住み分けによる問題処理の難点としてすぐさま思い浮かぶのは、こうした措置がこれまで過疎地に原発をいわば押し付けてきたことと実質的に変わらないようなものにもなりうることや、非原発地帯を設けることで、原発地帯に居住する反原発派は実質的に移住を迫られているようなものになることがある。その場合でも、非原発地帯が作られないまま全国で原発が稼働する状態と比較すればましとはいえるであろうが。なお、沖縄本島は、現在このような非原発地帯だといえる。

に、多数派の決定により武力行使して、その後の敵国の攻撃により武力行使に反対していた人が被害を被った。これはその人にとって、主にその合意していない決定に原因がある理不尽な被害である。また逆に、同意しない決定により、思いがけず利益を得る場合もあるかもしれない。いずれにしても、個人の考えや選択を尊重するならば、このような事態は避けるべきである。

とすれば、こうした対立が激しい場合には、その人は同じような安全保障政策を支持する人々とともに自国から分離独立し、そうした政策に基づく国を運営していくのがよいであろうし、もともとの国の多数派も、新たな独立を求める勢力が極めて侵略的で攻撃的である場合などを除き、互いの自由を最大限認めるという原則に沿って、政策の違いに基づく独立を認めるべきであろう[*27]。

今日のスコットランドにおける独立運動は、歴史的な経緯を背景に持つとともに、核戦力および原発を保持するか否かという安全保障政策とエネルギー政策や、福祉国家化か否かということも大きな争点にしている。2016年アメリカ大統領選後のカリフォルニアでの独立の主張は、政策的あるいは広く価値観的な違いに基づく面がより大きいといえよう。沖縄は、日米安保自体への異議というよりも、在日米軍基地の負担の重さや、新基地建設をめぐって、中央政府と激しく対立している。基地問題は本来的には国として分離独立しなくとも解決可能なものと考えられるが、琉球が奪われている自己決定権を獲得し、アメリカ政府と直接交渉することの必要などから独立を求める主張がなされている[*28]。EUでは、各国でさまざまな領域における政策的な違いが多少とも存在しつつも、域内の移動はシェンゲン協定などにより自由化され奨励されてきた。これは、たんに労働力としての必要から移動するということにとどまらず、個人や家族単位で政策を選択し、移住することが比較的に容易な制度となっているともいえよう。

以上、いくつかの事例や思考実験により見てきたように、いろいろなレベルで分権化を進め、さまざまな政策を志向する国家や共同体がその内容を競い、変化させていくというのが、筆者の考える将来社会像である。上記で述べた内容はきわめて暫定的

＊27　分離独立するのではなく、自分の求める政策がすでに実施されている他国に移住するという選択もありうる。しかし、移民の制限や、言語や文化の違い、職や家族の問題など、他国への移住は難しい場合も多く、また大人数が一時期に移住することも困難だろう。そうしたことを考えると、もともとの国を分割してその中で移住するほうが、まだ実施しやすい方法ということになる。

＊28　松島（2015）、参照。

なものであり、今後も検証していきたい[*29]。これらの中には原理的にあるいは実際上無理なものも含まれるかもしれないが、他方でこうした構想の一部はすでに現実のものでもある。

まとめ

本稿では、マルクス経済学関連の授業を担当する中で考えてきたものいくつかを、必ずしもまとまらない形のままで以上のように書き出してみた。個々の論点についてさらに検討の必要があると強く感じるとともに、このような資本主義論はマルクスを専門に研究してきた者のみでなく、これまでもある程度そうであったように、他分野の研究者がいくつかの分野をまたがり担当しうるものと思われる。

[参考文献]

＊内村直之（2005）『われら以外の人類――猿人からネアンデルタール人まで――』，朝日新聞社

＊宇野弘蔵（1971）『経済政策論 改訂版』，弘文堂

＊SGCIME編（2016）『グローバル資本主義と段階論』，御茶の水書房

＊エンゲルス，フリードリッヒ（1965）「猿が人間になるについての労働の役割」，『猿が人間になるについての労働の役割』，大月書店編集部編，大月書店（国民文庫）

＊小幡道昭（2012）『マルクス経済学方法論批判――変容論的アプローチ――』，御茶の水書房

＊笠井潔（2000）『国家民営化論――ラディカルな自由社会を構想する――』，光文社（知恵の森文庫）

＊佐野亘（2010）『公共政策規範』，ミネルヴァ書房

＊田上孝一（2013）『マルクス疎外論の諸相』，時潮社

＊中村宗之（2013）「ホモ・サピエンスの交換性向――類人猿の比較研究――」，勝村務・中

＊29　地方政府に関する「足による投票」の議論では、企業の負担が大きい政策は取りにくいという結論になりがちであり、たしかにそういう傾向はあるものの、できることはあるはずで、機会を見て検討したい。また、自由主義的な分権化の限界もどこかにあるのであり、民主主義的な決定の領域も、とくにより小さい問題や、ことの性質上分権化しにくいものに関しては多く残るだろう。

村宗之編著『貨幣と金融——歴史的転換期における理論と分析——』，社会評論社
＊ノージック，ロバート（1998）『アナーキー・国家・ユートピア』，嶋津格訳，木鐸社
＊松井暁（2012）『自由主義と社会主義の規範理論——価値理念のマルクス的分析——』，大月書店
＊松島泰勝（2015）『琉球独立宣言——実現可能な五つの方法——』，講談社（講談社文庫）
＊マルクス，カール（1972）『資本論』（1），岡崎次郎訳，大月書店（国民文庫）
＊古市剛史（1999）『性の進化、ヒトの進化——類人猿ボノボの観察から——』，朝日新聞社
＊ローマー，ジョン（1997）『これからの社会主義——市場社会主義の可能性——』，伊藤誠訳，青木書店
＊Susana Carvalho, Dora Biro, Eugénia Cunha, Kimberley Hockings, William C. McGrew, Brian G. Richmond, and Tetsuro Matsuzawa（2012）Chimpanzee carrying behaviour and the origins of human bipedality, *Current Biology* 22-6

第2章
情報技術革命の現局面と人類史的意味
――― 情報データ分析による自動化・ロボット化の進行過程

田中裕之

はじめに

本稿は、情報技術革命の現局面の特徴である、情報データ集積・分析技術の高度化を基盤とするグローバルな産業再編とその人類史的意味を考察する。特に、情報データ分析技術の高度化を主導するセンサー・AI（人工知能）部門へ向けて拡大する企業の提携、M&A（合併・買収）、R&D（研究開発）投資動向を、欧米金融危機後の産業再編の動力として提起して、情報データの分析技術の基本的特徴を示し、21世紀前半期にコンピュータが人間の頭脳を超えるとされる「シンギュラリティ（技術的特異点）」の問題を、人類史的意味において検討する。

今後のセンサー・AI技術の特徴は、「画像認識」・「音声認識」の技術的進化である。それは一方で、作業者・ユーザの操作性を向上し、作業能力を拡張するユーザ・インターフェース（UI）技術の進化を伴い、協調型・対話型ロボットの登場と医療・介護等の新市場の展開をもたらす。他方で、生産・物流、流通サービス部門における「自動化・省人化」の進行を加速化する。この情報技術が社会にもたらす二重の進行過程は、具体的な市場動向や企業のグローバルな展開を前提としている。従って、以下に具体的な論点を四点示す。

第一に、ポスト・パソコン時代へ向かう、半導体・電子部品産業の再編を示す企業のM&A（合併・買収）、R&D（研究開発）投資の現状。

第二に、アメリカとドイツの産業再編の具体的動力となる、ソフトウェア・プラットフォームの標準化と工場の自動化・ロボット化の課題。中国巨大市場への依存。

第三に、ロボット産業の変化の基盤となる技術的問題。専用ロボットから汎用ロボットへ、協調型ロボットの基礎となる画像認識・音声認識の技術（センサー・AI技術の高度化、UI技術との一体化）の進化、脳の神経回路を模倣する機械学習の進化。

第四に、21世紀前半におけるデジタル汎用技術がもたらす特異点（シンギュラリティ）の問題とその人類史的意味。シンギュラリティが提起する人間身体とヒト型ロボットの相互関係、「自動化」と労働市場の分極化の問題。

1. 半導体・電子部品産業の再編によるポスト・パソコン時代

1－1　中国・東アジアを軸とする半導体・電子部品産業の再編

20世紀後半に生じた情報技術革命は、現代資本主義に対して、企業の生産管理や情報処理のシステムとして、生産コスト・流通コストの削減の役割を果たしている。特に、デジタル革命は、いわゆるムーアの法則である半導体集積回路の集積密度の倍増加化による、汎用技術として小型化・低コスト化・低消費電力の主導因となり、家電や電子電気機器産業に対して、製品構造と世界市場構造の変革をもたらしているが、2010年代に入り大きな転換期をむかえつつある。

現在インターネット通信を基礎とするクラウドサービス、無線型モバイル端末機器の普及による情報データの集積化（ビッグデータ）とデータ分析サービスが登場している。既に、情報端末機器は、個人やコミュニティ相互の日常的コミュニケーションツールとして機能しており、SNS（ソーシャル・ネットワーク・サービス）を媒介として、膨大な言語情報データを発生させている。さらに、資源・エネルギー部門、インフラストラクチャー・建設部門、また医療介護・ヘルスケア部門を含む、広範な産業領域の巨大なデータ集積とデータの分析が進行しており、グローバルな新市場が予想され、いわゆる、あらゆるモノがインターネットにつながるIoT（Internet of Things）の時代へと向かいつつある。

以上の点を詳細に検討するために、はじめは現在の世界経済の全体的特徴を捉えて、中国・東アジアの半導体・電子部品産業の再編からみていくことにしたい。

中国産業の構造転換がもたらす世界的影響

リーマン・ショック後の世界経済は米欧日の金融緩和が続いたが、世界景気の低迷下にある。その根本問題は、貿易や産業実体面の停滞にあり、その中心に位置する中国経済が、21世紀に入り、世界の工場として高度経済成長期を経て世界経済を牽引したが、2010年代前半から減速期、構造転換期に入ったことにある。

中国は巨大な資源輸入国となり、20世紀大量生産・大量消費システムを生み出したアメリカと同様に、自動車・家電、そしてデジタル機器の生産拠点から13億5千万を超える人口を支える巨大消費国へ移行している。4兆元の公共投資以降、現在、素材・エネルギーや建設・インフラストラクチャー産業の停滞、製造業の労働力不足・賃金上昇によって、産業構造の転換過程へと突入している[*1]。

そのため中国市場の減速、中国産業の構造転換は、世界景気低迷の主要因となり、同時に素材・エネルギー産業や機械加工組立産業、半導体・電子部品や電子・電機機器産業に対して、世界的産業再編を迫っている[*2]。

中国産業の構造改革は、一般的に「投資型から消費型へ」、重工業からサービス産業主導へと解される。だが、具体的には、2010年前後から世界一となった自動車・機械機器、パソコン・デジタル機器の生産と販売市場に対する、生産技術・情報技術の高度化や環境負荷要因への対応であろう。その技術的基盤となる半導体・電子部品産業は、工場設備を持たないファブレス・メーカーと受託生産のファウンドリーを中心に設計と製造のグローバルな水平分業の展開を通して、東アジアを世界のサプライチェーン（供給網）の拠点とし、現在中国がそのセンターを形成している。

したがって、今後の情報革命が世界的産業再編を組織するならば、情報技術の基礎であるハードウェア部門を担う、半導体・電子部品産業の市場の全体的動向を中国市場との関連でみておく必要があろう。

ポスト・パソコン時代へ向かう企業のM&Aの拡大

2015年の世界における企業のM&A（合併・買収）は、リーマン・ショック以来の8

＊1　中国経済の転換期における基本問題については、五味［2013］、［2015］において論究されている。また本書、総論Ⅰ「アジア・中国の世紀における中国巨大資本主義」（五味久壽）を参照いただきたい。

＊2　建設機械世界最大手の米キャタピラーは、4期連続の減収減益となり、「2012年半ばから3万人超の人員削減をし、20か所もの拠点閉鎖」を進めている。その理由として資源安と中国を中心とする新興国投資の拡大があげられている。特に、「11年には88億ドルを投じて米国の鉱山機械メーカーを買収したほか、中国でも工場投資を進めた。」その後の「資源価格の下落」と「中国などでの鉱山機械需要の激減」が大きな要因となっている。そのため、2016年末に、10年に就任したオーバーヘルマン会長兼CEO（最高経営責任者）の退任が発表されている（日本経済新聞、2016.10.18）。また、世界大手コマツも同様に、2015年で世界において前年度比8～10％の稼働率が低下しており、日立建機と共に中国市場の減退によって、人員整理や生産調整に追い込まれている。ただし、コマツは、単なる合理化ではなく将来のIoT時代を想定した「スマート・コントラクション」による建機と「施工現場全体の最適化をサポートするサービス」を進めている。これは、「施工の自動化」による建機と新開発の「情報プラットフォーム」を組み合わせた、「安全性」と「施工効率の向上」を目指している（『週刊東洋経済』2015.11.7）（http://smartconstruction.komatsu/）。コマツのスマート・コントラクションは、二章で考察する米GEの「製造業の情報サービス化」と同質の戦略である。

年ぶりの更新であり、約4.7兆ドルであった。[*3] 特に半導体業界の買収額は、過去5年間分を超える1000億ドル超であり、100億ドル越え巨額の買収案件が展開している。

米半導体市場調査会社IC Insightsによると、その巨大なM&Aラッシュの背景として、半導体・電子部品のサプライヤー、製品メーカーが直面している問題は、①従来の市場の縮小、②高コストとなる開発費や技術費、③新市場としてのIoT（Internet of Things）、④中国大手半導体企業による大型M&Aの展開であるという。[*4]

従来の市場とは、1990年代以降のパソコンと周辺機器の世界市場であり、その低迷・縮小は、パソコン販売に対応した法人向け情報処理サービス・通信サービス、機器・システムの保守サービスを担う企業戦略の見直しを迫るものである。

1－2　半導体・電子部品産業が組織するM&A、R&Dの拡大

多種多様なセンサー市場が主導する「IoT時代」

米IDCによると、パソコンの世界出荷台数は、2012年以来低下しており、2015年は、前年比10.4％減少の2億7620万台であり、3億台を下回るのは2008年以来となる。[*5] 実際、パソコン関連市場を担ってきたインテル、マイクロソフト（MS）は収益低下によって、スマートフォン（スマホ）・タブレット等のモバイル（移動）型端末への事業展開やクラウド・データセンター向け事業へと転換を迫られた。

だが2015年以降、スマホ市場の成長率は伸び悩み、早くも一定の成長段階に達しつつある。そのため、直接打撃を受けているのは、これまで世界のパソコンや周辺機器、デジタル機器生産を担ってきた東アジアの設計・製造部門である。

今後は、中国が生産拠点、巨大消費市場となり、中国をセンターとするサプライチェーン（供給網）の展開を基礎として、ポスト・パソコン時代の新市場へ向けたR&D（研究・開発）投資の加速化が当面の課題となっている。[*6] それ故、欧米の半導体・電子

＊3　日本経済新聞、2016.1.20, 米調査会社トムソン・ロイターの報告：http://dmi.thomsonreuters.com/Content/Files/4Q2015_Global_MandA_Financial_Advisory_Review.pdf

＊4　「Tsunami of M&A Deals Underway in the Semiconductor Industry in 2015」http://www.icinsights.com/news/bulletins/Tsunami-Of-MA-Deals-Underway-In-The-Semiconductor-Industry-In-2015/

＊5　http://www.idc.com/getdoc.jsp?containerId=prUS40909316

＊6　パソコン時代の“Wintel”連合であったインテルとMSは、モバイル部門で苦戦を強いられ、パソコン部門を補うためにクラウドサービス部門、データセンター部門を通して今後のIoT時代への対応が急務となっている。半導体のモバイル部門を既に主導する企業は、MPUなどの設計に特化して製造工場を持たないファブレスを特徴とする新興のクアルコムや台湾のメディアテックである。その主戦場は中国市場であり、インテルは、2013年9月に中国半導体大

部品産業におけるM&Aは、中国市場の変動や中国企業の大型投資や買収の動向に左右されることになる[*7]。

したがって、ポスト・パソコン時代の新市場の担い手は、パソコンに替わる代表的なグローバル商品の販売と情報処理サービスではなく、パソコンも多様な情報端末の一つとして機能し、膨大な情報データのネットワークを前提とするサービスが想定される。既に、情報端末機器は、ウェアラブル端末（身に付ける端末）へと進化しており、日々の言語コミュニケーション情報データだけでなく、ヘルスケア・医療部門における生体情報データをも集積可能にしている。

IoT（Internet of Things）、つまり、あらゆるモノがインターネットでつながる場合、パソコン・デジタル機器だけでなく、自動車や家電製品から産業用機械、医療機器、建設・インフラ部門の機械装置にまで、常時インターネットで接続状態になると言われており、その接続製品の累計台数は、2020年には500億台と予想されている[*8]。

とりわけセンサー・アクチュエータは、様々な機械機器の計測や動作・駆動機能を担う部品である。2014年のセンサーの世界市場は、4兆5771億円（約485億ドル）の規模であり、2019年には、5兆5576億円（約583億ドル）と予想されており、その成長は、IoTへ向かう市場全体の動向を左右している。その成長を見越した半導体・電子部品産業におけるM&A、R&Dが進行している[*9]。

手の紫光集団に出資して、スマホ向けCPUの共同開発を始めている。また中国大連工場への55億ドルの設備投資によって工場増大、量産を年内に始める予定である（日本経済新聞、2016.2.09より）。

＊7　2016年5月に、ウェスタン・デジタル（WD）によるNAND型フラッシュ・メモリー世界シェア約20%のサンディスクの約190億ドル買収手続き完了が発表された。HDD世界シェア45%のWDによる、パソコン向けの低迷から、今後フラッシュ・メモリーを用いたSSD市場の拡大を見越した大型投資であり、サムスンを頂点とするメモリー市場の再編となり得る。当初、サンディスク買収には、中国大手紫光集団からの投資発表もあったが取り下げられている。中国政府の国産メモリー製造を目指す政策的な後押しもあり、紫光集団のグローバルな企業投資や買収であったが、背後に米企業のM&A認可をめぐる審査当局の存在があったと言われている。今後の米中投資協定の進展が課題とされている。また、紫光集団によるメディアテックを始めとする台湾半導体企業への出資、買収は、2016年政権交代した民進党の蔡政権による前政権の親大陸的経済関係の見直しもあり、先行きは不透明である。今年は米大統領選挙の年であり、その結果による今後の米中体制の動向を注視すべきである。

＊8　日経産業新聞、2015.3.20

＊9　日本経済新聞、2015.9.12、日本の電子部品メーカーのシェアは4割弱である。パソコンやデジタル機器の部品だけでなく、今後の成長部門が自動車、ロボット、医療・ヘルスケア部門へ拡大するならば、様々な顧客メーカーへ向けて、あらかじめ部品へのソフトウェアを組み込んだ商品供給とソフトウェア開発が必要になってくる。いわゆる「賢い部品」（smart

これまで様々な用途でセンサーは、電子・電気機器、デジタルデバイスの内部で、物理・化学反応の量的測定によって情報検知、機械制御の機能を果たしてきた。今後は、ウェアラブル端末をはじめとする生体反応を測定するバイオセンサーの拡大によって医療・ヘルスケア部門の情報データ化と応用範囲の拡大が予想される。したがって、多様な産業における巨大なデータ集積（ビッグ・データ）とそのデータの分析の必要性が高まり、センサー・デバイスとソフトウェア・基盤との関係が深まる。

「IoT時代」への企業戦略と「パックス・アメリカーナ」の転換

IoT時代へ向けた、ハードウェア部門の基礎となる半導体・電子部品産業のM&A、R&Dの拡大をこれまで見てきたが、整理して以下の二点を提起してみよう。

①半導体・電子部品産業のM&A、R&Dを主とする企業戦略の世界的意味
②センサー・アクチュエータ市場拡大による情報データの集積と分析の加速化とその担い手となるソフトウェア研究とサービスの基本的特徴

中国をセンターとする半導体・電子部品産業のサプライチェーンを基礎とするならば、IoT時代へ向けたM&AやR&D投資の拡大による企業戦略の世界的意味が問われる。世界史を振り返ると、第二次世界大戦後の世界市場の基軸国となったアメリカが、ドルショック以降の1990年代に新産業であるIT・通信サービス産業を登場させながら、グローバルな産業構造の再編を開始した。

つまり、戦後の「パックス・アメリカーナ」の産業的内部編成の転換を、「1990年代以降のアメリカ企業のアウト・ソーシングに始まる事業再編」を出発点とする「『グローバル・シティ』機能の発展」と捉えることで、世界史的意義が提起される。[*10]

さらに問われる問題は、今後の中国市場の巨大化による「グローバル・シティを拠点としつつ、アウト・ソーシング事業を始めとするこれまでのITサービス産業の「グローバル・ネットワーク」関係の再編ではないか。その再編の動力が、データ集積の

---

components, smart parts）の開発である。京セラは、本年度から自動車の自動運転向けセンサーの画像処理ソフト開発を開始し、村田製作所は、ソフトウェア開発の米ベンチャー、ベトロソフトウェアを買収している。このような日本の電子部品産業のM&AやR&Dの特徴は、二章で述べる米独産業のIoT時代へ向けた動きと連動したものと言える。それに対して、大手家電や総合電機は、事業再編や大掛かりな合理化による再建に時間がかかっている。

＊10　河村哲二［2013］「戦後パックス・アメリカーナの転換とアメリカ発のグローバル金融危機」（増補版『現代経済の解読』所収）、53頁～58頁。

拡大（ビッグ・データ）とデータ分析の自動化による情報技術の高度化と質的転換とすると、情報データが生体情報も分析可能な多種多様性を持つ。

さらに接続される機械機器、装置、生体機構等が、インプット・アウトプットの情報処理端末として機能することで、今後の企業のグローバル戦略として、情報システムやソフトウェアの基盤プラットフォームの在り方が課題となる[*11]。

2. 情報データ分析の技術的高度化による米欧産業の再編成

2−1 データ集積とデータ分析の展開と新たな企業間の分業・協業関係

クラウドシステムとAI（人工知能）登場による技術開発のグローバルな提携

現在の情報技術の新たな特徴は、多様化するデータ集積・分析を目的としたクラウド・データセンター、AI（Artificial Intelligence、人工知能）の登場である。そこでは、データ集積、解析の技術的高度化を促進する情報サービスやソフトウェア開発が課題となっており、その担い手である新興企業やベンチャー企業の活動が拡大している。

クラウドサービス全体の世界市場規模は、2015年で約1750億ドルであり、北米中心に、アジア・太平洋地域向け市場が成長過程にある[*12]。その代表格であるAmazon Web Services（AWS）は、新興のインターネット通販のAmazonが2006年に開始したインターネットサービスである。その特徴は、インターネット通信を通じて、ソフトウェア・アプリケーションの提供やハードウェアを含むシステム・インフラストラクチャーの提供が中心であり、自社内にサーバーやストレージ（外部記憶装置）を持つ必要がなく、利便性とコスト面から個人や中小企業向けに展開し、現在では大手企業、官公庁の一部の利用へと広がりつつある[*13]。

現在のAI（人工知能）開発の最先端は、「画像認識」・「音声認識」の技術進化であり、具体的に、協調型ロボット・対話型ロボットや、自動車の自動運転技術における開発・設計への産業投資が増大している。

産業用ロボット世界最大手、日本のファナックは、2016年10月CG（コンピューターグラフィックス）を中心とする画像処理半導体大手の米エヌビディアと技術提携を発

＊11　2-2において、この課題を考察する。

＊12　米調査会社ガートナーの調査。http://www.gartner.com/newsroom/id/3188817

＊13　https://aws.amazon.com/

表している。大量の画像データを高速処理するエヌビディアの半導体を「AIのエンジン」として製品に搭載して、「考える産業ロボット」を開発して、AIをロボットの頭脳として進化させ、IoT時代に対応した、工場設計を目指す。[*14]

新興ベンチャー企業が担う自動車の自動運転の「画像処理」技術

台湾系ベンチャー企業として登場したエヌビディアの画像処理向け半導体は、既に画像イメージセンサーを通した情報データから、先行車や歩行者などを認識して自動車の自動制御を行うAIのエンジンとして採用されている。

2016年、自動車業界では、GMが、AIやセンサー開発の米シリコンバレーのベンチャー企業を約10億ドルで買収しており、またフィアット・クライスラー・オートモービルズ（FCA）は、完全自動運転車の試作車実験を行うGoogleと実験車両の業界初の共同開発を発表している。[*15] またトヨタは、1月シリコンバレーにTRI（Toyota Research Institute）を設立してAI研究開発を進めている。

BMWは、7月に自動制御の半導体開発を担うインテルと画像解析技術を持つイスラエルのベンチャー企業、モービルアイとの提携を発表した。[*16] さらに、その発表において、自動車メーカーとして初めて、2021年までに手動運転も可能な「完全自動運転車」（SAE＝米自動車技術者協会が設定するレベル4段階）を市販すると、自動運転車の市販時期を明確にしている。[*17]

従って、センサー・AI部門が中心となる自動制御技術を推進力とする、大手自動車メーカーと異業種であるベンチャー企業や半導体の大手との提携や買収の加速化は、IoT時代へ向けた半導体・電子部品産業の動向と連動していると見てよい。

20世紀初頭に、アメリカのフォードが垂直統合型の大量生産システムを確立して以来100年が経ったが、自動車やロボット等現代を代表する機械機器が、人間の知覚・認識を模倣した情報処理を行う人工知能によって自動制御へと進むことは、製品構造や開発・設計・製造の分業・協業関係を大きく変革する可能性がある。

その際、主導的担い手となるのは、シリコンバレーに代表される半導体やソフトウ

＊14　日本経済新聞、2016.10.06

＊15　日本経済新聞、2016.6.02

＊16　日経ビジネス、2016.9.05、1856号

＊17　NHTSA（米運輸省高速道路交通安全局）、SAE（米自動車技術者協会）が設定している自動運転のレベルの基本は、4ランク（SAEは5ランク）である。1＝安全運転支援、2・3＝準自動運転であり、レベル2までは、アクセル・ブレーキ・ハンドルの機能の一部を車が担う段階である。レベル3は、自動運転と手動運転を切り替えることができる段階であり、現在自動車メーカーが到達しつつある。

図1　センサー、AIによる情報データの検知・分析・作動制御の図式

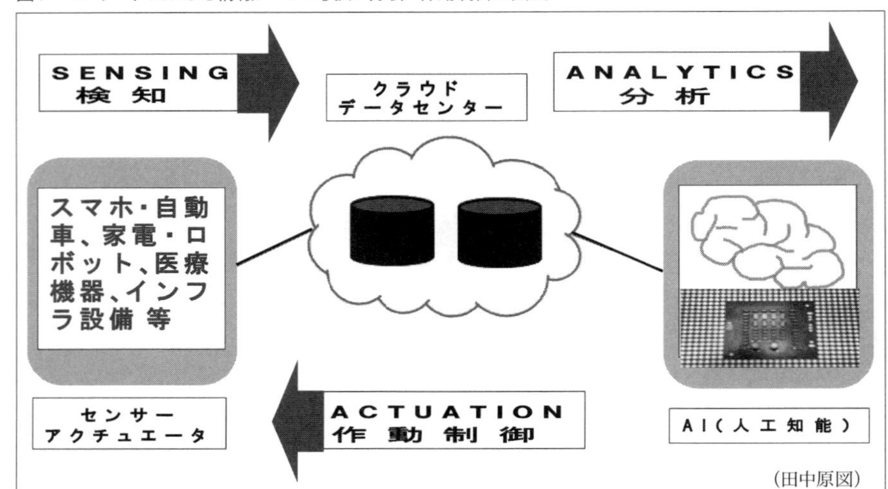

(田中原図)

ェア設計における新興のベンチャー企業群の存在であろう。その特徴は、グローバルな水平分業を可能にする企業コミュニティのネットワークであった。今後、センサー・AI技術の高度化による情報データの集積と分析を基礎にした産業再編の進行過程において、企業間の分業・協業関係の変化を見ていく必要があろう。[*18]

「画像認識」を中心とするAI技術の高度作動化が提起する問題

図1は、情報データの「検知・分析・作動制御」による情報ネットワークを図式化したものである。ただし、この三つの機能は、明確に空間的に分離され、操作されるわけではない。実際には、インターネット通信が不十分な場合、クラウド・データセンターを介さず、センサー・デバイスや情報端末内部にCPUとソフトウェアを基にしたAI機能を持たせる技術が開発され、実用化段階に入りつつある。

Googleは、スマートフォンにおいて撮影した写真を、通常のクラウドによる「保存・共有」によるキーワード検索による分類だけでなく、クラウドを介さず「リアル

＊18　シリコンバレーの起業コミュニティによる「分散型産業システム」の歴史とその独自性は、サクセニアン［2009］『現代の二都物語』によって論究されている。家電・電機産業へのデジタル化の波及過程においては、東アジアの新興メーカーやベンチャーITサービス企業を生み出したが、今後の自動車・ロボット、重機、インフラ機器、医療機器へのネット接続過程におけるベンチャー企業の役割の変化を注視すべきである。

タイム」で認識・処理するAI機能を内蔵した技術を開発している。そのため、米半導体ベンチャーのモビディアスと提携して、人間の脳の神経回路を模した「深層学習（ディープ・ラーニング）」の開発へ進んでいる。[*19]

このようなデータ分析の高度化は、企業間相互の関係として、ソフトウェア開発・プラットフォームとその標準化の問題が全体に生じる。次に、具体的な欧米産業の課題として見ていくことにしよう。

2－2　アメリカ産業が直面する「製造業の情報サービス化」の課題

医療機器産業に代表される設備の保守・管理と情報データの飛躍的拡大

米欧諸国の中でアメリカとドイツは、独自の方針を示してIoT時代へむけた産業転換を図ることで主導性を担っている。アメリカでは、“Industrial Internet”（産業のインターネット）、ドイツでは、“Industrie4.0”（第四次産業革命）と称し、重機やインフラ設備から化学や医療機器部門まで含む製造業全般における情報データのネットワーク化が進められている。

アメリカの場合は、製品販売後の保守・管理を重視する「製造業のサービス化」すなわち、製造業の情報データのサービス化・ソフトウェアサービス化に重点が置かれている。元々アメリカの現代製造業は、自動車産業が販売ディーラー部門における修理メンテナンスやオートローン等のサービスを開始したように、大手メーカーは販売サービス業と密接な関係にあり、その他の産業や海外への影響も大きい。

現在アメリカは、国内産業として代表的な航空機・発電機器、建設機械・インフラ設備の産業部門を抱えており、その保守やメンテナンスを目的とする情報データサービスが課題となる。また成長市場である医療機器・ヘルスケア・製薬化学における医療データに対するデータ分析による情報サービスの役割が進みつつある。特に医療機器産業は、CT（コンピュータ断層撮影装置）、MRI（磁気共鳴撮影装置）など先端の「画像診断」技術を中心に、機器の技術革新と医療データのデジタル化によるデータ活用の増大が予想される。世界医療機器最大手GEによると、今後2020年までに医療機器から生まれるデータは50倍になると言う。[*20]

この「画像診断」技術に対して、医療データに応用されたAIの機械学習・深層学習によるソフトウェア開発が進展している。サンフランシスコに拠点を置くベンチャ

＊19　日本経済新聞、2016.2.02
＊20　日本経済新聞、2015.12.10

一企業Enliticは、オーストラリアの放射線科のクリニックを経営するCapitol Health社と提携して、ソフトウェアを使ったX線画像診断を開始している。より精度の高い画像診断と作業の迅速化とミスの低減を目的としており、専門医が不要になるわけではなく、画像の優先度を高めた内容に応じた担当医の決定が可能になる。医療従事者が不足する地域にも今後拡大が期待される。[*21]

プラットフォーム標準化の企業戦略とGEが直面する収益構造の変化

ここで、情報データサービスの基礎となる技術的課題に戻ってみよう。それは、結論的には、情報サービスのハードウェア、ソフトウェアの基盤、プラットフォームの「標準化」であり、それに向けた業界の動向となる。

“Industrial Internet” の代表的な推進企業であるGEは、ソフトウェアのプラットフォームである「Predix」を2011年に発表して、エネルギー、運輸・航空、医療機器・ヘルスケア等の産業において利用可能な標準化、オープン化を進めている。[*22]

GEは、主力部門である航空機や発電機器向けのタービン製造を始めとして、低迷する製品機器販売を中心とした従来の収益モデルから、その製品機器に搭載したセンサーからデータを検知・分析して、「機器性能の最適化や効率的な稼働・保守に活かす」ことで、顧客との「長期的互恵関係」であるパートナーシップを形成し、サービス契約による収益を拡大していく、ビジネスモデルへ転換している。[*23]

一般的に「規模からサービスへ」と言われる産業転換において、1990年代後半以降のプラットフォーム戦略の登場は、製品販売の拡大から情報データに基づくサービス契約への収益モデルの転換が主導する。それを可能にする技術的な基礎は、ソフトウェアの基盤であるプラットフォームの「標準化」、「オープン化」である。実際、GEが自社開発した「Predix」は、外部のソフトウェア会社のアプリケーション（サードパーティー）も利用でき、多様な産業の顧客向けの標準化システムである。

そもそも、コンピュータのOSのLinuxに代表されるソフトウェアのオープンソースは、無償で公開され、ソースコードの知的財産としての販売やライセンス契約とは反対に、言わば共有財産として、参加者コミュニティによる改良や精度の向上をもたらした。ベンチャー企業として登場した検索エンジンのGoogleは、2003年に分散処理型の企業の情報システムのソフトウェア「Hadoop」をオープンソースとして論文

＊21　http://wired.jp/2015/10/31/robot-radiologists/

＊22　https://www.ge.com/digital/predix

＊23　イアンティ、ラカンニー［2015］「GEが目指すインダストリアル・インターネット」、『ハーバード・ビジネス・レビュー』（2015年4月号）76頁〜80頁

公開している。また最近では、人工知能の機械学習、深層学習のライブラリーをオープンソースとして公開している[*24]。

ただし重要な点は、ソフトウェア・プラットフォームの公開によって情報データサービスによる収益をいかに得るかという、プラットフォームの企業戦略である。製品販売よりも、他の部門への収益効果のある情報サービスを重視する企業は、MSやAmazon、Facebookを始めとして少なくない[*25]。

したがって、オープンソースソフトウェアや標準プラットフォームの設計アーキテクチャーの技術的特徴をマトリックス上でとらえるならば、「インテグラル型／クローズ型」に対する「モジュール型／オープン型」に位置する。これは、今後のグローバルな企業戦略の重要な課題ではないか[*26]。

2－3　ドイツ産業が直面する工場の自動化・ロボット化と中国巨大市場

ドイツ第四次産業革命の現実的課題としての中国生産・開発の拠点化・現地化

ドイツ産業は、官民一体となって推進するIndustrie4.0（第四次産業革命）を提唱しており、アメリカ産業と同様にデジタルなプラットフォームの共通基盤によって、情報データサービス化による顧客やユーザとのパートナーシップを通した製造業の競争力の向上を目標としている。その際、工場内部の自動化を前提とした、開発設計や製造現場の「情報の処理・伝達」のリアルタイム化に重点があり、それは同時にグローバル戦略にもなっている[*27]。

だが世界銀行によると、ドイツにおける製造業のGDP比率は、2013年23％であり、

＊24　https://www.tensorflow.org/

＊25　中国大手インターネット企業、奇虎360科技（チーフーサンロクマルテクノロジー）のプラットフォーム戦略は、セキュリティソフトの販売から無料配布によって、サーバー上で悪質ソフトやユーザにとっての安全なプログラムをまとめ、フィードバック効果を高めている。（ジュー、ファー［2016］「プラットフォーム企業へ移行する法」『ハーバード・ビジネス・レビュー』（2016年10月号）54頁～56頁）

＊26　半田正樹［2013］「情報化と経済・社会の変容」（増補版『現代経済の解読』所収）279頁～293頁

＊27　第四次産業革命は、イギリスの蒸気機関を動力とする機械化、アメリカのフォード大量生産システム、コンピューターによる自動化に対して、IoT時代へ向けた新たな産業革命を指している。（［2013］Recommendations for implementing the strategic initiative INDUSTRIE 4.0,http://www.acatech.de/fileadmin/user_upload/Baumstruktur_nach_Website/Acatech/root/de/Material_fuer_Sonderseiten/Industrie_4.0/Final_report__Industrie_4.0_accessible.pdf）

アメリカ12%、日本19%と比較すると高いが、1991年の27%から縮小している[*28]。それは製造業の国内生産の低下を意味しており、ソ連・東欧社会主義体制崩壊後、工場の東欧移転が進み、さらに現在の欧州金融危機以降、市場の低迷による中国への直接投資増大の結果とみてよい。

現在、ドイツ自動車産業にとって、世界最大の中国自動車市場は重要な戦略拠点である。中国は高級車向け市場が拡大しており、BMWやフォルクスワーゲン（VW）傘下のアウディは、世界最大級の売り上げである。また、より積極的な「現地化」を進める開発拠点へと展開している。欧州だけでなく、中国市場におけるリーディング・カンパニーであるVWは、2015年から19年までに、220億ユーロの巨大投資計画を立てた。ダイムラーは、2014年11月に、高級車メルセデス・ベンツのR&Dセンターを北京に開設しており、総額1億1200万ユーロの投資である。研究開発や設計の現地化は、主に「中国仕様車の品ぞろえの強化」や排ガス規制対策による新型エコカー、「車のIT化」（コンピュータ自動制御や情報端末との接続）であるという[*29]。

また総合化学世界最大手のBASFは、Industrie4.0の実用化に向けた推進企業であり、2014年までに40億ユーロの投資を行っている。ドイツ南部の人工知能研究所では、インターネットの注文に応じた材料の成分や香りやラベルなどの情報をICタグに送り、造り分けを行っている[*30]。

薬品大手メルクは、薬品外資で初めての世界規模の工場を建設している。医療機器大手でもある独シーメンスは、ドイツと中国に新R&D拠点を開設し、2015年は売上高に占めるR&D費用が5.9%であり、独ボッシュと並ぶ高水準である[*31]。

ドイツ産業の中国のR&D拠点化を軸とする現地化は、ドイツ本国と同様に工場生産内部のデジタル化や情報ネットワーク化が課題となっている。つまり、中国市場の激しい価格競争に応じた原材料、部品の現地調達や中国製造業全般における労働力不足・賃金の上昇に対する現実的対応に直面しているからである。

国際市場である中国産業用ロボット市場と中国メーカーの登場

中国経済の転換過程に対して中国政府は、中国版Industrie4.0とも言える、「中国製造2025（Made in China 2025）」の計画を示し、中国産業の技術的高度化、情報化を目標に掲げている。とりわけ、その中心部門は、産業用ロボットを中心とするファクトリ

＊28　http://databank.worldbank.org/data/reports.aspx?source=2&series=NV.IND.MANF.ZS&country=
＊29　日本経済新聞、2014.12.05
＊30　日本経済新聞、2015.1.20
＊31　日経産業新聞、2015.12.10

図2　中国産業用ロボット販売台数（2005年〜2015年）　　　単位1.000台

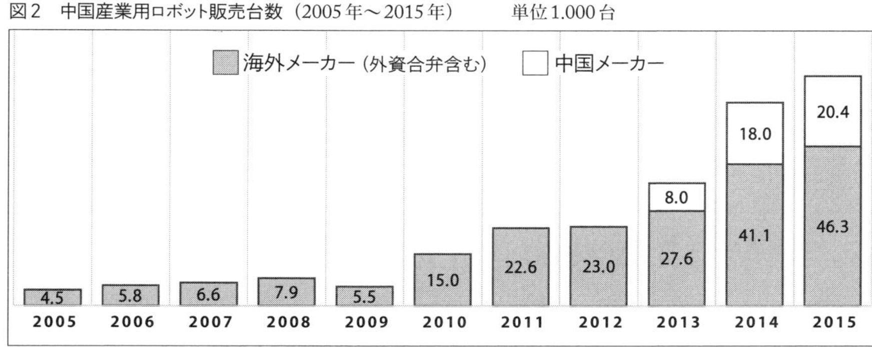

出所：国際ロボット連盟（IFR）

ーオートメーション（FA）産業である。

独クーカは、産業用ロボット世界大手企業であり、Industrie4.0の代表企業でもある。2013年末には、上海において海外発のロボット生産工場の運用を開始しており、アジア市場の拠点としている。またスイスの世界大手ABBは、2006年からロボティクス事業の本社を、米デトロイトから上海へ移している。自動車産業向けを中心として中国の産業用ロボット市場も、国際競争市場を形成している。

国際ロボット連盟によると、世界の産業用ロボット市場は、2015年世界販売台数は、前年度比12％増の約24万8,000台である。中国は全体の約26.8％を占め、約6万6700台であり、2013年以来世界トップである。図2に示されるように、これまでは、大半が外資合弁を含む海外メーカーが主であったのが、中国メーカーが2013年以降上昇してシェアは31％に増大している。また2014年の保有台数は、世界約148万台中、アメリカ、日本に次いで12.8％であるが、今後両者を越す勢いの成長過程にある。[*32]

したがって、ドイツを中心とする欧州製造業は、当面中国市場との依存関係が深まり、工場の自動化・ロボット化が促進される。またクーカは、2016年中国家電大手美的集団（Midea Group）の傘下に入った。美的集団は、再建下の東芝の白物家電事業を既に買収している。つまり、家電向けの小さい部品や細かい作業工程に向けた自動化やロボット化が今後の課題となっており、その意味で、中国企業の動向も注視す

＊32　http://www.ifr.org/news/ifr-press-release/world-record-816/, http://www.ifr.org/news/ifr-press-release/china-seeking-to-join-the-top-10-robotics-nations-by-2020-823/, 販売額では中国メーカーのシェアは8％であるが、海外メーカーの製品がハイエンドであることが主な理由であろう。（http://news.searchina.net/id/1614828?page=1）

る必要がある。

3. センサー・AI技術の高度化を基礎とする産業再編の二重性

3－1　「画像認識」の技術進化によるロボットの自律的ネットワーク化

専用ロボットから「協調型」の汎用ロボットへ

産業用ロボットによる工場の自動化、あるいは省人化は、これまでみてきたように、現代製造業が直面する課題である。欧米日の製造業の海外生産比率が高まって、中国・アジア諸国を始め新興国経済に依拠する場合、労働力不足、賃金上昇に対応せざるを得ない[*33]。

さらに、Industrie4.0で推進され、今後の工場や物流の現場への採用が進むロボットは、「双腕型ロボット」、「協調型ロボット」である。これまでのロボットの中心は、溶接や搬送などの単純作業を行う専用機であり、作業者の怪我を防ぐ安全柵を設けている。それに対して、「双腕型ロボット」、「協調型ロボット」は、複雑労働、熟練労働の代替によって、今日の多品種少量生産における生産ラインの柔軟な構築への対応が可能になる。その技術的特徴は、精密部品の組付けや細分化された作業工程における熟練技能や多能工的技能を、デジタル処理によって模倣する機能である。同時に、センサーで人を感知して停止することで安全柵を外すことができ、人との同じ作業スペースにおいて作業が可能になっている[*34]。

ABBは、双腕の産業用ロボット「YuMi」を、2015年より市場投入しており、「コンシューマーエレクトロニクス産業に求められる柔軟で敏捷な生産ニーズ」や、「小型部品の組立環境」に対応した設計であり、また「軽量かつ強靭なマグネシウムの骨

＊33　上海日立電器は、海立集団と日立製作所グループ合弁のエアコンコンプレッサー（圧縮機）大手メーカー世界シェア15％である。中国内陸部の出稼ぎ労働者に依存していたが、労働力不足と人件費上昇から「07年から10年の間に2237万元（約4億円）を投じて板金工場などで32台のロボットを導入。11年からは年に30台前後のペースで設置を進めてきた。」「工場従業員はロボット導入前の3000人から1800人に減少した。板金工場では年165万元のコスト削減につながった」という。また、「日本のファナックなど海外メーカーだけでなく中国の国産ロボット」も、「スピードがそれほど求められない単純作業の工程」では対応ができ、「輸入品の6割の価格で購入できるため14年には6台を導入している」。（日経産業新聞、2015.3.2）

＊34　日経産業新聞、2016.1.27

格を持ち、衝撃吸収のためパッドで覆われ人間と同等なサイズと形状」を持つため、安全に人間と共に働くことが可能であるという[*35]。

ファナックは、現在自社工場に多関節の協働型ロボットを導入している。協働型ロボットは、「作業者と向かい合う格好で設置」して、「梱包や組み立てなど人がしている仕事を分担」することができ、「作業者の負担を軽減」することで、生産効率の向上につなげている[*36]。またロボットによるロボット製造工場を進めることで国内生産の維持へつなげている[*37]。

「画像認識」技術によるロボットの自律化が提起する「労働過程」の問題

協調型ロボットの技術的基礎は、レーザーセンサーやカメラの画像（イメージ）センサーなどの技術とAIの「画像認識」技術を中心とする人間の知覚情報のデータ分析である。特に、2-1において言及したファナックと技術提携したエヌビディアの画像処理半導体（GPU）のように、画像処理能力を高め、機械学習や深層学習によってロボットに内蔵されたコンピュータが「自らソフトウェアを書き換える」ことが可能になると、他のロボットとの情報通信も可能にするロボットの自律化とロボット間のネットワーク化が現実に可能になる。

工場の省人化に直面する現代製造業にとって、ロボットの自律的ネットワーク化は今後の課題であり、そのカギとなる協調型ロボットは、従来の単純作業向け専用機の大型ロボットとは異なり、複雑労働や熟練労働に対応した汎用機の小型ロボットである。その協調型ロボットの汎用性は、「画像認識」のデータ分析の高度化の基礎となるセンサーとAIの先端技術に依拠せざるを得ない。その意味で、作業工程における熟練技能や多能工的技能は、データとして読み取りを行い、分析して数値表現による適切な動作指示を与えることによって模倣される。

このことは、逆説的に、これまで熟練技能者の勘や経験に依拠していた人間労働の本性であるスキルや多能性、あるいは知覚・感覚を基礎とした意識的活動、頭脳活動の特性が、データ分析技術の高度化によって明確になりつつある。

言い換えると、「労働過程」における人間労働の「目的意識性とは何か」、という資本主義経済の原理的問題に対して、脳内の活動を模倣してロボットに応用される現代の情報処理工学は、同質的問題と現実的具体的問題を提起している[*38]。

＊35　http://www.abb.co.jp/cawp/seitp202/63e106e1a8646ea5c1257e270027d49b.aspx

＊36　日経産業新聞、2016.1.27

＊37　http://www.fanuc.co.jp/ja/profile/production/factory1.html#robotfactory

＊38　小幡道昭［2009］121頁

人間労働の目的意識性は、原理的には、「意識」が「同じ身体を異なる目的にあわせて制御することができ」、「労働力が汎用性を持つ」点で、「汎用的な多目的性」と規定できる[*39]。だがその「汎用性」、「多目的性」の今日的意味は、人工的身体に対する制御の情報処理による「汎用的」技術と産業的応用を、現実的前提としている。また現在のロボットに応用される情報処理技術の広範な産業への拡大は、経済学体系の再考も促している[*40]。以上の点をふまえ、脳の神経回路を模倣するAI技術と密接な関係にある、インターフェース・デバイス技術をみていく必要がある。

3－2　データ分析を支えるユーザ・インターフェース（UI）技術の二重性

「音声認識」のAI技術と操作性のUI技術の一体化と日常化

センサー・AI技術がロボットや他の様々な機械機器へと導入される際、その操作性の技術に依拠している。「入力（インプット）」－「出力（アウトプット）」表示による操作デバイス（周辺機器）の技術は、一般的に「ユーザ・インターフェース（User Interface, UI）」技術と呼ばれる。

元々コンピュータ・アーキテクチャーの基礎として、入出力装置の多種多様化が条件となっており、ユーザ・インターフェース（UI）は、「ヒューマンーマシンインターフェース（Human-Machine Interface）」として位置付けられる。その際、「人間から見た場合のヒューマンーマシンインターフェースに対する最も重要な要件は、“装置の使い勝手などの操作性”」となる[*41]。実際、パーソナルコンピュータは、マウス・キーボードとディスプレイの入出力装置の「使い勝手の操作性」技術と共に展開して、モバイル型の情報端末におけるタッチパネル操作やウェアラブル端末の身体的操作などへ

＊39　同上106頁～107頁

＊40　工場や物流現場のロボット化や無人化は、古典経済学以来の労働価値説を無化するという問題だけでなく、特定の産業を基軸産業とする生産過程を、資本主義経済の実体的基礎とすることにも大きな問題が生じる。2節で考察したように、現在の世界的産業再編が、特定の産業を超えた広範囲の情報データ分析のサービス化へ進む場合、基軸産業の規定自体も問われているためである。この問題はあらためて今後の課題にしたい。

＊41　「コンピュータの入出力相手が人間の場合、“情報の処理速度、情報の処理方法、情報の表現媒体（メディア）などが、人間とコンピュータのそれぞれで異なる”ことに配慮する必要がある。特に、人間が扱う情報媒体は多種多様（マルチメディア）であり、また、それをコンピュータで処理しようとする。ところが、コンピュータの内部装置では、情報はすべて2進数で表現する。したがって、人間⇔コンピュータ間の対話では、“マルチメディア⇔2進数表現間のメディア変換機能”が必須となる。」柴山［2003］290頁

と技術が進化している[*42]。

さらに重要な点は、データ分析技術を基礎とするUI技術の機能は、作業者とロボットや機械機器との「インタラクティブ（interactive）な関係、双方向な通信コミュニケーション関係」を促進することである。とりわけ協調型ロボットは、サービス型や家庭型ロボットへと適応性を高めていく。具体的に、高齢化社会を迎える欧州先進国、日本において、介護・福祉型のロボット、装着型のロボットの市場は今後の成長が予想される[*43]。この装着型ロボットの汎用型技術の特徴は、身体の特定部分にセンサーを付けて、「脳から出る微弱な電気信号を検知」することで、身体の動作をアシストする、あるいは適切な動作を指示するものである[*44]。

また、AIの「音声認識」技術は、UI技術との密接な関係として、既に日常生活の一部として登場している。現在スマートフォンの音声対話技術は、2011年以降、AppleのiOSに搭載されたSiriに代表されるように、入力と出力共に音声であり、会話型、対話型インターフェースとして機能している。Siriの場合は、クラウド型のサーバーを通して回答のパターンを増やしている[*45]。この対話型のUI技術の進化と一体になった音声認識のAI技術は、今後の日常世界に普及することが容易に予想できる。

ソフトバンクが販売する、対話型・感情認識型ロボット「ペッパー」は、音声認識・画像認識技術をロボットへ採用しており、家庭サービス向けから、法人向けサービスに拡大しつつある。2016年3月には、IBMの質問応答システムである認知型コンピュータソフトの「ワトソン」との協業に続き、MSのクラウド「アジュール」との提携も始まり、大手小売りや銀行の顧客サービス向けサービスを開拓している[*46]。この対話型ロボットの特徴は、クラウドへの接続や認知型コンピュータの搭載によって、ロボットがヒトとのインターフェース・デバイスとなり、あるいはネットワーク上の情報端末としての機能を担っていることである。

UI技術とAI技術の一体化がもたらすユビキタス世界と産業再編の二重性

情報端末のUI技術は、一般的に「ユビキタス（Ubiquitous）」コンピューティングと

＊42　松田卓也［2013］『2045年問題』、3章「インターフェイスの最先端」

＊43　「手足や腰の動きを支援する装着型のロボット。——和歌山大学は腰痛防止対策として、1140万台の国内市場があると推定。最終的には1台当たり価格が20万円台になるとして、市場規模は2兆3000億円と推定している。」（日本経済新聞、2015.3.29）

＊44　同上

＊45　松田［2013］97頁〜99頁

＊46　日本経済新聞、2016.3.8、MS（マイクロソフト）のクラウド事業は、世界140か国に展開しており、これまでのパソコンや携帯電話事業の縮小を補っている。

呼ばれ、上述のように、情報端末機器が日常生活の至る所に遍在する環境をもたらしている。このユビキタス世界の特徴は、情報端末が人間から独立した機械機器として遍在するのではなく、人間の能力を拡張するUI技術を基礎とする情報端末機器として環境に遍在することである。[*47]

ここで提起される問題は、現在起きているUI技術とAI技術の一体化によるユビキタス世界と今後の産業再編の関係である。つまり、作業者・ユーザとロボット・機械機器の間、あるいはロボット間におけるインタラクティブな通信コミュニケーション技術が拡大する場合、これまでみてきたように、一方で、医療・介護、福祉などの成長市場においては、作業者・ユーザの能力を拡張する「協調」型の生産性をもたらすと考えられる。他方で、加工組立生産や物流、販売流通部門等における「自動化・省人化」の手段となる。ただし、この二重性は、前章で示した、今後の具体的な世界市場動向や企業のグローバルな展開を前提としている。そのため、AI技術の基本特徴に戻り、機械学習、深層学習を中心にみていくことにしよう。

3－3　脳を模倣する機械学習の進化と産業的拡大の意義

脳の神経回路に基づく「ニューラル・ネットワーク」と自己学習型「深層学習」

AIの機械学習（Machine Learning）開発の拡大は、コンピュータの演算処理能力上昇・低価格化とデジタルデータの膨大な集積によってもたらされた。それは、1990年代後半以降インターネット・ウェブの普及を基礎としており、Googleが1998年に開始した検索エンジンソフトは、「統計的自然言語処理」研究を基礎としている。つまり機械学習の開発の基礎は、コンピュータ入力データの飛躍的増大、と言えよう。

機械学習の仕組みは、自然言語を中心とした大量のデータを「所与のもの」として「イエスかノー」に「分ける」処理であり、この「分け方」を「自動的に習得すること」である。この「分け方」は、「一定のパターンやルール」であり、新聞記事の文書分類やマーケッティング調査の購買層グループ分けに頻繁に採用されている。[*48] この意義は、「理由や手続きの明確にならない作業」をコンピュータ処理して、「明示的にプログラムしなくても学習する能力をコンピュータに与える」ことである。[*49]

機械学習の中でも、特に注目され応用範囲が広い「ニューラル・ネットワーク(Neural network)」は、脳の神経回路を模した方式である。脳の神経回路は、神経細胞

＊47　ファイファー、ボンガード［2010］『知能の原理』273頁

＊48　松尾豊［2015］『人工知能は人間を超えるか』114頁～117頁

＊49　武井［2016］17頁

図3　脳型コンピュータと動物の脳の比較
［縦軸：神経細胞（ニューロン）個数、横軸：接続箇所（シナプス）個数］

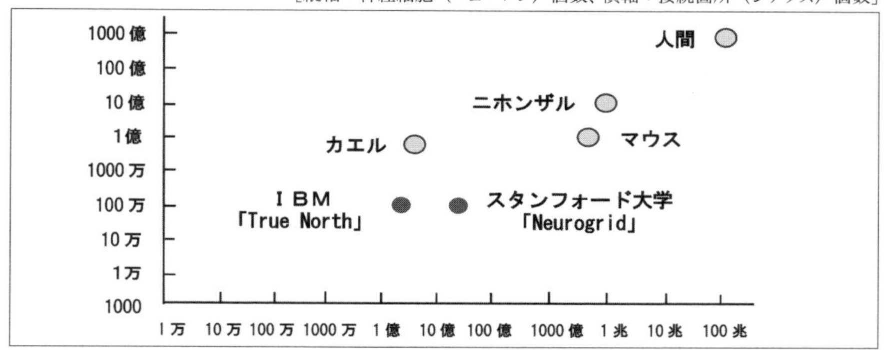

（日経産業新聞2015年6月5日「脳型コンピュータ」を参考に作成）

（ニューロン）の相互の接触を通した電気信号の情報伝達のネットワーク構造を形成している。図3に示すように、人間の脳は約1000億個のニューロンが、約100兆個の接触箇所（シナプス）で相互に連結しており、シナプスでは、ある一定の値よりも大きくなった時に発火して、次のニューロンへ電気信号が伝わる。このニューロンの多層的ネットワーク構造を利用して、以下の仕組みで処理を行う。[*50]

「入力層」→「隠れ層」1 →「隠れ層」2→ …… →「隠れ層」N →「出力層」

入力するデータ部分を入力層とし、出力層に対し正解を置き、間に「隠れ層」を入れ、「一定のパターン」、「分け方」を習得する。隠れ層を通した学習プロセスにおいて正解に近づける「分け方」の基準が、データの変数である「特徴量」と呼ばれる。[*51]その基本的な方法は、「人間の脳のニューロンが、学習によってシナプスの結合強度を変化させる」ように、「学習する過程で重みづけを変化させ、最適な値を出力する」ことである。その問題は、研究者の手による特徴量設計に手間暇がかかり、コンピュータの精度が大きく変化することである。

それに対して、この特徴量設計を、コンピュータが自発的に学習して特徴量を高度化させる手法が、深層学習である。

＊50　同上　20頁
＊51　松尾［2015］124頁〜127頁

人間の脳に迫る、深層学習と脳型コンピュータによるその産業的拡大

深層学習（Deep Learning）の特徴は、ニューラル・ネットワークの階層を、人間の脳のように多層的・多重的な階層構造にして、階層ごとの最適化を行う手法であり、人の設計ではなく、コンピュータの自発的学習に基づいている。2006年以降、「音声認識」、「画像認識」の分野で、解答精度の高い処理として評価されている。

また、2014年にハードウェア部門では、IBMがICの「True North」、スタンフォード大学が回路基盤の「Neurogrid」を、消費電力の少ない脳のような「脳型コンピュータ」として発表している。図3に示されるようにTrue Northが、ニューロン約100万個がシナプス約2億5000万で接触する回路を模倣しており、Neurogridは同様に、ニューロン約105万個に対するシナプス約10億カ所の回路の模倣である。True Northは、パソコンのCPUの約4倍の54個のトランジスタを集積して、消費電力は、70ミリワットに抑えられた。とはいえ、人間の脳の膨大なニューロンとシナプスにおける動作は、電力消費に換算すると10ワット級とされているため、脳へ近づくには、回路の集積度を1万倍高め、消費電力を下げる必要がある[*52]。

いずれにせよ、今後の「画像処理」のデータ分析が基礎となる産業部門の拡大は、ソフトウェア面、ハードウェア面共に、脳の画像認識を基にした工学的処理技術の飛躍的な高度化によるものと言える。特に深層学習は、処理過程においてコンピュータが自発的学習によって今後のデータ分析の質的変化を担っており、自動車の自動運転やロボット、医療を中心とした産業部門の市場が10年間で5千億ドルと予想されている[*53]。その市場へ向けた異業種間の企業提携やM&Aが進行していることは、これまでみてきた通りである。

3－4　21世紀前半のシンギュラリティ（技術的特異点）と人類史的問題

デジタル技術の特異点が提起する人間身体とヒト型ロボットの相互関係

このような人間の脳に迫る、深層学習と脳型コンピュータの研究の産業への応用は、今後の社会において人間知能を超えるコンピュータ技術の急激な高度化、指数関数的進化「シンギュラリティ」（技術的特異点）を迎えると言われる。その代表的な論者であり、コンピュータ研究者のレイ・カーツワイル氏によると、2045年にはそのシンギュラリティに到達するという[*54]。そして、オックスフォード大学のAI研究の試算に

＊52　日経産業新聞、2015.6.5.

＊53　日本経済新聞、2016.4.12

＊54　カーツワイル［2007］『ポスト・ヒューマン誕生』、第一章

よると、その時期に、AI中心とするデジタル技術によって置き換えられる仕事の増大、事務職や販売サービス業務を中心とした雇用喪失の増大が予測され、米総雇用の47％が失われるという[*55]。

そのシンギュラリティの主張の背景には、人工知能研究における「人間の頭脳、知能を工学的にどこまで実現できるか」という根本的な議論があり、「弱いAI」と「強いAI」に分かれている。前者は、AIの役割を専用的、限定的にとらえ、人間知能とコンピュータの処理能力を峻別する。それに対して後者は、AIの役割を汎用的にとらえ、知能の工学的実現は可能であり、「脳の働きは情報処理」とする。「シンギュラリティ」は、AIの汎用技術としての高度化を前提とした主張である。

「弱いAI」による主張は、人間の思考や身体的な直観と論理機械との違い、生命と機械との違いを強調する[*56]。確かに、AIは人間の自我や欲望など感覚的な本能は持たない[*57]。脳の神経回路の多層構造の解明も生物学の成果に依拠する。そのため個々の分野の今後の研究成果を待たなければならない。

とは言え、現代生物学においては、動物性器官の仕組みをとらえる上で、生体システムと情報処理技術を基礎とするヒト型ロボットとの比較関係、異同関係は課題となる[*58]。なぜならば、「動物の神経系の発達によって脳情報の世界が誕生する」生物の進化と「遺伝情報」の解明を主要なテーマとしているためである[*59]。他方の「ロボットの自律化」の研究開発の課題においても、脳による身体の制御、神経系による制御と身体との相互関係は、重要な問題を示している[*60]。

＊55　Frey, C.B. and Osborne, A.M.［2013］The Future of Employment, pp.44～45

＊56　西垣通氏（東京大学名誉教授）は以下のように述べている。「人間は論理機械でなく多細胞生物だ。だから人間の思考は論理矛盾を含んでいることも多いし、身体的な直観に支えられている。AIという機械知は過去のデータに基づくもので、安定状態での作業効率は良くても、全く新しい環境条件には対応できない。生物は激変する地球環境の中で生き抜いてきた。この柔軟性こそ生命知の本質ではないか」。（日本経済新聞、2016.9.7）

＊57　松尾［2015］192頁～193頁

＊58　「動物性器官をヒト型ロボットにたとえるなら、感覚器がセンサーで脳は内蔵コンピュータでしょう。筋肉や分泌腺は、モーターや油圧装置などのアクチュエーターにあたるでしょう」。（坂本順司　［2009］『理工系のための生物学』、57頁）

＊59　同上、第4章

＊60　「問題なのは、身体はそれ自体が固有のダイナミズムを有しているため、神経系のダイナミクスは身体のそれと整合がとれていなければならない、ということである。ステン・グリルナーがヤツメウナギを用いて行った実験はその意味で重要な示唆に富んでいる。ヤツメウナギの脊髄を取り出して、脊髄内に存在するCRGの周波数を測定すると、身体から取り出す前に観察される周波数とは異なるのである。このことは、神経振動子単体が神経の振る舞い

言い換えると、頭脳単体ではなく身体全体における関係に対応した、情報処理技術、デジタル技術が課題になっている。その点で、物理化学現象だけでなく、生体現象をも検知するセンサー・デバイス技術の進化は重要な意味を持つ。

前節でみたように、頭脳に値するAI技術のみ評価するのではなく、感覚器官に値するセンサー技術やユーザの操作性を高めるUI技術との相互連関関係がもたらす産業再編力、社会的効果を捉えるならば、デジタル革命の延長上に「シンギュラリティ」の可能性が考えられる。次に、その主要な議論を紹介して、論評してみよう。

「セカンド・マシン・エイジ」の人類史的意義と「自動化」がもたらす問題の二重性

『機械との競争』、『ザ・セカンド・マシン・エイジ』の著者である、MITのエリック・ブリニョルフソン氏とアンドリュー・マカフィー氏は、現在のデジタル技術の総体的な進化による「シンギュラリティ」を、18世紀後半以降の産業革命に次ぐ「セカンド・マシン・エイジ（the second machine age）」における、人類史的転換点としている[*61]。

その際、人類史上の社会発展の測定方法と比較方法が援用されている。それは、歴史学、考古学の研究者、イアン・モリス氏が、『人類五万年 文明の興亡』において提示した「社会発展指数（social development index）」の「数値化」、「グラフ化」である。その場合、4つの基準、「エネルギー獲得量」、「都市化（集団化）」、「情報技術」、「戦争遂行力」が選択され、西洋と東洋を分け社会発展の比較が行われている[*62]。

を決定しているのではなく、身体もまた神経回路の発振周波数を決定していることを示唆している。言い換えると、身体と神経系との間には相互結合が、力学系の用語を使えば『相互引き込み』が存在しているのである。」（ファイファー、ボンガード［2010］』391頁～392頁）

＊61　ブリニョルフソン、マカフィー［2015］『ザ・セカンド・マシン・エイジ』24頁～32頁

＊62　モリス［2014］上巻170頁～181頁、モリス氏は、「社会発展指数」に基づき、21世紀後半以降、西洋の支配する時代が終わり、東洋の時代を予想するが、デジタル技術の「シンギュラリティ」によって、西洋と東洋の地理的差や優劣の意味が消失する可能性も説いている。「本書では、社会の急激な発展によって、それまでの世代の生活を支配していた多くの問題が無意味になるような出来事をたくさん紹介してきた。ホモ・サピエンスの進化は過去の類人猿を一掃し、農耕の発明は狩猟採集生活を脅かしていた問題の多くを解決し、都市や国家の台頭は先史時代の村民の懸念を解消した。ステップ・ハイウェイの封鎖と海洋の開放は、2000年の間旧世界の発展を制約してきた現実に終止符を打ち、産業革命は、もちろんそれまでのすべてを骨折り損にした。これらの革命は加速され、重なり合い、社会の発展をより深め、加速している。図12－1で示したように21世紀に社会発展指数が4000点に達するなら、この進行中の革命は最大最適のものになるだろう。多くの未来学者が同意するように、その中心は遺伝子工学、ロボット工学、ナノテクノロジー、コンピューターが結びついた変革にあり、その結果、私たちの現在の知識の多くが覆されるだろう」。（同上、下巻、326頁～327頁）

その社会開発指数のグラフの顕著な特徴は、18世紀後半の時期から、社会開発指数と世界の総人口が、急な傾きで伸び始めていることである。そして21世紀に入る前からさらに増大し続けている。その原因は「情報技術」の要因とりわけ、ムーアの法則で示される半導体チップの集積密度が1年半で2倍化することと、生産コストの半減化に始まるデジタル汎用技術による生産・物流・通信や生活過程の急速な変化である。

したがって、「セカンド・マシン・エイジ」の全体的特徴は、以下の二重の問題として提出されている。①デジタル技術の飛躍的な高度化がもたらす生産力の質的転換、②デジタル革命に伴う雇用の喪失、労働の二極化。

一点目は、ムーアの法則に従った、コンピュータの処理能力の急激な上昇と低コスト化がもたらした点であり、デジタル汎用技術が過去50年にわたり、技術革新と膨大な波及効果をもたらしたことは、特異なことであることを強調している。具体的に、2000年まで世界最速であった1996年のアメリカ政府の核実験停止のシミュレーション用のスーパーコンピュータASCI Redと2005年のソニーの家庭用ゲーム機、Play Station 3が、同じ演算処理速度1.8テラフロップであることを挙げている。ASCI Redがテニスコート8割の面積を必要とし、最速で1時間当たり800キロワットの電力消費、開発費用5500万ドルであるのに対して、Play Station 3は、単位が下がる200ワットで、価格は約500ドルである[*63]。したがって、高機能化という要因を含めて、デジタル技術が「小型化・軽量化・低コスト化」さらに省電力化を飛躍的にもたらし、現在も続いている点が強調されている。

また、ネットワーク技術、AI技術を基礎とした、デジタル情報の複製技術の低コスト化の意義を示している。つまり、「情報の生成にはコストがかかるが、複製にはコストがかからない」ために、自動翻訳サービスを始め、さまざまなインターネット上の「ユーザ生成コンテンツ」が急速に拡大している[*64]。さらに、機器間コミュニケ

＊63　ブリニョルフソン、マカフィー［2015］90頁〜91頁

＊64 「たとえば、欧州連合や欧州共同体は、1957年からずっと、すべての公式文書を加盟国の主要言語に翻訳してきた。国連も、主要六ヵ国語の文章を大量に公開している。このような膨大な情報はたいへんな努力とコストをかけて生産されたわけだが、いったんデジタル化してしまえば、複製するのも、切り分けて活用するのも、広く共有するのもじつに容易になり、しかも何度でも繰り返すことができる。グーグル翻訳サービスのようなサービスがやっているのは、まさにこれだ。何らかの英語の文章をドイツ語に翻訳するとき、グーグルの翻訳ソフトは活用可能な英語とドイツ語のペアすべてにスキャンをかけ、マッチ率の高い文章を探す。そして対になったドイツ語を提供するというしくみだ。要するに今日の高度な自動翻訳サービスの大半は、人間の言語のルールをコンピュータに教え込んで応用させているのでは

ーションであるM2Mの通信ネットワークの発展、そして配車サービスなどの「シェアリング」サービスの拡大をももたらしている。ただし、低コスト化のデジタル情報の膨大なやり取りは、GDPの付加価値計算には反映されず、一般的に経済成長要因とみなされない点を考慮すべきであるという[*65]。

「自動化」がもたらす労働市場の分極化とスキル偏重型技術

二点目は、デジタル汎用技術の拡大の一方で、「自動化」による雇用の喪失と労働の二極化や所得格差である。一点目で述べた、デジタル汎用技術の波及効果に対応した、具体的な産業組織の再編成や社会インフラの対応や社会教育制度の改革が、アメリカ社会においてまだ追いついていないことを強調している。

そのため、現段階の重大な問題は「自動化」であり、機械にとって替わる労働、作業内容を明らかにする諸研究の検討になっている。主要な議論の一つは、MITのエコノミスト、デービット・オーター氏らの「スキル偏重型技術変化」分析であり、「定型／非定型」×「非肉体的／肉体的」というマトリクスを設定して、機械にとっての得手不得手の区分を前提にした議論である。結論としては、定型的仕事の激減と中間層の仕事の減少、賃金低下による労働の二極化である[*66]。

フィナンシャルタイムズ紙（電子版2015年8月19日）は、近年のロボット工学の爆発的進展と自動化の関係について論じており、デービット・オーター氏の主張を取り上げている[*67]。それは、近年の「自動化」がもたらす労働市場の「分極化」、技能の高低と中間部分の空洞化と空洞化の上部への移動であり、過去15年間アメリカにおける、コンピュータとソフトウェアへの民間投資の一貫した減少である。

ただし、オーター氏は元の論文において、今後、ロボット工学とAI研究が成長する場合でも、労働市場の分極化による永続的な空洞化の進行には、否定的である[*68]。つまりコンピュータによる「自動化」が労働市場や仕事の内容を変化させるならば、それに対し、中間層の非定型的仕事の成長、あるいは「問題解決のスキル、適応力、創造性」を必要とする仕事への労働者の適応性が強調されている。

なく、膨大なデジタル・コンテンツを対象に統計的なパターン・マッチングを実行させている。」（同上110頁）

＊65　同上、第8章「GDPの限界」、低価格化や無料化のデジタル情報のコミュニケーション拡大に基づくセカンド・マシン・エイジに対応した統計的指標の必要性が主張されている。

＊66　ブリニョルフソン、マカフィー［2015］221頁～230頁

＊67　https://www.ft.com/content/0b16754e-45c6-11e5-af2f-4d6e0e5eda22

＊68　Autor,D.H.［2015］Why Are There Still So Many Jobs? The History and Future of Workplace Automation, https://www.aeaweb.org/articles?id=10.1257/jep.29.3.3

アメリカ産業における「自動化」と労働の「定型／非定型」やスキルとの関係は、これまでみてきた協調型ロボットの展開と「自動化」の進行との二重性の問題を、より明確にする。だが、「自動化」自体は、雇用喪失の主要因ではなく、独立要因でもない。具体的な産業の世界市場における地位とその変化、産業再編の歴史的動向に依存している。その意味で、国内産業の場合も労働市場との関係は、歴史的、多層構造的にみる必要があろう。

本稿の2–2、2–3では、アメリカ国内市場に特徴的な医療機器・航空機・発電インフラ部門の情報分析サービス、ドイツ産業の中国生産拠点における工場の自動化・ロボット化の現状、中国ロボット市場の世界最大化、3–2では、協調型ロボット、ヒト型ロボットにおけるグローバル企業の動向と新しい医療・介護・福祉向けの国内市場に言及した。このような産業再編の動向を基礎とすることで、労働市場の構造的変化や仕事におけるスキルや定型／非定型の変化が、より明確になるのではないか。

21世紀前半の「セカンド・マシン・エイジ」が提起する課題

『ザ・セカンド・マシン・エイジ』は、21世紀前半のデジタル技術の高度化がもたらす人類史的転換について、重要な問題を提起している。

だが、「セカンド・マシン・エイジ」の「マシン」の独自性は、これまでみてきたように、従来の機械システムを越えて、機械に身体的機能、感覚器官の機能のセンサーが付き、情報分析する頭脳であるAIが搭載される情報処理機器として機能している点にあるのではないか[*69]。また、作業能力を拡張するUI技術との一体化した「画像認識」・「音声認識」技術が、今後のロボット産業と関連するサービス産業の動向を左右する重要な要因になりつつある点も再度確認しておきたい。

そのことは、「セカンド・マシン・エイジ」において、機械や物理化学的対象と生体・生物学的対象との相互関係、インタラクティブな関係の深化による、生産力基盤の質的転換を意味している。その解析は、情報処理やロボット研究、現代生物学の今後の成果に依拠せざるを得ない。それは経済学を超える問題である。だが、「セカンド・マシン・エイジ」の提起する問題は、現代資本主義が直面しているグローバルな産業再編とその技術的基盤の意味解析の問題である。そのため、経済学の全体認識や

＊69　人工知能研究の第一人者である松尾豊氏は、現在「画像認識の研究の8割以上は深層学習」であり、製造現場への応用は、「機械に『目』が付くことになる。日本は製造業が強い。目が付いてどういう作業ができるのか。もの作りとの掛け合わせは日本に大きなチャンス」と評価しつつも、「200人のエンジニアがいる大企業でも深層学習を手掛けるのは若い2人といったありさま」であり、日本産業の将来を危惧している。（日本経済新聞、2016.10.3.）

原理規定は、現実に対応することで、再検討を迫られている。そこには人類史的問題に立った、具体的課題が提起されているのではないか。

おわりに

21世紀前半の情報技術革命の新たな特徴を、多種多様な情報データの検知・集積、情報データの分析とし、具体的にロボット化や自動化の問題に焦点をあてて考察してきた。残された論点が、現実的諸問題として生じている。自動車の自動運転技術の現実化や環境負荷に対応するデジタル技術の軽量化、省電力化の応用（インフラ制御）など、情報通信技術の可能性と同時に取り組むべき難点が混在している。今後の課題として、以下の三点を挙げておきたい。

①自動車の自動運転技術の進展の背景と課題。背景としての欧米ミレニアム世代（10代後半から30代前半の年代）の免許保有率の低下とカーシェアリングの普及（所有から利用・共有へ）、課題としての事故時の責任と保険の関係、事故回避のコンピュータの判断能力の問題と人間の本能的判断の意味解析。

②資源・エネルギー、発電機器の制御へのデジタル汎用技術の展開（GEは、風力発電のデータ分析と効率的運用の提案を行っている）。

③膨大化する情報データのプライバシーやセキュリティの観点からの問題点とその管理の社会的課題。

［参考文献］

（洋書）

* Autor, D.H.［2015］Why Are There Still So Many Jobs? The History and Future of Workplace Automation: Journal of Economic Perspectives vol.29, no.3, Summer 2015
* Brynjolfsson, E. and McAfee,A.［2012］Race Against the Machine, How the Digital Revolution Is Accelerating Innovation, Driving Productivity, and Irreversibly Transforming Employment and the Economy: Digital Frontier Press（ブリニョルフソン、マカフィー［2013］村井章子訳『機械との競争』日経BP社）
* ———.［2014］The Second Machine Age: Work, Progress, and Prosperity in Time of Brilliant Technologies: WW Norton &Co Inc（［2015］村井章子訳『ザ・セカンド・マシン・エイジ』日経BP社）

* Frey, C.B. and Osborne, A. M.［2013］The Future of Employment: How Susceptible are Jobs To Computerisation?: University of Oxford
* Hounshell, D.A.［1984］From the American System to Mass Production, 1800-1932、Baltimore: Johns Hopkins University Press（ハウンシェル［1998］和田一夫編訳『アメリカン・システムから大量生産へ 1800－1932』名古屋大学出版会）
* Iansiti, M. and Lakhani,K.R.［2014］Digital Ubiquity, How Connections, Sensors, and Data Are Revolutionizing Business: Harvard Business Review, November 2014（イアンティ、ラカンニー［2015］「GEが目指すインダストリアル・インターネット」『ハーバード・ビジネス・レビュー』(2015年4月号）ダイヤモンド社）
* Kurzweil, R.［2005］The Singularity Is Near: When Humans Transcend Biology, Viking Adult（カーツワイル［2007］井上健監訳『ポスト・ヒューマン誕生――コンピュータが人類の知性を超えるとき』日本放送出版協会）
* Morris, I.［2011］Why the West Rules for Now, The Patterns of History and What They Reveal About the Future: Profile Books Ltd（モリス［2014］北川和子訳『人類五万年文明の興亡 なぜ西洋が世界を支配しているのか』筑摩書房）
* Marsh, P.［2012］The New Industrial Revolution, Consumers, Globalization and Mass Production: Yale University Press
* Preifer, R. and Bongard, J.［2006］How the Body Shapes the Way We Think, A New View of Intelligence: A Bradford Book（ファイファー、ボンガード［2010］細田耕・石黒章夫訳『知能の原理』共立出版）
* Saxenian, A.［1994］Regional Advantage, Culture and Competition in Silicon Valley And Route 128: Harvard University Press（サクセニアン［2009］山形浩生・柏木亮二訳『現代の二都物語』日経BP社）
* ――――.［2006］The New Argonauts, Regional Advantage in a Global Economy: Harvard University Press（サクセニアン［2008］本山康之監訳『最新・経済地理学』日経BP社）
* Skousen, M.［2007］The Structure of Production: New York University Press
* Sloan, A.P., Jr.［1963］My Years With General Moters, New York: McFadden-Bartell Books,（スローン［2003］有賀裕子訳『GMとともに』ダイヤモンド社）
* Womack, J., Roos D. and Jones, D.［1984］The Machine That Changed The World, Cambrige: MIT Press（ウォマック、ルース、ジョーンズ［1990］沢田博訳『リーン生産方式が世界の自動車産業をこう変える。』経済界）
* Zhu, F. and Furr, N.［2016］Products to Platforms, Making the Leap: Harvard Business Review, April 2016（ジュー、ファー［2016］「プラットフォーム企業へ移行する法」『ハーバード・ビジネス・レビュー』(2016年10月号）ダイヤモンド社）

(和書)

* 赤池学［2014］『生物に学ぶイノベーション――進化38億年の超技術』(NHK出版新書）
* 岩田弘［2006］『世界資本主義I』(批評社）
* 小幡道昭［2009］『経済原論』(東大出版会）
* 川上桃子［2012］『圧縮された産業発展』名古屋大学出版会
* 河村哲二［1998］『第二次大戦期アメリカ戦時経済の研究』御茶ノ水書房

* ────．[2013]「戦後パックス・アメリカーナの転換とアメリカ発のグローバル金融危機」(増補新版『現代経済の解読』所収)
* 栗田子郎［2013］『進化生物学入門』講談社学術文庫
* 五味久壽［2013］「中国巨大資本主義の転換期とその意味するもの──リーマン・ショック以後の世界市場配置の変化と中国の国内市場依存型発展への転換──」、『立正大学経済学季報』第63巻 第1号
* ────．[2015]「中国経済の『新常態』とその課題──米中併存体制への中国の対応と『新常態』が示す中国国内経済改革の課題──」、『立正大学経済学季報』第64巻 第4号
* 五味久壽編［2015］『岩田弘遺稿集』批評社
* 坂本順司［2009］『理工系のための生物学』裳華房
* 篠原現人・野村修平編［2016］『生物の形や能力を利用する学問 バイオメティックス』(国立科学博物館叢書16) 東海大学出版部
* 柴山潔［2003］改訂新版『コンピュータアーキテクチュアの基礎』近代科学社
* 武井宏将［2016］『初めてのディープラーニング』リック・テレコム
* 田中裕之［2016］「現代製造業のグローバルな再編と21世紀前半世界（1）──中国・アジア産業構造転換と情報ネットワーク化──」、『立正大学経済学季報』第65巻 第3・4号
* 西村吉雄［2014］『電子立国は、なぜ凋落したか』日経BP社
* 半田正樹［2013］「情報化と経済・社会の変容」(増補新版『現代経済の解読』御茶ノ水書房 所収)
* 松尾豊［2015］『人工知能は人間を超えるか』角川選書
* 松田卓也［2013］『2045年問題』廣済堂新書
* 宮嵜晃臣［2013］「日本の産業構造と日本型経営・生産システム」(増補新版『現代経済の解読』御茶ノ水書房 所収)
* デンソーカーエレクトロニクス研究会［2010］『図解カーエレクトロニクス　上・下』日経BP社
* フォーインホームページ、http://www.fourin.jp/ IDC（International Data Corporation）ホームページ http://www.idc.com
* 野村総合研究所［2015］「日本の労働人口の49%が人工知能やロボット等で代替可能に～601種の職業ごとに、コンピューター技術による代替確率を資産～」https://www.nri.com/jp/news/2015/151202_1.aspx
* 国際ロボット連盟ホームページ、IFR（International Federation of Robotics）http:// www .ifr.org/home/
* 総務省編『情報通信白書』2016年版 http://www.soumu.go.jp/johotsusintokei/whitepaper/ja/h28/pdf/index.html
* ［2013］Recommendations for implementing the strategic initiative INDUSTRIE 4.0, http://www.acatech.de/fileadmin/user_upload/Baumstruktur_nach_Website/Acatech/root/de/Material_fuer_Sonderseiten/Industrie_4.0/Final_report__Industrie_4.0_accessible.pdf

第3章
マルクス経済学の現代的課題

北原克宣

はじめに

経済学はいま、「第3の危機」に見舞われている。J・ロビンソンは、1970年代の第1次石油危機による低成長への移行とスタグフレーションの進展という状況に直面する経済学の状況を「第2の危機」と表現したが、今日、われわれが直面する現実はより複雑なものとなっており、この現象を既存の経済学では十分に説明できずにいる。

現実が複雑化しているのは、次の3つの様相が絡み合い、世界の対立図式が複雑化しているからである。第1は、アメリカの凋落と内向きの政策への転換である。1990年代に入りソ連邦の解体、東欧諸国の崩壊は米ソ冷戦体制の終焉を決定的なものとし、アメリカによる独裁的資本主義体制へと移行させた。しかし、双子の赤字を抱えるアメリカ資本主義もはや「世界の警察」として振る舞う財政的余裕はなく、同盟国へと負担を分散させつつ自国の利益を最優先する経済政策を打ち出さざるを得なくなっている。2016年の大統領選挙において、トランプ人気に押されてヒラリーまでがTPP合意の見直しを主張せざるを得なくなったことは、アメリカが自国優先へと転換せざるを得ない国内事情を象徴的にあらわしている。

アメリカでのこうした内向き政策への転換の動きは、EUでもみられている。2008年リーマン・ショック後にヨーロッパを襲った金融危機は、落ち着きを取り戻したとはいえ、EU内格差を拡大し内部矛盾を拡大させつつある。さらに、イギリスの脱退、シリアからの難民、フランス、ドイツ、ベルギー等における相次ぐテロの発生は、各国の難民政策の内向き化をもたらしEUを動揺させている。

第2に、中国の台頭とこれにともなう力関係の変化である。2000年以降、中国は高度経済成長を達成し、2010年にはGDPで日本を抜いて世界第2位の経済大国となった。しかし、対外的には南沙諸島や尖閣諸島をめぐる領土問題を抱え、内部には民族問題を抱えるなど、中国が抱える矛盾も大きなものがある。これは、共産党独裁下での中国の資本主義化と、これにともなう内部矛盾の抑圧および大国化を目的とした軍事化の動きを意味している。

そして第3に、日本では、リーマン・ショックを境に信用部門の構造変動が進み、「エリート」と見なされてきた金融機関の労働者でさえ、給料が大幅に低下し転職率も高まるなど「金融エリートの没落[*1]」という状況に置かれている。こうした状況に、過去に例のない量的緩和策を含む「大胆な金融政策」をもってしても、日本資本主義の蓄積軌道は回復できていない。

こうして、世界中の資本主義国がさまざまな矛盾を抱え、大きな再編が始まろうとしている。これを経済学がどのように捉えるのか。1970年代における「経済学の第2の危機」では、ミルトン・フリードマンを初めとするいわゆるシカゴ学派を中心とした新古典派経済学の登場により危機を脱したかに見えた。新古典派理論に基づく経済政策は、新自由主義と言われ1980年代から今日に至る経済政策の主流となってきたが、この新自由主義的政策下における規制緩和と自由貿易の推進は、2008年リーマン・ショックにより破綻し、資本主義世界の再編のきっかけとなり、主流派経済学の限界が見えてきたと言わざるを得ない。

それでは、マルクス経済学はどうだったか。日本では、戦前日本資本主義分析などにおいて多くの成果を残したマルクス経済学は、戦後においてもそれなりの成果を残してきたが、1980年代半ば以降、マルクス経済学の地位は大きく低下した。その要因の第1は、信用部門の位置づけがマルクスの時代よりはるかに大きくなり、資本蓄積様式が製造業中心のそれから金融部門主導のそれに移行したこと、第2に、情報通信技術の発達にともない生産力段階がマルクスの機械制大工業段階から大きく変化したこと、そして第3に、ソ連および東欧の解体、中国やベトナムなど旧社会主義国の市場経済化が進んだことである。

しかし、本当にマルクス経済学は過去の遺物となり、現状分析にはまったく役に立たない代物となったのか。現在生起している世界再編の動向の分析は、「ミクロ経済学」「マクロ経済学」でも難しいことは、今日の金融政策をみれば明らかであろう。であるとすれば、マルクス経済学がいま果たすべき役割は何か。本章では、最近の研究成果の検討を通じて、現代資本主義分析におけるマルクス経済学の役割を明らかにする。

＊1 『週刊ダイヤモンド』(2016年9月3日号)では、「金融エリートの没落」という特集を組み、金融業界において給与水準の下落、若手の離職、経営破綻などが進んでいることを報じている。

1. 主流派経済学とマルクス経済学

1980年代後半以降における世界の政治経済構造の変化（米ソ冷戦体制からポスト冷戦への移行）は、マルクス経済学にとっても大きな転機となった。とりわけ、ソ連邦の解体、東欧諸国における民主化など旧共産主義国の解体は、マルクス経済学の失墜を決定的なものとしたと言って良いだろう。しかし、その後の20年間は、資本主義経済にとっても多くの矛盾を抱えながらの展開であり、とりわけ2008年のリーマン・ショックは資本主義経済の行き詰まりを示しているようにも見える。こうしたなか、2014年、トマ・ピケティが『21世紀の資本』で明らかにしたように、貧富の格差が世界的に深刻さを増し、マルクスの『資本論』や小林多喜二の『蟹工船』が読み直される現象をもたらした。

本来、こうした時代状況の分析こそマルクス経済学が得意とする分野であったはずで、この状況を的確に分析し展望を示せるかどうかにマルクス経済学の威信がかかっているといっても過言ではないだろう。しかし、マルクスおよびエンゲルスは、19世紀の資本主義経済を見て『資本論』をまとめたのであり、これを150年後の今日の資本主義にそのまま当てはめることはできない。そこで、マルクス経済学に求められているのは、マルクス自身が当時の主流派である古典派経済学の研究に没頭して「経済学批判」を打ち立てたように、現代の主流派経済学の手法を研究したうえで現代版「経済学批判」を行い、新しい経済学の地平を切り拓くことである。

現代の主流派経済学は、市場原理に絶対的信頼を置くシカゴ学派の流れを汲むミクロ経済学と、ケインズ流マクロ経済学が失墜した後に主流の位置を占めたマクロ経済学（「ミクロ化されたマクロ」）である。しかし、マルクス経済学と主流派経済学では、理論体系において用いられる専門用語からして異なり、それぞれの理論体系そのものについて相互に立ち入って議論することが難しい状況にあった。このため、現実の政策論争においても、立脚点の違いは理解しつつも、相互の理論体系の内部に立ち入っての対立は少なかったと言えよう。

松尾匡の研究は、まさにマルクスが「経済学批判」において試みたように、現代の主流派経済学の理論に深く入り込んだうえで、マルクス経済学の意義を捉え直している点で重要であるばかりか、現代の政策論争にも積極的に参加しており、マルクス経済学からの発言としては、近年もっとも勢いがあるものと言って良いだろう。

それでは、松尾のマルクス経済学はどのような点で新しいのか。松尾は、橋本貴彦との共著［2016］において、マルクス経済学の重要概念を「階級」「疎外」「唯物史観」「労働価値説」に集約したうえで、前三者は「ミクロ経済学」「マクロ経済学」でも取り入れることが可能な「主流派経済学との共通性」をもつ概念であると指摘している。とりわけ、疎外論と唯物史観については、現代経済学におけるゲーム理論による制度分析の手法で説明できるとしている。すなわち、疎外とは、ゲーム理論でいうところの「パレート非効率なナッシュ均衡」であり、唯物史観における上部構造の転換のメカニズムはゲーム理論の中でも生物進化において用いられる「進化論ゲーム」の手法で説明できるとする。

これに対し、従来のマルクス経済学における最重要概念であった投下労働価値説については、「価格の規定要因としての労働価値説」はすでに否定されているとして、価格の規定要因という位置づけからは切り離すべきと言い切る。ただ松尾は、投下労働価値概念そのものを否定しているのではなく、同概念を用いることは「ヒトとヒトとの依存関係」から経済を捉えることとなり、「モノとモノとの交換関係」として現れる現実の資本主義経済体制とは異なる価値判断を与えることになり、「体制批判の要」[*2]としての役割を強調している。

松尾が指摘しているのは、『資本論』における価値次元から価格次元への転化に関する論理展開をめぐる「転形問題」として有名な論点であるが、松尾の立場は、マルクスの論理展開には矛盾があり、価値と価格の総計は一致しないとするものである。転形問題についてはここでは踏み込まないが、マルクスの投下労働価値論の意義について、松尾とは異なる見方を示しておきたい。1つは、使用価値についてである。松尾の見解は、投下労働価値説について主として「価格の規定要因」という観点から考察しているが、これは交換価値について述べたものと言える。しかし、マルクスは商品の価値について使用価値と交換価値と二側面から捉えているのであり、ここから価値の規定要因としての具体的有用労働、抽象的人間労働という労働の二重性が導き出されている。『資本論』で一貫しているのは、商品であれ何であれ質的側面と量的側面を統一的に捉えるという弁証法的視点であり、この視角は第1巻では使用価値と交換価値、第2巻では再生産論における2部門分割（素材視点）と3価値構成（価値視点）、第3巻の地代論では生産力視点と価値視点というかたちで具体化され貫徹している。投下労働価値による説明がなければ、この視点の一貫性が失われてしまうのであり、松尾の見解のように、価値論と生産価格を切り離してしまうとすれば、素材と価値、生産力と地代という二側面を一体的に捉えようとするマルクス経済学の特徴を

＊2　松尾・橋本（2016）171頁

失うことになるのではないか。松尾の見解は、交換価値に偏っており、使用価値視点を軽視することにつながっているように思われる。しかし、人工知能をはじめ高度に発展した情報通信技術がもたらす問題や自然環境問題などは、いずれも使用価値視点からの考察が不可欠であり、この意味において、使用価値と交換価値を一体的に捉えるマルクスの視角は、今の時代だからこそ求められていると言えないだろうか。

第2に、投下労働価値説の実証に関する見方にも疑問を呈しておきたい。松尾は、共著者の橋本による分析を示して次のように述べている。

> 「40ヵ国……の、各産業における投下労働価値と価格の変化率を、1995年から2007年までの産業連関表を中心としたデータを用いて試算したところ、両者の関係性の程度（決定係数）は、国ごとに大きく異なることが明らかになりました。たとえば、決定係数が最も高いのは米国の0.9288で、最も低いのはインドネシアの0.006でした……。また、40ヵ国のうち、この決定係数が0.8以上の国は9ヵ国（先進国のほか、スロバキアやハンガリー、キプロスなどが含まれる）あり、0.5以下の国は13ヵ国（発展途上国のほか、カナダ、デンマークなどが含まれる）あって、ばらつきが大きいと言えます[*3]。」

これは、投下労働価値説が価格の変化を説明できなくなっていることを示す実証分析として紹介しているものであるが、決定係数が最も高いのがアメリカであり、決定係数が0.8以上の国の多くが先進国であることを見ると、高度に発展した資本主義国であればあるほど投下労働価値説で説明できるようになると解釈することもできる。また、国ごとのばらつきは、封建制から資本主義への移行形態に違いがあることや、植民地から資本主義へ移行した国、外国資本の投資により急激に資本主義化が進みつつある国など、資本主義的経済システムと言えどもそれぞれの国による型があることを考慮すれば、投下労働価値説の貫徹の仕方が異なるのは不思議ではない。国ごとのばらつきは、むしろ資本主義の型の違いとして捉えれば、説明がつくように思われる。

以上の通り、筆者とは見解が異なる点はあるものの、松尾の研究が主流派経済学の手法に深く入り込んだうえで、改めてマルクス経済学の強みを指摘している点で優れた業績であることは間違いない。また、現実の政策論争にも積極的に参加し、従来のマルクス経済学の欠陥を克服しようと努力していることも十分に評価に値する[*4]。今

＊3　松尾・橋本（2016）157～158頁

＊4　松尾（2016）では、アベノミクスについて分析を加えたうえで、『第1の矢』と『第2の矢』には一定の評価はできるがもっと積極的に行う必要があることを提言し、『第3の矢』につい

後、マルクス経済学の立場から現代資本主義の分析を試みるうえでは、松尾のように主流派経済学との対話を通じた現代版「経済学批判」のより本格的な検討が求められる。

2. 戦後資本主義世界の「アメリカ的段階」把握 ――― 南克巳による分析

前節では、マルクス経済学の最近の研究において「ミクロ経済学」「マクロ経済学」と共通の手法を用いて説明が可能であると指摘されていることについてみた。現代経済学における共通言語を用いることは重要であるが、従来のマルクス経済学には、それはそれで継承すべき優れた分析も多い。例えば、各国資本主義の分析や世界経済の構造分析などでは、主流派経済学ではなし得ない成果を挙げてきた。

以下、本節では南克巳によるアメリカ資本主義分析を、次節では五味久壽による中国資本主義分析について取り上げてみたい。この2人は、マルクス経済学では必ずしも「主流派」とは言えないばかりか、南はいわゆる講座派、五味は宇野派の流れを汲み、理論的基礎も異なっている。しかし、ともに現実の世界経済の動きを捉えようとしてしていることや分析視角については、不思議と共通点も多い。特にここで注目したいのは、なぜ南がアメリカを分析し、五味が中国に注目したかである。すなわち、南は戦後の資本主義における中軸国としてのアメリカを分析し、五味はそのアメリカと対抗しつつある勢力として急成長している中国の分析を行ったのであり、ともに時代の最先端の動きを捉え、現代社会の編成原理を明らかにしようとしたと言える。南と五味の手法は、再生産構造論を基盤とするか、世界資本主義論かで異なっているものの、そこで明らかにしようとしていることは共通していると言って良い。「学派」の異なる論者を取り上げる意味は、そこにある。

そこで、まず南の見解から検討しよう。南の理論体系は、一見すると難解で理解しづらいものに見えるが、論理構造が理解できるようになると、個々の用語が厳密に計算されて使用されていることや、論理が緻密に構築されていることに気づく。このような南の理論体系の背景には、マルクス再生産構造論、レーニン帝国主義論があり、それぞれ山田盛太郎と宇高元輔から継承したものである。

では、南にとってマルクスの経済学とはどのようなものなのか。これについては、山田盛太郎著『日本資本主義分析』(岩波文庫版) における南による次の解説から見て取れる。

ては新自由主義的政策であり評価はできないとするなど、具体的な提言を行っている。

「この構造的把握の見地こそ、再生産論としてのマルクス『資本論』のトータルな把握に導かれ、その把握の仕方を特殊＝日本資本主義の発展総過程の分析に『具体化』し、こうして『軍事的半農奴制的』なる日本資本主義の基本的特質規定を『世界史的連携』において確立し、その生成と揚棄の『展望』を一個の歴史＝世界史的必然として見透すという……巨大な課題に挑む作業の総体を含むものであった……。それは、個々の歴史過程の解釈に、また現状の分析にマルクスの章句を『適用』＝援用する通常のやり方とは、すでに次元を異にする新たな理論的で包括的な把握の見地の確立を、告げ知らせるものであった[*5]」

これは、山田の分析手法の特徴について述べた箇所であるが、傍点で強調した通り、南にとって、マルクスの章句をそのまま適用することに意味があるのではなく、山田がそうであったように、目の前で生起している現実に対して歴史的＝具体的に分析することにこそ意味があったのである。この点について、南は、レーニンに関連して次のように述べている。

「いま問われているのは、『独占一般』の体系としてのレーニン『帝国主義』の普遍妥当性の完全な承認にたちつつ、さらに一歩を進めて、それを『帝国主義世界戦争』の体系として歴史的に限定し、包摂して、ゆくいわば『体制的独占』＝『冷戦』帝国主義論であろう[*6]」

ここで南が言わんとしているのは、レーニンがマルクスの資本論体系を発展させて帝国主義の本質を明らかにしたように、その成果のうえに立ちつつ、現実の歴史的変化について理論化しなければならないということである。つまり、南にとってのマルクス、レーニンは、よって立つ基盤ではあっても飾り物ではなく、現実の変化に合わせて発展すべき対象なのである。この点は、後述する通り、マルクスの思想の教科書的受け売りを五味が批判していることに通じる。

それでは、南は現実の世界で生じている現象をどのように「歴史的＝具体的」に分析し、マルクス、レーニンを継承発展させているのか。これについて、南［1995］にもとづいて検討しよう。冷戦体制解体後の世界再編の構造について検討しているこの論

＊5　南（1987）281～282頁。傍点は引用者。
＊6　古川哲・南克巳（1975）4頁。傍点は引用者。

文の背景には、南の次のような自己批判がある。1つは、マルクス経済学における伝統的な危機把握の方法であった全般的危機論の枠組みから抜け出せなかったという反省である。全般的危機論は、「20世紀世界を『一国社会主義』の段階的拡大強化・世界化へ向かう軸線上に総括していった[*7]」のであり、かつての南の「資本主義のアメリカ的段階」という提起もこれを踏まえてのものであった。しかし、ソ連が解体し冷戦体制が解体したいま、資本主義の危機から「一国社会主義」に昇華していく全般的危機論の限界は明らかとなり、南は本論文でこの枠組みから抜け出すことを試みている。

それが、第2の自己批判である現存社会主義の分析の欠如である。南はこの点について、「戦後の資本主義を終始冷戦の観点からとらえながらも（冷戦帝国主義の提示)、こと社会主義については同様の観点（冷戦社会主義）の必要の提唱だけに終わっていた……筆者の怠慢……もはや許されない[*8]」として、全般的危機論の枠組みの中で分析してきたことが社会主義そのものの分析を手薄にしてきたと顧みている。

このような自己批判に立ったうえで、本論文では「そこで、話は、冷戦の『仕かけ人』アメリカより先に、ソ連の側からということになります[*9]」ということでソ連の分析から入ることになる。そこで、この論文の構成について、次のように説明している。

> 「まずソ連の側から改めて『冷戦の性格』を問い、次にアメリカの側でその『冷戦の構造と帰結』を探り、最後にそのアメリカを主舞台に冷戦終結とともに本格化しはじめる現下のME＝情報革命の新展開にことよせた『ポスト冷戦への展望』に及ぶ」
> 「ソ連（アンチテエゼ……）で問題をだし、それをアメリカ（テエゼ）でうけとめ、とらえかえすことによって新しい展望（ジンテエゼ）につなぐ“三題噺[*10]”」

南のこのような分析を、マルクス経済学との関係で整理するとどのような特徴が描けるのか。第1に挙げられるのは、唯物史観＝弁証法にもとづく分析視角が貫かれていることである。ここで唯物史観とは、「弁証法にもとづく唯物論的歴史観」という意味で用いるが、弁証法とは、エンゲルスが整理しているように①量から質への転化、またその逆の転化の法則、②対立物の相互浸透の法則、③否定の否定の法則の3つの法則であらわされるヘーゲル弁証法に、唯物論的視点からの歴史分析を融合させたマ

＊7　南（1995）26頁
＊8　南（1995）21頁
＊9　南（1995）21頁
＊10　いずれも南（1995）21頁

ルクス・エンゲルスによる社会分析の手法のことである。

この手法を上述の引用に照らしてみれば、「ソ連（アンチテエゼ……）で問題をだし、それをアメリカ（テエゼ）でうけとめ、とらえかえすことによって新しい展望（ジンテエゼ）につなぐ」としている箇所は、「正→反→合」（ここでは、意図的に「反→正→合」と入れ替えているが）と言われる弁証法の手法を取り入れていることがわかる。また、唯物史観の観点からは、「生成→発展→消滅」という視点が貫かれており、南はこれを「起点」「成立」「展開」「終結」などの表現を用いて分析に取り入れているのである。

さらに、対概念の編成として世界を捉える見方にも、唯物史観＝弁証法的分析が貫かれている。具体例を挙げれば、①「テエゼとしての資本主義」⇔「アンチテエゼとしての社会主義」⇔「ジンテエゼとしての社会主義（ポスト資本主義社会）」、②「一国社会主義」「冷戦社会主義」⇔「国家社会主義」「兵営社会主義」⇔「国家の止揚＝社会主義的世界共同体」、③「ソ連型＝20世紀社会主義の終幕」⇔「資本主義のアメリカ的段階の終焉」[*11]、④「米の『IB＝ペンタゴンベルト』」⇔「日本の『IA＝太平洋岸臨海ベルト』」[*12]などである。

第2の特徴として挙げられるのは、再生産構造論的分析視角である。再生産構造論は、マルクス・エンゲルス『資本論』第2巻における資本の再生産表式にもとづいて山田盛太郎が日本資本主義分析に応用した手法を継承したものであるが、南の特徴は、I部門を在来重化学工業を表すIA部門と、軍事的性格を強くもつ新鋭重化学工業IB部門（具体的には、電子、通信機器、航空＝宇宙、兵器、研究開発（原子力）部門を取り上げている[*13]）に再分割したところに独自性がある。南がIB部門を抽出したのは、科学革命の結果が生産＝技術史上の新段階を体現していると捉えたからであるが、より根源的な理由としては、このような生産＝技術史上の新段階が一般的な資本主義的競争によってもたらされたのではなく、「冷戦」の産物として生み出されたものだからである。すなわち、南は、新鋭重化学工業が「冷戦」のもとでの競争の中で生み出され、「科学革命」と結びつくことで資本主義の成長の限界を突破する役割を果たしていることを明らかにするためである。「冷戦」に規定された新鋭重化学工業が、軍事的性格を持ち、これが資本主義世界の再編の原動力ともなっていることを明らかにするためには、I部門から新鋭重化学工業を分離抽出することが不可欠だったのである。このような分析は、南ならではのものであるとともに、本質を鋭く描き出してい

＊11　南（1995）25頁
＊12　南（1995）28頁
＊13　南（1970）12～17頁を参照

る点で継承しなければならない視角と言えよう。

第3の特徴は、生産力基盤の重視である。南の分析で常に意識されているのは、生産力基盤と生産関係との関係性である。この意味では、マルクス経済学における手法に忠実であると言えるが、南のそれは単なる機械的な適用としてではなく、生産力と生産関係の関連について政治的・経済的・軍事的側面から具体的に分析することで現実を深く分析することに成功している。

この点について南が注目するのは、80年代までは前述の通り「科学革命」を背景として成立するIB部門であったが、「冷戦」解体後においては「ME＝情報革命」である。南はそれを、「『ポスト冷戦』下の自然と人間の営みを普遍的かつグローバルにとらえ、その営みを人間個々人の労働と生活の深みから根底的に変えてゆく現代の『造物主』として立ち現れるに至った」と捉え[*14]、コンピュータシステムのパーソナル化とネットワーク化の展開が「自律的＝分散的新種の電子情報空間＝世界共同体機構」[*15]を創出し、労働者＝作業者各人の結合や社会の編成原理に影響を与えることで新しい労働＝生産様式と生産関係をもたらすものと捉えている。換言すれば、「生産と労働の社会化」が新しい段階で進むということであるが、このことは、資本から見れば私的所有の枠組みとは相容れない「絶対的矛盾」を新たに生み出すことになり、資本による「知的所有権」の主張と社会的所有との対立が表面化することを意味する。以上が南による「ME＝情報革命」の位置づけである。

南は、以上に整理した分析視角から資本主義世界の再編を分析し、第2次世界大戦後の「冷戦」体制下の資本主義の性格を「冷戦帝国主義」と規定し、その歴史的基盤を「資本主義のアメリカ的段階」と位置づけた。「資本主義のアメリカ的段階」とは、資本主義の発展の「旧世界」欧州的段階から「新世界」アメリカ的＝大陸国家的段階の成立を指すが[*16]、「冷戦」体制の解体は「資本主義のアメリカ的段階の『終焉』」をもたらすことになる。ただし、ここで、カッコ付きで終焉が語られている意味は二重である。すなわち、資本主義のこれまでの歴史における「最高で、おそらくは最後の『定型』（冷戦帝国主義の世界大の構成）の解体、それを支えてきた基盤＝基柱の壊頽にかかわる」[*17]という点では終焉であるが、軍需産業として生成したIB部門が「ME＝情報革命」の中で民需によるME産業に転化する動きがまだどのように総括される

＊14　南（1995）35頁。南は、同じ箇所で「情報化」の社会科学的意味について、A.スミスにおける「分業」、マルクスにおける「機械」に似たものがあると述べている。

＊15　南（1995）34頁

＊16　南（1970）7頁および同（1995）23頁

＊17　南（1995）27頁

のか流動的であるという点では、終焉と言うにはまだ早いからであった。

南がこのように留保せざるを得なかったのは、1990年代半ばの時点では、変動が始まったばかりで留保せざるを得ない条件が数多く残されていたからであろう。南はこれを「一方でのME＝情報革命と他方での世界市場革命というこの2層の地殻変動が歴史＝相関的に本格化し始めた[*18]」と指摘しているが、この地殻変動の意味を見究めるにはまだこの時点では早すぎたのはやむを得ない。

このように、「冷戦」解体にともなうソ連・冷戦社会主義体制の解体とアメリカ＝冷戦帝国主義を鋭く描き出した南であったが、1990年代半ばまでの分析では、中国については「『社会主義的市場経済』の名におけるNIEs軌道への転轍[*19]」との指摘にとどまり、本格的にはまだ視野に入ってきていない。しかし、2000年以降の中国の急速な経済発展は、2010年にはついに日本を追い越し世界第2位のGDPに到達するまでになっている。もはや中国の本格的分析なくして21世紀資本主義世界の再編を語ることはできない。南は、資本主義のアメリカ的段階の「終焉」とカッコ付きで指摘するにとどまったが、それと中国の成長がどのように関連することになるのか。この点が次節の課題となる。

3. 中国資本主義を基軸に据えた世界資本主義分析
――― 五味久壽による分析

マルクス経済学の研究者は、伝統的に資本主義の分析は行っても「社会主義」の分析はあまり行ってこなかった。前節で見た通り、南もソ連の分析を怠ってきたと自己批判しているように、「社会主義」を資本主義が止揚されたあとの到達点として位置づける伝統的マルクス主義において、既存の社会主義の正面からの分析がなされなかったことは怠慢のそしりを免れない。このため、中国に関する本格的分析は、マルクス経済学においてもほとんど加えられることがなかった[*20]。この状況は、今日におい

＊18　南（1995）32頁

＊19　南（1995）33頁

＊20　1980年代前半から2000年代にかけて刊行された富塚・服部・本間編集代表『資本論体系』（有斐閣）シリーズでも、最終刊である第10巻のタイトルは「現代資本主義」であり、社会主義についてはわずかにソ連が取り上げられているに過ぎないことからも、中国がいかに脇役として顧みられてこなかったかがわかる。わずかに、涌井秀行（1997）、同（2005）、大西広（2014）などがあるが、いずれも部分的分析にとどまる。

ても変わらず、社会主義・中国ばかりでなく世界第2位の経済大国となった現代中国の分析ですら手薄になっていることは否定できない事実である。

このようななか、現代中国の経済システムを資本主義と捉え、中国資本主義を中心に据えて「世界資本主義」の分析を行ってきたのが五味久壽である[*21]。五味が中国に注目するのは1980年代後半からであるが、当時より「世界市場システムの中心に位置することになる」と直感していたという[*22]。1980年代後半と言えば、日本のGDPが1兆4,000億ドル（1985年）で中国はわずか3,100億ドルに過ぎなかった時代であり、この頃から中国経済に注目していたことは五味の先見性を示している。

そこでまず、五味が中国についてどのように捉えているのか、それが集約された文章から確認してみよう。

> 「中国巨大資本主義が、われわれの眼前に登場しつつある。その担い手である中国産業は、世界市場的存在の量的・質的高度化を加速しながら実現し、20世紀1990年代から始まった世界的変化の中心に位置している。中国巨大資本主義は、多層的多次元的な産業構造を備え、これまでの重化学工業の資本主義とも自動車産業を基軸とする資本主義とも異なる生産力の質を持つ。したがって、それは、ヨーロッパの旧資本主義やアメリカの旧資本主義とは異質な資本主義――ディジタル産業を持った新しい資本主義――であり、アメリカの『シリコンヴァレー資本主義』――アメリカ型新資本主義――と連携しつつ、21世紀の新資本主義の時代を切り拓こうとしている[*23]。」

ここでのポイントは、①中国を資本主義と捉えていること、②その資本主義・中国が1990年代以降における世界的変化の中心に位置するとしていること、③中国資本主義の産業構造を「多層的多次元的」と捉え、④「ディジタル産業」を基軸としたアメリカ型資本主義と連携しながら21世紀の新資本主義の時代を切り拓くと捉えてい

＊21　五味の世界資本主義論は、岩田弘から継承したものであることから、五味の論述では「世界資本主義」という使われ方が一般になされている。しかし、前節で見た南は、世界の資本主義を表現する際、「資本主義世界」と言っており、筆者も南の言い方に賛成である。資本主義と言えども、各国により様々な型があると見るべきであり、世界資本主義と一括りにしてしまうことで特殊な部分を見落としてしまうことになると考えるからである。したがって、本節では基本的に「資本主義世界」の表現を用いるが、五味や岩田に関する論述を行う場合に限り「世界資本主義」を用いる。

＊22　五味（2005）301頁

＊23　五味（2005）3頁

ることである。

①については、1978年「改革開放」政策以来、市場経済化を進めていることから「資本主義化」と言えなくもないが、共産党支配による政治体制や公的所有を基本とする土地所有構造などから資本主義とは言い切れないとする見解が一般的であったと言える。こうしたなか、五味は1999年の著書においてすでに「中国・アジア資本主義」という表現を用いており、かなり思い切った提起と言える。しかし、2016年現在で見れば、例えば涌井は2005年の著書で「中国に資本主義は復活した[*24]」と述べ、大西は中国について「社会主義をめざす資本主義」と捉えるなど、中国が資本主義であると捉えることに対する異論は、中国の実態を知れば知るほど薄れてきていると言えよう。しかし、②および③の見解については、すでに指摘した通り、2016年現在においてもマルクス経済学の視角からの分析は手薄であり、今後の研究を待たなければならない。

ところが、④については、南の見解と共通するところが多く、注目に値する。五味が中国経済の研究に取り組み始めた1980年代後半の時期には、南は「冷戦」体制解体と世界再編についてアメリカを中心とした資本主義世界の分析を行っていた。学問的風土においても、一方は宇野派の岩田弘の影響を、他方は講座派の顔とも言える山田盛太郎の影響を受けた研究者であり大きく異なる。にもかかわらず、両者の論理展開を見ていくと、方法論的にも分析結果においても共通点が多いことに気付く。このことは、マルクス経済学による現実社会の分析においては、「学派」はもはやほとんど意味をなさなくなったのであり、目の前の現実を歴史的＝具体的に分析することこそが重要であることを示している。

そこで以下では、南と五味の見解を比較し、その異同を検証しながら、五味の中国分析の意義について明らかにする。

まず、共通点として挙げられるのは、マルクスに対する立ち位置であろう。五味は、マルクス経済学の問題点を次のように指摘する。

> 「マルクス経済学の歴史的祖先はイギリスの古典経済学であり、その内部から発展したものである。それゆえ、マルクス経済学は……ヨーロッパの発想法を教科書的に受け止めて受け売りしてその自己流の解釈を行うだけの学者が多いという困った欠陥があり、しかもそのことが欠陥として反省し自覚されていない[*25]。」

＊24　涌井（2005）239頁

＊25　五味（2005）35頁。傍点は引用者。

南はこのように直截的には述べていないが、方法論を見る限り、南においてはマルクス・エンゲルス、レーニンの枠組みに忠実でありながらもそのまま機械的に適用することはなく、現状分析において応用的に用いることで現実を歴史的＝具体的に捉えることに努めており、この点で五味の立ち位置と共通していると言えよう。

第2に、唯物史観にもとづく方法論である。五味は、伊藤誠の方法論を批判する中で「官庁的マクロ経済学的分析方法」を批判している。その要点は、「統計の基礎的性格は、歴史的史実を一定の時点でいわば平面図的に切り取って、数量関係に還元したもの」であり「そのため、歴史的現実の因果関係全体——重層構造をなしている——を解明できない[*26]」ということである。これを換言すれば、統計的手法だけを頼りにした分析では、弁証法にもとづく唯物史観のような個別の歴史性にもとづいた具体的分析が不可能なことを指摘しているのである。南の方法も、基本的にこのような視角から行われている。

第3に、資本主義を旧世界と新世界に分けて捉える視点である。五味によるヨーロッパの位置づけは、「アメリカ資本主義よりも一つ古いヨーロッパ資本主義」というものであり、アメリカ資本主義との異質性を捉えている[*27]。これは、南におけるヨーロッパ＝旧世界、アメリカ＝新世界との位置づけに共通するものであるが、いずれも、第2次世界大戦後の資本主義世界がアメリカ資本主義を中心に構成されていくことを念頭に置いた捉え方と言える。

この点に関わって第4に指摘できるのは、「新世界」に成立する産業構造の特徴の捉え方である。五味は、アメリカ資本主義における産業構造を「IT産業に代表される新産業と自動車産業に代表される旧産業の二重性[*28]」と把握しており、これは南のいうところのIA、IBに相当する。さらに、五味は、このような二重性のうち「新産業」が「アメリカ新資本主義」に転化すると捉えており、これは南が、IB産業について「軍事産業としての生成から民需によるME産業へ、さらにME＝情報化へ[*29]」と展開しつつあると指摘したことに共通する。南がこれを「資本主義のアメリカ的段階の『終焉』」とカッコ付きで捉えたことは前節でみたが、まさにこれは、五味がアメリカ資本主義の内部構成のうち新産業が旧産業を凌駕していくと捉えたことに共通している。ただし、五味の場合、この動きが中国資本主義における産業展開と連携を強

＊26　五味（2005）65頁

＊27　五味（2005）35頁

＊28　五味（2005）34～35頁。傍点は引用者。

＊29　南（1995）27頁

めながら「21世紀の新資本主義」が誕生しようとしていると捉えており、これは1995年時点の南にはみられない視点である[*30]。

第5に、新生産力基盤である情報通信技術の重視である。南にあっては「ME＝情報革命」であり、五味は「IT革命」と言い、表現こそ違うが両者が見ているものは驚くほど似ている。前節で見た通り、南は、「ME＝情報革命」について「自律的＝分散的新種の電子情報空間＝世界共同体機構」を創出し、労働者＝作業者各人の結合や社会の編成原理に影響を与えることで新しい労働＝生産様式と生産関係がもたらされるものと捉えている。五味の場合、「1980年代のFA・OAによるME革命の単純延長線上に今日のIT革命・情報革命を置くことになるという意味では、学問的には完全落第点[*31]」としたうえで、1990年代初めにおける「分散・並列・ネットワーク型のシステム」の出現をもってIT革命と位置づけ、これがアジアにおける産業構造の根本的転換＝新産業革命をもたらすものとして捉えている。南は、産業構造の転換まではまだ具体的には指摘していないが、「ME＝情報革命」として「ME化」と「情報化」の二面的に捉えているのは、五味と同様に、ME化とは質を異にする情報化の意義を見出したからである。

さらに、五味においては、パソコンによる分散・並列・ネットワークシステムが、協業と分業にもとづく従来の労働を「リアルタイムで自立的に情報処理を行いながら互いに話し合って進め、それを通して多層的多次元的なネットワーク」にもとづく労働に変化させる可能性や、IT産業がバイオテクノロジーや金融部門とのつながりを強めつつあることを指摘している[*32]。これは南が「生産と労働の社会化の新しい段階[*33]」と指摘していたことと共通する。いずれにせよ、両者の指摘は、人工知能（AI）やIoT、フィンテックなどの技術が急速に発展・普及しつつある今日の状況を分析・考察するうえで重要な指摘である。

以上の通り、「学派」が異なる両者であるが、1990年代以降における分析結果においては意外なほど一致点の多いことがわかる。それでは、相違点はどこにあるのか。それは、資本主義世界の編成を分析するうえで、上部構造のどこに力点を置くかの違いである。南の場合、戦後段階においては「冷戦」体制を基軸に据え、これとの関連

＊30　南は、「資本主義のアメリカ的段階」が単純に終焉を迎えると考えていたわけではなかったことは、前節で指摘した通りである。したがって、2000年以降において南が発言するとすれば、違ったものになったと思われる。

＊31　五味（2005）61頁

＊32　五味（2005）120頁

＊33　南（1995）36頁

で生産力基盤や資本主義的蓄積メカニズムのあり方を分析していた。これに対し、五味の場合、国際金融通貨体制および世界市場との関連を基軸に据えたうえで、生産力基盤や資本主義世界の再編が分析されていく。この結果、南の分析は政治的・経済的・軍事的にアメリカ資本主義が描き出され、五味のそれは金融市場および世界市場の視角から中国資本主義の展開を柔軟に描き出すことになった。前述の通り、南も「ME＝情報革命」と「世界市場革命」の2層の地殻変動が本格化すると捉えていたことからすれば、両者の見解は相互補完的に捉えることで内容がより豊富化されるものと言えよう。

以上、両者の方法・分析結果に共通点が多いことが明らかとなったが、今後のマルクス経済学の課題に関わって、両者では明示的に展開されていない視点について指摘しておきたい。それは、土地所有の問題である。マルクス経済学の体系では、資本・労働・土地所有という3つの範疇で捉えるが、南、五味の分析は主として資本と労働を中心としたものとなっている。しかし、土地所有は、資本蓄積メカニズムの性格を規定するばかりでなく、農業の生産様式、都市・農村における土地利用や開発などのあり方を規定し、ひいては自然環境問題とも関係する。中国では、経済発展の代償として大気汚染や水質汚染、食品の安全性などの問題が深刻化しており、経済発展と環境保全との両立が求められている。これからの経済学においては、高度経済成長を実現した資本主義の先にどのような展望を示すことができるのかが問われている。この場合、人間の生活に密接に関わる土地所有問題を含めた分析が不可欠なのである。

4. 資本主義世界再編の展望

以上、検討してきたことをまとめると、次の通りである。第1に、マルクス経済学が現代の主流派経済学になり得ていないのは、ミクロ経済学、マクロ経済学が取り入れてきた手法から取り残されてきたことが大きい。この意味で、マルクス経済学もあらためて主流派経済学の内部にまで入り込んだうえで、改めて内在的批判に基づいたマルクス経済学の再構築をする必要がある。これは、マルクスが当時の主流派経済学であった古典派経済学を深く検討することで『資本論』に到達したのと同じ手法である。

第2に、とはいえ、これまでのマルクス経済学の貢献も決して小さなものではなかった。とりわけ、資本主義世界の変動を構造的かつダイナミックに捉えたうえで展望を示す視角は、マルクス経済学ならではのものだったと言える。この点の醍醐味が失せてきていることが、近年のマルクス経済学の停滞の一因でもある。

第3に、こういったなかでもマルクス経済学の醍醐味を伝える研究成果も見られている。冷戦体制解体と資本主義世界の再編を検討し「資本主義のアメリカ的段階の『終焉』」を提起した南の分析や、世界資本主義論の視角から中国の変動を中国巨大資本主義の登場として捉えた五味の分析などである。このようなダイナミズムは、主流派経済学では示せない境地である。

第4に、南や五味のような分析ができるのは、マルクス、エンゲルス、レーニンの分析において通底していた手法、とりわけ弁証法＝唯物史観に基づく分析によるものである。両者に共通していたのは、生産力基盤の変化を的確に捉える視角である。

以上の結果を踏まえ、今日の状況を振り返るとどのようなことが言えるか。2008年のリーマンショック以降、世界の構造は大きく変化しつつあるが、2016年に入り、イギリスのEU離脱、フランス・ドイツにおけるテロ事件、アメリカ大統領選におけるトランプ候補の勝利など、再び資本主義世界の再編が始まった。それは、生産力基盤においては、南や五味が分析した「ME＝情報革命」ないし「IT革命」の延長線上にあるものであるが、南が「ME＝情報革命」が持つネットワーク化の意味について論じたのは、携帯電話の人口普及率がわずか8.2%に過ぎなかった1995年時点（学会報告は1994年）であった[*34]。その後、携帯電話の普及率は2015年末には123%に達し、同時にスマートフォンが9.7%（2010年）から64.2%（2014年）へとわずか4年間で55%増加し、携帯電話からの移行が急速に進んでいる[*35]。

多機能を備えたタブレット型端末であるスマートフォンは、携帯電話にミニパソコンとしての機能が加わっていることから、情報通信技術の利用の仕方を大きく変えつつある。まず、手元でのインターネットへの接続が可能になったことで、世界中の情報が簡単に入手できる状況が作り出された。第2に、情報を得るばかりでなく、Twitter（ツイッター）やYouTubeを通じて自ら情報発信することも可能にしている。第3に、LINE（ライン）を通じた交信は、画面上での「会話」を可能にしコミュニケーションのあり方を変えつつある。一見すると静かに自分だけの世界に入り込んでいるかのように見えても、離れた場所にいる誰かと文字を介しての「会話」を楽しんでいたり、同じ場所（例えば、授業中の教室など）に居たとしても画面を通しての

＊34　数字は、総務省「情報通信統計」

＊35　数字は、携帯電話が総務省「情報通信データベース」、スマートフォンは同「情報通信白書」H27年版。なお、スマートフォンは世帯保有率なので携帯電話の保有率とは直接比較できない。

「会話」を楽しむことを可能にしている。[*36]画面を見つめるばかりで他人とのコミュニケーションが取れなくなっているかのように見えながら、実は形を変えてコミュニケーションは成立しているのである。しかも、それが同じ場所に居なくとも、複数が、しかも顔を合わせたことがないもの同士でも同時に会話することが可能になっている。まさに、ネットワーク化がもたらす新たなコミュニケーションのあり方と言えよう。

さらに、人工知能（AI）の急速な発展[*37]、「IoT」などインターネットを通じてあらゆるモノが結び付く時代が現実のものとなっている。これを「第四次産業革命」とする見方もある。クラウス・シュワブは、「第四次産業革命」をこれまでの産業革命と根本的に異なるとしたうえで、その特徴を影響の及ぶ「範囲の広さ」にあると指摘し、「遺伝子配列解析からナノテクノロジー、再生可能エネルギー、量子コンピューターに至る分野で新たなブレイクスルーの波が同時に起きている。第四次産業革命がこれまでの産業革命とは根本的に異なるのは、これらのテクノロジーが融合し、物理的、デジタル、生物学的各領域で相互作業が生じたことである[*38]」と述べている。また、櫻井豊［2016］によれば、金融市場はすでに「ロボ・トレーダー」の独壇場となりつつあり、ヘッジファンド業界においても「カリスマ投資家」の時代から人工知能を使いこなすファンドが優勢になりつつあるとしている。そして、①いまやトレーディングの主力は「超高速ロボ・トレーダー」で、その競争は「数百ナノ秒」単位となっている、②この高速取引による時間差を利用した先回り取引により利益を上げている、③ヘッジファンドではIBM、グーグル、アップルなどから人工知能のトップ技術者を次々と引き抜いている、④今後、金融の仕事の多くがロボットに取って代わられる可能性が高い、⑤アメリカ、イギリスの銀行では支店を減らす方向に変化が始まったなど興味深い事実が紹介されている。[*39]

しかし、こうした新しい生産力段階のもとで、所得格差、民族間格差、国家間格差、都市と農村の格差など様々な格差が地球規模で表面化しつつある。それがEUからのイギリスの離脱やトランプ大統領の誕生という現象をもたらしたと言える。しかも、こうした現象が、未来志向として登場しているのではなく、「古き良き時代」を回顧

＊36　大学においても、講義を静かに聞く学生が増えたように見えて、実は、LINEでの「会話」を楽しんでいるだけだったという笑えない話しは、今や日常的である。

＊37　2016年3月にGoogle DeepMindが開発した「アルファ碁」が韓国のプロ棋士に4勝1敗で完勝したのはAIの発展にとって大きな画期となった。このような急速なAIの発展の背景には、ディープラーニングによる学習能力の向上があることが指摘されている。

＊38　シュワブ（2016）19頁

＊39　櫻井（2016）を参照。

する内向きの現象として現れていることに特徴がある。そのことをよく表しているのが、2016年のアメリカ大統領選挙であった。下馬評では、当選するはずのなかったトランプが当選することになった背景には、「メキシコとの国境に『万里の長城』を築く」「中国が仕事を奪っている」「自由貿易の拡大が国内の製造業を弱体化し、雇用を奪っている」などトランプ候補の他国に対する攻撃的な発言が、格差にあえぐ労働者階級に受け入れられたこと、そしてもう1つはトランプ自身が成功した実業家であることが、アメリカ資本主義の復活を願う保守層や労働者に受け入れられたからであろう。しかし、選挙戦を通じてのトランプの言動には、世界のモデルとなる新しい国家建設に向かわせることを予感させる未来志向的なものは皆無であり、そこにあるのは古き良きアメリカを取り戻す、「アメリカ・ファースト」の発想だけである。この現象が表しているのは、アメリカの行き詰まり以外の何者でもなく、トランプ候補の当選はまさに南が指摘した「資本主義のアメリカ的段階」の終焉を決定づける出来事であり、「終わりの始まり」と言えよう。

同様のことは、日本についても言える。2012年に再登板した安倍政権によるアベノミクスは、金融政策において証券市場や外為市場の活況を一時的に演出したが、その効果が一巡しても経済全体には波及せず停滞感を募らせている。こうしたなか、成長戦略として位置づけられているのが、2020年東京オリンピックであり、これにともなうリニア新幹線をはじめとする公共事業である。これも、行き詰まった日本資本主義を復活させるべく、1960年代の高度経済成長型の蓄積軌道を取り戻そうとする郷愁以外の何物でもない。しかし、新国立競技場をめぐる設計・建設費問題、会場をめぐるオリンピック招致委員会（森元首相）と小池東京都知事の対立だけでなく、南アルプスにトンネルを通したうえ、開通区間のほぼ8割がトンネルというリニア開発には当初から疑問が投げかけられている。さらには、オリンピック開催を見越して豊洲への移転が見込まれた豊洲市場も盛り土問題や地下水汚染問題などが次々と発覚し移転そのものが危ぶまれているにもかかわらず、大阪では、オリンピック後に大阪万国博覧会を招致すると発表するなど、懲りもせず高度経済成長期さながらの開発計画を打ち出している。

日本でもアメリカでも、かくも資本主義の黄金時代の蓄積様式を求めるのは、資本主義的蓄積において、従来通りの利潤率を確保することが難しくなってきたからである。そうであるがゆえに、一方ではイノベーションを求める動きが「第四次産業革命」をもたらし、他方では、トランプのような復古主義的経済政策を登場させたのである。この帰結がどのようなものになるのかは、今後の課題としたい。

以上、マルクス経済学の強みを総じて言えば、時代の変化を、部分的にではなく総体的に、表面的にではなく内在的に、一般的＝抽象的にではなく歴史的＝具体的に、経済現象だけでなく政治経済的に摑み取り、今後を見通す分析力にある。「マルクスはもはや古い」とは巷でよく聞かれる言葉である。マルクス経済学の立場に立つものでも、150年前に出版された『資本論』がそのまま通用すると考えるものはいない。しかし、古いことは「無用である」ことと同義ではない。「故きを温めて新しきを知る」との諺にあるように、新しい現象を分析し誰も気付いていない真理に到達することが可能である限り、新しい衣をまといながらも、マルクス（さらには、エンゲルス、レーニン）の残した遺産を継承・発展し続けなければならないのである。これが、現代のマルクス経済学の使命である。

[引用文献・参考文献]

＊大西広著（2012年）『マルクス経済学』、慶應大出版会

＊大西広（2014年）「中国……社会主義をめざす資本主義」長砂ほか著『ポスト資本主義を構想する』本の泉社

＊北原・鶴田・本間編（2001年）『資本論体系10　現代資本主義』有斐閣

＊クラウス・シュワブ著、世界経済フォーラム訳（2016年）『第四次産業革命』日本経済新聞出版社

＊五味久壽著（2005年）『中国巨大資本主義の登場と世界資本主義』批評社

＊五味久壽著（1999年）『グローバルキャピタリズムとアジア資本主義』、批評社

＊坂村健著（2016年）『IoTとは何か——技術革新から社会変革へ——』、角川新書

＊櫻井豊著（2016年）『人工知能が金融を支配する日』東洋経済新報社

＊古川哲・南克巳編（1975年）『帝国主義の研究』日本評論社

＊マーティン・フォード著、松本剛史訳（2015年）『ロボットの脅威』日本経済新聞出版社

＊松尾匡著（2016年）『この経済政策が民主主義を救う——安倍政権に勝てる対案——』（大月書店）

＊松尾匡・橋本貴彦著（2016年）『これからのマルクス経済学入門』筑摩書房

＊南克巳（1969年）「アメリカ資本主義の戦後段階」『土地制度史學』土地制度史学会、第45号

＊南克巳（1970年）「アメリカ資本主義の歴史的段階」『土地制度史學』土地制度史学会、第47号

＊南克巳（1987年）「解説」山田盛太郎著『日本資本主義分析』岩波書店

＊南克巳（1995年）「冷戦体制解体とME＝情報革命」『土地制度史學』土地制度史学会、第147号

＊涌井秀行著（1997年）『情報革命と生産のアジア化』中央経済社

＊涌井秀行著（2005年）『東アジア経済論』大月書店

新興国経済の台頭

——中国とブラジル

第4章

中国資本主義に関する論考

――――「複合型資本主義」の様相

苑 志佳

はじめに

1970年代末、改革開放政策に転換してから中国は高い経済成長率を遂げてきたが、これは社会主義を堅持したからではなく、それを放棄した結果であるといえよう。民間資本の躍進と国有・公有資本の退潮に象徴されるように、中国はすでに「もはや社会主義ではない」という段階に到達している（関（2013））。したがって、社会主義と決別した中国は現在、資本主義の道を歩んでいると言っても過言ではない。本来、資本主義は様々な「型」があり、アングロサクソン・モデルという市場原理型資本主義もあれば、福祉国家の必要性と積極的労働政策を促進する福祉国家型資本主義もある[*1]。では、中国が選んだ資本主義もしくは現在歩んでいる資本主義の道は、どのようなものであるか。本稿は次の2つの点に強い関心持ち、それを明らかにするものである。

（1）中国資本主義はどのように進化しているか。
（2）中国資本主義はどの型の資本主義になるか。

本稿は、決して中国資本主義を理論的に探究する研究ではなく、その歴史的発生・展開から現段階に進化してきた経緯を把握するうえで中国資本主義の特徴・型を明らかにするものである。後に分析するように、中国資本主義の出現は決して最近の出来事ではない。その姿が現れた時期は、19世紀末に遡る。その長い進化期間に様々な紆余曲折を経験した。かつての20数年間の社会主義計画経済時期は、その長い進化過程における一部分に過ぎない。少なくとも封建社会崩壊（20世紀初頭）以降から現

＊1　資本主義の型（類型）を強調する有名な学派の1つとして、レギュラション理論が挙げられる。

在に至るまでに100年の歳月が経った。この激動の1世紀において中国が様々な歴史的転換を経過したと同時に、世界も大きく進化してきた。これらの変化こそ現代中国資本主義を特徴付けるものである。これは本稿が重点的に解明する第1の狙いである。そして、上記のように、資本主義はその誕生時点から、資本形成の条件と環境および資本主義発生国に特有な条件、さらにその形成過程において世界から相当の影響を受けた結果、様々な型・タイプになると考えられる。中国資本主義も決して例外ではない。いうまでもなく現在の中国資本主義の型はまだ完成の段階に到達したとはいえない。現段階における中国資本主義のタイプ、もしくはこれからなりそうな型・タイプを浮き彫りにすることは本稿の第2の狙いである。

上記の研究目的を達成するために本稿は下記の構成をもって分析を進める。まず、これまで既存の「中国資本主義」に関連する先行研究をサーベイする。次に、現代中国資本主義の形成に与えた諸条件について論じる。第3節では、今日の中国資本主義を強く意識しながら、中国資本主義の特徴を試論する。最後には、筆者が提唱する中国の「複合型資本主義」の様相をまとめる。

1. 中国資本主義に関する諸説

1－1　国家資本主義（1）：孫文の「三民主義」に示された国家資本主義の理念

これまでの先行研究を吟味すると、中国資本主義を論じた研究の中では、国家資本主義の議論が多く見受けられる。これについての体系的な研究を行ったイアン・ブレマーによれば、国家資本主義とは「政府が経済に主導的な役割を果たし、主として政治上の利益を得るために市場を活用する仕組み」であると定義されている[*2]。また、国家資本主義を一般的に解釈すると、下記のように定義することができるであろう。つまり、国家資本主義は、国家が資本主義経済の展開を助成し、あるいは規制することを目的に、経済活動にさまざまな手段や方法で介入する場合に登場する経済制度の形態である。そのポイントは次のものがある。第一に、さまざまな種類の国営企業を使って国にとってきわめて貴重だと判断した資源の利用を管理したり、高水準の雇用

＊2　イアン・ブレマー（2011）『自由市場の終焉――国家資本主義とどう闘うか』（有賀裕子訳）日本経済新聞社

を維持・創造したりすることであり、第二に、えり抜きの民間企業を活用して特定の経済セクターを支配すること、第三に、政府系ファンドを用いて余剰資金を投資にまわして国家財政を最大限に潤そうとすること、である。また、これら3つのすべての場合において国家は市場をとおして富を創造し、ふさわしいと考える用途にその富を振り向ける国家官僚が、市場を活用するのである。さらに、国家官僚が市場を活用する動機は、経済を最大限に成長させることよりも、国力ひいては体制の権力を保ち、国家指導層が生き残る可能性を最大化することを目指すことである。これも資本主義の一形態ではあるが、国家官僚が経済主体として支配的な役割を果たし、政治面の利益を獲得するために市場を活用するのである。

中国での国家資本主義といえば、辛亥革命を起こして封建社会にピリオドを打った孫文を抜きにして語れないであろう。欧米や日本における資本主義の現実を遍歴した孫文が、清王朝を打倒し、欧米日に定着した近代資本主義社会を中国に樹立させようと決心した時期は19世紀末ごろであった。とりわけ明治維持によって成功した日本の政治・社会・経済の近代化は孫文思想に莫大なインパクトを与えたに違いない。孫文の考え方を凝集する思想として、「三民主義」が挙げられる。紙幅の制約から「三民主義」そのものを述べる余裕はないが、ここで「三民主義」が示した孫文の国家資本主義の構想を回顧しよう。

周知のように、「三民主義」の2番目の「民権主義」は、1番目の「民族主義」（列強の駆除、中華の回復、民国の樹立）を具現する近代国家の作り方を規定するものであるといえる。それは、個人の基本的人権よりも、国家を創り上げる国民の権利としての「民権」ととらえられる。孫文によれば、近代社会もしくは資本主義を中国に樹立する阻害要因——数千年の封建社会の遺産、遅れた近代化基盤、膨大な人口、広大な国土、ばらばらの社会階層、教育レベルの低い国民など——は無数にある。このため、孫文は欧米もしくは日本のような民主主義的な議会民主政治の樹立が可能であるとは考えていなかった。その代わりの孫文の中国資本主義の実行方法は、「三序」と呼ばれる段階論である。つまり、憲法に基づく民選政府と民選議会を有する民主体制は、君主制度が廃絶されるとすぐに実現されるのではなく、第1段階としての「軍法の治」（軍政）、第2段階としての「約法の治」（訓政）という2つの段階を経て「憲法の治」（憲政）へ至ると考えた[*3]。憲政の段階になると、欧米や日本のように憲法に基づく民選政府と民選議会を有する民主体制が現れるが、それまでの2つの段階は、強権政治もしくは独裁政権の色彩が強い体制である。

＊3　これについて横山宏章（1997）『中華民国』中公新書、9頁の記述を参照されたい。

そして、「三民主義」の3番目の「民生主義」は、孫文の社会・経済思想を示す理念である。孫文の定義によれば、民生主義とは「人民の生活、社会の生存、国民の生計、大衆の生命である」といえる。さらに彼は「民生主義とは社会主義にほかならず、また共産主義とも名づけられる。すなわち大同主義である」。民生主義を実現するためには、まず、地主制を打破し、「地権の平均」を樹立しなければならない。これが有名な「耕者有其田」の主張である。同時に孫文は、「資本の節制」を講ずる必要があると主張した。すなわち、外国は富強で、生産過剰であるのに対して、中国は貧困で生産不足であるから、私人の資本節制とともに、「国家資本の伸長をはからねばならない」。一言でいえば、民生問題を解決すべき国家産業の発達について考えるべきことは、大工場をまず国有とすることである[*4]。言い換えれば、民生主義は経済的な不平等を改善し国家主導によって近代化と社会福祉を充実させることを意味しており、地権平均を原則に掲げて大土地所有や私的独占資本を制限して農民への土地の再分配を行うことが強調された。この民生主義は社会主義、共産主義でもあるが、孫文は資本家と労働者の利害は調整することが可能であると述べながら、社会全体の経済的利益を調和させることを主張する。その解決のためには土地問題への取組みや国家資本による産業育成、そして人民への利益配分が必要であると論じた。

このように近代中国の建国理念から経済思想までの設計者孫文は、欧米流の資本主義市場経済体制を無修正のままで中国に移植しようとする考え方を念頭に置かなかった。そのかわりに、中国型国家資本主義体制を作ろうと考えていた。しかしながら、孫文は自ら打ち出した国家資本主義体制を実現する直前に、志半ばでこの世を去ってしまった。もし孫文が晩年まで中国政治の主導権を握っていたならば、東アジアには最大の資本主義国が現れたはずであろう。だが、孫文が残した国家資本主義の構想は彼の死後におおむねそのまま現実になってしまったといえる。「南京の10年」とよばれる1920～30年代に民国政府を中心とした国家建設や今日の台湾政治・経済の進化過程はその重要な根拠である。このような議論は本稿の検討課題からやや外れたため、これ以上は触れない。

振り返ってみると、孫文の「国家資本主義」観は、中国近代史上初めて登場した資本主義構想であり、中国の国作りの枠組みを提供した。その要点を再び整理すると、下記のようになる。(1) 欧米諸国のような民主体制をベースとする国家体制を作らず、そのかわりに国家による開発独裁体制を樹立する；(2)「主権在民」の理念は遠い将

＊4　こちらの記述は、長谷川誠一 (1966)「孫文の経済思想――東洋的と欧米的思想の融合――」『駒沢大学商経学部研究紀要』No.24の内容を引用したものである。

来の目標とする；(3) 国家が経済発展の中心に位置しこれを主導する；(4) 社会主義計画経済体制に近い公有制を中心とする生産手段所有制として樹立する。国家資本主義の基本要件―― (1) 経済への介入が一党体制の下で実施される、(2) 政府が民間部門の代役を務める、(3) 政府による民間企業への介入が社会目的ではなく経済目的、さらには政治経済上の目的のために行われる――を照合すれば、これと孫文の「国家資本主義」観がいかに接近するかは自明であろう。

1－2　国家資本主義（2）：「開発主義」＝「開発独裁」論

国家資本主義という議論は必ずしも最近のものではない。日本では「開発主義」に関する議論はかなり長い歴史がある。最初にこの概念を提起したのは村上泰亮（1992）であるが、村上の問題意識は中国ではなく、日本や戦後の東アジア経済の発展メカニズムの背後に存在した国家体制の特徴にある。つまり、戦後の東アジア経済発展を支えた開発体制は、決してピュアーな民主主義的市場経済システムではない。経済開発と工業化という至上目標を実現するために、東アジア各国・各地域は、国家主導の開発独裁システムの樹立、意思決定への国民参加の否定、そのかわりの権威主義的国家（政府）による重要な意思決定権や国民経済に大切な経済諸資源を掌握する、という体制的な特色を持つ。アジア経済研究者の末廣昭は、「開発主義」を「個人や家族あるいは地域社会ではなく、国家や民族の利害を最優先させ、国の特定の目標、具体的には工業化を通じた経済成長による国力の強化を実現するために、物的人的資源の集中的動員と管理を行う方法」と厳密に再定義している（末廣（1998））。

そして、「開発主義」に近いもう一つの概念は「開発独裁」であろう。「開発独裁」という用語は、1980年代頃から使われるようになった。この概念を綿密に説明した末廣（2000）の整理によれば、戦後の東アジア諸国・地域に普遍的に存在していたこの体制は下記の両面性を同時に持つという。一方では強い正統性を持つ開発独裁者（彼らはほとんど軍人の背景を持つ）が国家の権力を掌握して国に君臨する。この開発独裁者の強い庇護のもとで、権威主義的な政治システムが樹立され、国家の意思決定権をこのシステムに集中させる。同時に、冷戦時代の最大の敵だった共産主義の浸透を防ごうとする大義名分を理由に、(1) 危機管理体制の確立、(2) 抑圧的権力機構の構築と強化、(3) 労使関係と情報の集中管理、という独裁的体制を完成する。他方では、開発独裁者は国民に工業化の実現と国民所得の向上という目標の実現を約束する。そのために、権威主義的政府は、国民参加を排除する形で経済発展のブループリントをデザインし、これを管理する。さらに、政府は経済・経営資源の集権的管理・運営を行う。つまり、公企業や国有企業は工業化を実現する執行者となる。

上記の開発主義と開発独裁の概念を中国資本主義の説明に直接転用した先行研究が多い（毛里（2012）、田中（2013）、中兼（2012）など）。中兼（2012）は、「もし単純化して経済体制としての資本主義を「市場＋私有制」として特徴づけるなら、中国は資本主義そのものではないが、限りなく資本主義に近いし（あるいは、「中国的特色のある資本主義」）、「資本主義経済体制＋権威主義政治体制」を開発独裁体制と定義するなら、中国のいまの体制は十分開発独裁と呼ぶに値する」と結論づけている。

さらに、中兼は、中国の開発経験を語る際に必要不可欠な事象として次の5点を挙げる。(1) 人口規模の有用性。中国は人口超大国だったからこそ莫大な外貨を引き付け、それにより高成長を生み出し、持続できた。さらに、人口の多さが多くの技術者を輩出させ、成長に貢献した。(2) 郷鎮企業の発展。中国の郷鎮企業はいわば都市と農村を繋ぐ第3の部門として、時には外国部門との密接な繋がりを持つ有力なチャネルとして発展してきた。一部の郷鎮企業は都市工業企業をも凌ぐ大型の資本設備を持ち、それは農村労働力の巨大な吸収先であると同時に輸出の一翼を担い、国民経済発展の重要動力でもあった。(3) 外資の役割。中国では外国直接投資を受け入れることで、きわめて資本・技術集約的な産業が発展した。しかも、それは労働集約的な産業を引き連れて、広範囲な産業発展を可能にした。(4) 政府の役割。政府自身が国有企業を通じて市場のプレーヤーになりうることを、非効率性の問題はさておき示した。またかつての台湾や韓国に比べて、中国における国有企業、とくに国有銀行を通じての経済支配ははるかに強く、共産党による国家及び社会に対するコントロールは比較にならないほど強力である。(5) 制度の創成・発展。中国では、市場競争に敗れた国有企業が末端の行政機関と掛け合い、こっそりと民営化を進めると、地方が妥協してそれを許容するようになり、その実績が中央にまで伝わり、中央と地方との交渉が始まって、中央がそれを許容するようになると、さらに市場競争が拡大していくという、いわば水平的な交渉（市場競争）と垂直的な交渉（行政的意思決定）が相互に共鳴し合って、民営化を推進していった[*5]。

上記の開発主義論と開発独裁論による中国資本主義への拡大説明に筆者は概ね同調する立場であるが、この議論に不可欠の段階論はきわめて重要だと筆者は考える。これまでの東アジア各国・地域の経済発展過程を振り返ると、概ね3段階が存在していることがわかる。つまり、第1段階の開発独裁体制のもとでは、国家は経済発展を最優先し「貧困からの脱出」と「経済規模の拡大＝経済成長率への追求」を政策課題の

＊5　ここの中兼理論の整理は便宜上、田中（2013）63〜64頁を引用したものである。

基軸にした。つまり、この段階の最大の特徴は「効率への追求」である。

そして、第2段階に入ると、国民や社会からの公平および自由への要求が強まるなかで、国家はその政策課題を次第に経済格差の是正、環境保護、公共サービスの充実へシフトせざるを得なかった。その目標は、効率追求に「平等」を加えることになる。さらに、権威主義的開発体制そのものは、「準権威主義的開発体制」へと修正しなければならない。なぜなら、所得水準の増加と教育の普及および中産階級の形成などの要因によって開発独裁体制に対する不満は次第に高まり、高度な開発独裁体制の維持は不可能になるためである。

最終段階の第3段階では、各国の経済発展が中進国もしくは先進国水準まで上昇した結果、政治的自由と権利が政策課題において高い優先順位になる。その結果、権威主義的開発体制の維持は完全に不可能になり、その代わり政治体制は民主化へとシフトすると同時に、経済体制も市場経済の諸要素——国家の経済開発からの退出、民間資本主導、自由競争、法による市場支配——が定着して行くようになる。筆者が強調する点は、次の通りである。つまり、「国家資本主義」という政治経済形態は、あくまで後進型資本主義の進化過程における1つの通過点であり、決して到達点ではない。

1－3　国家資本主義（3）：「曖昧な資本主義」

国家資本主義の議論の文脈を継承し、中国を対象として「曖昧な資本主義」について論じている加藤弘之の研究も意味深い。ここでは、加藤の議論をコンパクトに整理した田中（2013）の論文内容を引用しよう。

加藤（2013）は、21世紀型の国家資本主義を「資本主義の一形態であり、国家（政府・党・国有企業）が強力な権限を持ち、市場を巧みに利用しながらその影響力を拡大する新興経済国の経済システム」と定義する。また彼は、中国が1993年以来公式見解としている「社会主義市場経済システム」の3本柱は、(1) 株式制度など現代的な企業制度の確立、(2) 財政・金融政策を利用した間接的なマクロ・コントロールの確立、(3) 全国統一した国内市場の形成であるが、「この3点を見るかぎり、欧米や日本の資本主義との差異を見いだすことは難しい、したがって、少なくとも、中国が目標モデルに掲げた「社会主義市場経済システム」は、資本主義の一形態と考えるのが妥当だろう」としている。加藤は中国の資本主義には4つの特徴があるとする。

(1) ルールなき激しい生存競争。様々なレベルで、自由市場資本主義を上回るような激しい市場競争が存在する。特に中国の特徴は、ルールなき（あるいはルールが曖昧な）環境の下で、異なる経済主体の間で激烈な競争が展開していることである。加藤はその典型的事例として、外資企業・大手民族系企業・模倣携帯業者が興亡を繰り返す携帯電話産業を挙げている。

(2) 国有経済のウエイトが高い混合体制。国有経済のウエイトが高い混合体制（国有と民有の併存）が存在する。ここでいう国有経済とは、国が100％所有する国有企業と、国が支配的な株式を所有する国有支配企業を合計したものである。2009年、GDPに占める国有経済の割合は38％と相当大きい。またOECDによれば、国有経済の大小だけではなく、民間経済を含めた経済全体への政府介入の度合も大きい。なお、加藤は混合体制において外資の果たした特別な役割に注目する。彼によれば、外資企業には国有企業と対抗できるだけの技術力・資金力がある。1978年に改革開放が始まってからWTO加盟を果たした2001年まで、外資企業は国内企業よりも所得税が安いなど特別の優遇措置を受けていた。こうして複数の外資企業を誘致し、これを複数の国有企業と合弁させることで、国内市場は自ずと競争的になっていったのである。加藤は「中国の混合体制が成功した理由の1つは、外資をうまく利用した点にある」としている。

(3) 競争する地方政府と官僚。中国独自の中央－地方関係のもとで、地方政府間では擬似的な市場競争に似た成長競争が観察される。地域間の競争の担い手は政府官僚であり、各レベルの地方政府や中央政府の官僚は、程度の差はあれ等しく成長志向的であり、そこでは経済成長に成功した者が昇進できるという仕組みが形成されていた。このモデルでは、経済発展が速く、市場化の進んだ地域からますます多くの人材が上級地方政府、さらには中央政府に入ることが想定されている。その結果、成長志向的な官僚が基本政策を実施するので、市場化がより一層促進されるという構図が生まれる。

(4) 利益集団化する官僚・党支配層。官僚・党支配層がある種の利益集団を形成している。地方政府官僚が地元経済の発展を追求する目的の1つは政府組織内での昇進であるが、官僚個人、あるいは利益集団化した組織の利益追求（汚職・収賄から親戚縁者への利益誘導など様々な形態を含む）も、地方政府間競争の重要な目的である。これは、腐敗・汚職の蔓延と深く結びついている。

以上を踏まえ加藤は、中国の国家（政府・党・国有企業）を、相互に競い合い、時には協力し合う組織の集合体ととらえている。そして、「さらに強調しておきたいのは、中国の国家資本主義を1つの整合的な経済システムとして捉える視点の重要性である」とする。具体的には、国有経済のウエイトの高さや政府の経済介入の強さは、社会主義モデルや東アジアの開発主義モデルと共通するし、対外開放、市場競争の激しさは、先進資本主義国の経験となんら変わるところがない。中国の経済システムに独自性があるとすれば、それは、時に矛盾するように見える個別の特徴を巧みに競合させ、大きな矛盾なしにそれを運営して高度成長を持続させている点にある、と指摘している[*6]。

上記の諸点を再び整理すると、現行の中国資本主義は下記の特徴を持つ。つまり、改革開放時期以降の経済成功を中国にもたらしたのは、経済システムに見られる次の4点である。第一の特徴は、権威主義的政府が経済運営に介入し、国有企業が主導的な役割を果たす「国家資本主義」である。第二の特徴は、外資を含む民営企業が発展を牽引する「草の根資本主義」である。第三の特徴は、地方政府間の激しい成長競争である。最後の第四の特徴は、各種の利益集団間の競争と協調である。加藤は、これら4つの特徴がいずれも中国経済に高度成長をもたらした重要な要因であり、地方政府の支援を受けながら、国有企業と民営企業はときに対立することはあっても、併存し、競争しながらともに成長していったと考えられると述べている。

しかし、このような中国の成功体験は一部の論者が賞賛するが、同時に中国は将来、「二重の罠」に直面して、この発展モデルは転換を余儀なくされていると、加藤は指摘している。第一は「中所得の罠」である。つまり、中所得国の発展レベルに到達した今日、外国技術の模倣ではない独自技術の開発、付加価値の高い製品構造への転換が進まなければ、経済は停滞に陥ってしまう。第二には「体制移行の罠」というものもある。改革の目標が曖昧なまま徹底した市場化をしなかったため、既得権を持つ利益集団が形成され、それが民営企業の健全な発展を阻害したり、腐敗の元凶となったりしている。さらに、環境問題や所得格差の拡大といった高度成長のひずみが、大衆の不満を引き起こしている。そして、いつ、どのような形で発展モデルの転換が実現されるかについては、国家指導部が「上からの改革」に乗り出すか、共産党の外側に改革勢力が結集するか、経済危機などの外部ショックが受動的な改革を引き起こすか、大きく分けると3つのシナリオが考えられると述べたうえで、これらのシナリオの実現は困難を伴い、「曖昧な制度」に特徴づけられる現行の経済システムは、なおしばらく維持される可能性が大きいと、論考を結論付けている。

加藤説は、中国資本主義研究に意味深い仮説を提供したが、本人は、中国資本主義の将来についてきわめて消極的に考えた。つまり、中国自身は、体制転換に伴う罠を乗り越えることは到底できず、最終的にその経済発展も停滞してしまうであろう、という結論が加藤の著作や論文に潜んでいる。

＊6　田中（2013）66～67頁の内容を引用したものである。

1－4 「混合所有制資本主義」説

上記の加藤の消極論と対照的な議論の1つは丸川知雄の仮説である。丸川（2015）は、「国家資本主義」を強く意識しながら、資本の形態である企業に着目し、中国の国有企業に的を絞り、それが中国経済の中でどの程度の重要性を持っているのかを検討している。改革開放期に入った中国では、国有企業改革が進められたことで、国有企業が徐々に市場から退出し、民間企業が台頭する「国退民進」（国有部門が縮小し、民間資本が拡大すること）の時代が到来したとされた。しかし、近年は国有企業が存在感を高め、民間企業が市場からの退出を余儀なくされる「国進民退」（国有部門が拡大し，民間企業が後退すること）についての議論が盛んになされるようになっている。丸川では実際に「国進民退」が生じているかどうか、また今後はどうなるかに重点を置いて実証的に検討した。

丸川（2015）は、統計データに基づいて2000年以降の国有資本のプレゼンスを検証した結果、確かに企業数、資産総額、利潤、納税額といった諸指標では国有資本のパフォーマンスは高まったが、これはあくまで表面的な現象であるとされる。しかし、国内総生産（GDP）に占める割合という点は丸川研究の関心である。彼は下記の点を発見した。「2008年頃まで国有企業は整理される方向にあったが、2009年以後、企業数や資産額の対GDP比率が増加しており、GDPのなかで国有企業が占める比率も高まったとみられる。鉱工業の対GDP比率および鉱工業生産における国有企業の割合はこの間も下落を続けているので、「国進」は主に第3次産業で起きたと考えられる。ただ「国進」が起きたとは言っても2012年のGDPの半分近くは民間企業と家庭経営が寄与している[*7]」。

さらに、超大型国有企業の「中央管理企業」は、国家産業政策による独占的業種だけで利益を獲得したのに対して非独占の競争的な業種では余り利益が出ていない。「中央管理企業のリストのなかには国家戦略とは余り関係なく、むしろ歴史的経緯あるいは惰性によって中央管理企業にとどまっている企業もある」（同53頁）。したがって、丸川は、中国政府の超大型国有企業改革の方針にも注目している。つまり、2013年まで中国政府の目標は、「国有経済は国民経済の命脈にかかわる重要産業と重要領域で支配的地位を占める」、「国有経済がコントロールすべき産業と領域とは、主に、国家の安全に関わる産業、自然独占の産業、重要な公共財・サービスを提供する産業、

＊7　丸川（2015）51頁。

および支柱産業とハイテク産業における重要基幹企業である」と規定された。

そして、2013年11月の中国共産党第18期3中全会における「全面的改革深化に関するいくつかの重要問題に関する中央の決定」で1999年の決定の方針に大幅な改定がなされたことに注目しないわけにはいかない。この新たな決定では「国有資本の投資と運営は国家の戦略的目標に沿い、より多くを国家の安全と国民経済の命脈にかかわる重要産業と重要領域に投じ、重点的に公共サービスを提供し、先見性のある重要な戦略的産業を発展させ、生態環境を保護し、科学技術に進歩を支援し、国家の安全を保障する」と規定されている。丸川は下記の変化に注目した。つまり、「重要なことは国有経済の『支配』や『コントロール』といった表現がどこにも見当たらなくなり、代わりに国有資本をこれらの分野に『投資する』としか規定されていないことである。2013年の決定に従えば、国有企業は依然として『国家の安全と国民経済の命脈にかかわる重要産業』に従事するが、そうした分野はもはや国有企業の独占物ではなく、民間企業なども国有企業と並んで参入してよいし、民間企業がそうした分野で優位に立つことさえ否定されていない」(同54頁)。このように大型国有資本は実質的なパフォーマンスが止まっている一方、民間資本の躍進にはもっと注目すべきだと指摘されている。とりわけ、国有資本の弱い産業分野における民間資本の躍進は今後、国有資本が自分で行ったことによって競争力が低下する意味があるとされる。

丸川（2015）は、下記のように結論付けた。「国家資本主義という言葉は1999年から2013年まで中国の党・政府が目指していた体制を表現していると考えられるが、筆者は党・政府のビジョンによって中国の体制を規定するのでは不十分であり、そのビジョンの外における民間セクターの発展も同じぐらい注目に値するものだと考えている。いずれにせよ2013年11月をもって中国の党・政府は国家資本主義と呼びうる体制を目指すことをやめ、民間資本の役割がもっと強い別の体制を作るために動き始めている。従って、国家資本主義論は中国の国有企業改革の進展とともに今後次第に陳腐化するであろう」(同56頁)。では、民間資本の役割がもっと強い別の体制といえば、それは、混合所有制資本主義である。丸川は別の呼び方でこれを「大衆資本主義」と名付けている。

2. 現代中国資本主義の形成・進化に与えた諸背景

以上、中国資本主義に関する先行研究の中から一部をサーベイしたが、「中国資本主義」という用語そのものに対しては懐疑的な見方があるかもしれない。つまり、「中国は社会主義国ではないか」という認識は、まだ一般的に存在しているからである。既述したように、中国資本主義の幕を開けた孫文以降の中国は100年の近現代の道を歩んできた。この100年間だけをみても、いわゆる社会主義時代はその五分の一に当たる20年間（1950年代半ば～1970年代半ば）しかない。広く知られているように、この20年間の社会主義の形成は戦後の冷戦体制に強いられた側面が強い。すでに、この点が多くの先行研究に明らかにされている（山本（1997）、苑（2003）、丸川（2013））。大雑把にいえば、過去の100年は中国資本主義の形成、変遷、進化の100年だといってよい。したがって、改革開放期以降の約40年間は、「現代中国資本主義」が形成・進化した時期でもある。本節では、現代中国資本主義の形成・進化に与えた諸背景について整理する。

2－1　世界政治・経済システムの変化

過去半世紀における現代中国資本主義の形成・進化の諸背景のなかでも、世界の政治・経済システムの変化はきわめて重要なものである。

現代中国資本主義の形成・進化に大きなインパクトを与えた第一の世界政治背景は、1990年代までに長く存在していた冷戦体制の終結である。1978年の改革開放期までの社会主義体制の形成・展開には外生的な力＝冷戦構造の力が大いに作用した。ところが、「中国現代資本主義」が形成・展開する過程において、冷戦体制そのものも変容し始めた。冷戦体制の周辺に位置する中国は、当然ながらこのような構造変動から強い影響を受け、社会主義体制の変容・崩壊期に入った。繰り返していえば、20年間の社会主義体制の形成と崩壊の前提条件は、冷戦体制の変容にほかならない。中国は、アメリカ主導の戦後世界政治経済秩序から排除され、その意味でネガティブな形で戦後世界秩序を構成する地位におかれていた。端的にいうなら、1950年代にアメリカと対立しなかったら、社会主義体制が生まれるはずもなかったであろう。そして、強イデオロギーの時代の1950年代に対して1990年の冷戦体制崩壊以降、世界は脱イデオロギーの時代に入った。したがって、冷戦構造の崩壊に伴って主権国家は後退している。このような世界秩序の環境変化は、社会主義体制の形成と崩壊をそれぞれ特徴付けてきた。つまり、制度形成は、時間的により短く、圧縮されたものであったのに対して、制度の崩壊は、緩やかなペースで行われてきた。言い換えれば、社会主義体制は、強制された制度形成と自然発生的な制度崩壊の特徴を持っている。

他方、20年間の社会主義体制の崩壊期にあたっては、その形成期に見られなかった世界経済に関連する要素が多数登場したことも無視できない。企業経営活動のグローバル化、GATT＝WTOの機能強化、国連による平和管理機能の強化、地域経済統合（NAFTA、EU、AECなど）などはその表れである。これらの新しい環境要因は現代中国資本主義の制度進化に重大な影響を与えるに違いない。資本の流れを例にとると、これは明白である。広く知られているように、冷戦体制崩壊の時期まで、西側先進工業国の企業を中心とする多国籍企業による対外直接投資は、必ずしも無制限で完全自由に行われたわけではなかった。イデオロギー的なライバルに当たる国・地域への直接投資が政治的な理由によって制限・統制されていたのである（旧ソ連、東欧、北朝鮮、キューバなどはこのような地域の典型）。そして冷戦崩壊以降、直接投資を阻害した上記のハードルはなくなった。同時に、多国籍企業は投資したいところへ投資できるようになったわけである。

さらに、別の背景変化も重要である。冷戦体制終結以降、国際分業はいっそう深化している。国際分業は、各国が自国の生産条件に見合った商品の生産を行うことにとどまらず、同一商品生産にあたっての工程間分業、完成品と部品間分業、ローエンドとハイエンドのセグメント間分業、開発と量産間の分業などにまで細かく及んだ。これによって世界中の資本（企業）は、商品生産の各プロセスを最適な生産場所（子会社の立地）に持ち込んで完成させる。また、地域統合の要素も現代中国資本主義の進化をプッシュしている。1990年代以降、世界範囲の地域統合が盛んに推進された。地域統合の利益を享受するために統合地域以外の国は、自国の制度改革を積極的に行うことになった。WTO加盟のために中国が市場経済に通用するルール作りや制度変更を大規模に行ったことは記憶に新しい。

また、冷戦体制の終結以降、技術の国際間移転の環境は大きく変わった。広く知られているように、1990年代まで先進国企業による技術の輸出が政治的な理由によって厳しく統制された。とりわけ、共産圏向けの重要な技術輸出には禁止されたものが多かった。ところが、冷戦体制崩壊以降になると、技術輸出は以前よりかなり自由になったため、中国は比較的容易に技術を導入することができるようになった。これは、先進国と中国の間に存在していた技術的ギャップを縮める効果があったと考えられる。もっとも重要な意味として、世界の技術的メインストリームに溶け込むために、中国は西側工業国との一層の関係強化を迫られたことが挙げられる。

最後に、冷戦終結以降、グローバリゼーションはかつてない勢いで進展している。このように高まるグローバリゼーションは、資本の国際間移動を阻害するハードルを次々と取り除いた。同時に、多くの国は自国経済発展および工業化のために様々な優遇措置を用意し、外資を積極的に誘致している。これらの背景条件の変化は、資本のグローバル展開を強く推進すると同時に、現代中国資本主義に関わるミクロレベルの制度進化を強く促している。株式会社制度や世界に通用する会計制度や企業の社会的責任（CSR）制度などは、これを裏付けるものであろう。したがって、1990年代以降、企業レベルでは所有権と経営権の分離は「現代企業制度」の規定によって行われた。これをきっかけに企業所有制の多様化が進み始めた。個人・私営企業、株式企業および郷鎮企業の創生はそれであろう。

2－2　国内の諸条件変化

これまで中国資本主義の形成・進化に影響を与えた国内の背景も多くある。これらの背景の中で最初に挙げられる点は、高度経済成長がもたらした国民所得の飛躍的増加であろう。改革開放期のスタート時点の1978年、中国の1人当たりGDPはわずか380元（約130米ドル程度、当時の為替レートで算出）であったが、それから30年後の2007年になると、その金額は18,900元に増えて1978年の50倍である。さらに、2015年における中国の1人当たりGDPは、8,000ドル台にまで迫ってきた。このような所得水準の向上は、大衆消費時代の幕開けであった。改革開放期まで、中国の一般家庭が憧れた「三種の神器」は、自転車、ミシン、腕時計であったが、現時点では、それは、マイホーム、自動車、外貨に取って代わられた。大衆消費時代を裏付ける材料の1つである耐久消費財の家庭保有状況であるが、2009年時点では、テレビをはじめ、洗濯機、エアコン、冷蔵庫の普及率は9割を上回り（都市部）、携帯電話のそれは130％まで普及している。

次に、改革開放期における経済高度成長は中間層の形成をも促した。中間層は市民社会または民主国家の形成の中で、最も重要な役割を果たすことは疑いない。中間層とは、一定の知識、社会地位と能力、中レベルの生活水準と中レベルの財産のみならず、最も重要なのは、一定の民主素質と普遍的価値を有する階層である。一般に経済発展と民主主義には相関関係があり、中間層の増加により民主化は促されるというのが発展途上国の経験である。1人当たりGDPが2,000ドルを超えた時点からが、民主化が始まる1つの目安といわれる[*8]。これは「2,000ドルの壁」と呼ばれる現象である。

1990年代以前の中国には中間層というものがほとんど存在しなかった。年間所得が1万1500～4万3000ドルの世帯は、2000年には500万世帯だったが、現在では2億2500万世帯がこの階層に属している。この中間層を形成するのは、(1) ハイテク

＊8　中村（1993）、168～179頁を参照。

企業の起業家、(2) 外資系企業の管理職、(3) 国有金融機関の高中級管理職、(4) 専門技術者、(5) 私営企業経営者、(6) 独占産業分野の国有企業管理者、などであり、こうした中間層が現在、全人口の19%に達し、2020年には40%になると予測される。[*9] 中間層の人々は、より高度な教育を受けたことがあり、個人財産 (住宅・不動産、自動車、生命保険、株・預貯金) も抱え、個人の安定する社会生活や独自のライフスタイルを持っている。彼らは当然、自らの財産を保有する権利を法的に保護されたい。その結果、現在、私有制を認める条項が憲法に取り込まれた。過去の20年間に存在していた社会主義体制時代に比べてこれは画期的な制度変化である。

多くの人々は、中国資本主義を担うのは中間層だと考えている。中国には欧米の民主主義を担ったブルジョワ階級は存在していない。今後も、ブルジョワ階級が成長して資本主義の担い手になる可能性は低い。むしろ中間層が拡大し、彼等が自由や権利を求め始めることの方が、可能性としては強い。またそのほうが民主主義の拡大という点で好ましい影響を及ぼすであろう。よく知られるように、東アジアの権威主義開発体制の国家・地域では、経済的に豊かになると新たに産まれた中間層が政治の改革を要求してきた。例えば、韓国では、1980年代の学生運動が軍事政権の終結に貢献した。台湾では1990年代に中間層が民主主義を要求し、権威主義の政府が自由選挙を容認するに至った。しかし、中国の中間層の政治意識については二面的な性格がある。中国の中間層の大部分は資本主義に対して親和性を持つと同時に、現状に一定の満足感を持ち、保守的な安定化志向をも持っているのである。そのため、「安定が発展の大前提である」とか「民主化は時期尚早」といった政府のプロパガンダを受け入れる傾向がある。民主化を急ぐあまり、下層の急進化とそれによる混乱を恐れているというわけである。今後、中間層の拡大は現代中国資本主義の進化に無視できない影響を与えるに違いない。

今後の現代中国資本主義の進化にインパクトを与えるもう1つの新しい要素は情報技術の普及であり、とりわけ、インターネットの浸透であろう。中国互聯網絡信息中心 (CNNIC) の発表によると、2016年末現在、中国のインターネットユーザー数は7.31億人で、世界最大の規模に到達している。インターネットは新聞やテレビ・ラジオといった既存のマスメディアとは異なり、政府がそれを完全にコントロールすることができない新しい情報ツールである。一般国民の政治参加の手段がほとんどない中国において、誰もが自分の意見を公開できるインターネットは、情報の民主化をもたらしたり、政治や社会問題について公開で討論できる公共領域の役割を果たしたり、

＊9　China Daily, 2004年10月27日の記事による。

あるいは、人々のあいだのネットワーク形成を促進することなどにより中国の市民社会の発展と民主主義を促進する効果が期待されてきた。

インターネットは人々の知る権利や発言の機会の幅を大幅に広げ、本格的に普及してきた2000年代以降、経済・社会の発展とあいまって、情報環境の自由度は以前に比べて格段に高まってきている。インターネット世論は社会問題についての人々の関心を喚起し、政治権力の専横を糾弾しはじめ、一元的な政治権力を監視し批判する場としての役割を果たすようになった。中国におけるインターネットの普及は、政府の強い統制下にあった既存メディアからの限られた情報しかこれまで得られなかった市民に対して多彩な情報を供給するようになった。もっと重要なポイントもある。これまで中国政府は、世論や言論を厳しくコントロールすることによって政権を維持することに成功したが、現在、ネット上に流れる世論を無視できなくなった。この点は現代中国資本主義の今後にもきわめて重大なインパクトを与えるであろう。

今、もう1つの新しい変化は都市化である。現在、中国の人口の半分以上が都市に住んでいる。権威主義開発体制の国家にとって、人口の大半が地方に住んでいるほうが政治力をコントロールしやすいのであるが、その状況は今、変わりつつある。中国の都市化は年間約1%で進んでいるから、これから30年たてば中国は7割が都市人口となり、飛躍的な変化が起こるであろう。この変化は現代中国資本主義の進化に何をもたらすか。都市化は、単なる都市と農村の人口比率の変化ではなく、生産方式や職業構造、消費行為、生活様式、価値観の極めて大きな変化を意味する。とりわけ、人々の価値観が多様化し、これが中国を変える力になるという点に異論を挟む余地は少ないであろう。

そして、もう1つ重要な変化は、教育レベルの向上である。一般的にいえば、一党体制にとって、教育全体のレベルが全体的に低いほうが存続しやすい。しかし、中国では、そういう状態ではなくなってきている。中国では毎年700万人の大卒者が生まれている。30年たつと2億人が大卒者になる。中国政府は今ですら社会をコントロールするのに苦労しているのであるから、30年後、コントロールはまず不可能になると考えられる。全体的な趨勢として、一党支配体制は不利になってきているのである。

3. 中国資本主義の特徴
――――特殊期と進化期の対比

前節では、現代中国資本主義の形成・進化にインパクトを与える背景・条件につい

表1　過去70年における現代中国資本主義の進化と特徴

	特殊期（1949～78年）	進化期（1978～現在）
政治	開発独裁	疑似開発独裁
政府	権威主義的開発体制	準権威主義的開発体制
財政	高度な中央集権的財政	連邦制的分権化財政
金融	高度な国家独占	独占から自由化
企業	国有・公有	公有・民間・外資
土地	国有・公有	疑似私有制
労働	国家による管理	市場による配分

出所：筆者作成。

て一部を取り上げて説明した。本節では、過去70年に着目し、建国から現時点における現代中国資本主義の時期を前期の「特殊期」(1949～78年)と後期の「進化期」(1978～現在）に分けてその特徴を浮き彫りにする。本稿が前期を「特殊期」と呼ぶ理由はある。大雑把にいえば、1978年の改革開放期までの中国は強い社会主義の色彩を持ったが、これはあくまで表面的な現象であって本質ではない。封建社会崩壊以降の100年は中国資本主義が紆余曲折――国家の未統一、軍閥混戦、2回の世界大戦、日中戦争、国共内戦、冷戦など――を経験していた。いわゆる社会主義期の20年は、中国資本主義の1つの特殊的段階に過ぎない。また、それは冷戦体制が中国にもたらした体制でもあって決して中国が独自に選択したものではないと筆者が考えている。そして、後期の「進化期」は、現代中国資本主義が歩むはずの段階である。ただし、繰り返して説明したように、現代中国資本主義の進化は、完了形ではなく進行形である。このため、本節で立ち上げる「現代中国資本主義」像は、一通過点の特徴だと理解されたい。以下では、〔表1〕を参照しながら、説明しよう。

3－1　政治：開発独裁から疑似開発独裁へ

現時点の中国資本主義を規定する枠組みとしての政治体制は「開発独裁から疑似開発独裁へ」と進化しているところである。そもそも、開発独裁とはどのようなものなのか、唐（2012）は次のように説明している。「開発独裁路線とは、市場志向の経済政策と権威主義体制の結合を特徴とする。具体的には、政府は経済成長を最優先課題として掲げると同時に、求心力の維持や社会秩序の安定が欠かせないとして、権威主義体制による自由と権利の制限を正当化しようとする。開発独裁路線は明らかに自由経済と民主主義を特徴とする欧米型の近代化路線とは違うし、また、統制経済と全体主義体制を特徴とする社会主義型の近代化路線とも違う」。中国資本主義の特殊期および進化期の初期段階の政治システムは明らかに開発独裁の色彩を持っていた。それは、毛沢東と鄧小平という強いカリスマ性を持つ政治家が君臨した時期である。

そして、現時点での政治体制の最大の特徴は、カリスマ性を有しない集団指導体制である。この体制が依然として非民主的なものとして認識されているため、本稿はこれを「疑似開発独裁」を呼ぶ。特殊期の開発独裁政治に比べて現時点の疑似開発独裁には、重要な変化がいくつかある。1つめは、開発独裁政治の核心である「独裁者」が存在しないことである。2つめは、国家レベルの重要な意思決定は、指導者集団が共同で行うことである。3つめは、指導集団人事の交替が制度化していることである。そして、特殊期の開発独裁体制と共通する点として、現行体制の強い開発志向が挙げられる。これに相応する政策執行主体である行政府も特殊期の権威主義的開発体制から現在の「準権威主義開発体制」へと変化している。これを裏付ける証拠の1つは、「5ヵ年計画」であろう。開発独裁期における中国政府（計画委員会はその象徴的存在）は、共産党指導部の決定に従い、向こう5年間の経済発展ビジョンを企画し、これを具体化させるものとして、「5ヵ年計画」の策定からこの計画の執行、監督にまできわめて強い権限を持ってこれを実施していた。したがって、企業・事業体・個人はこれに絶対に従い、いかなる違反と変更も許されなかった。つまり、政府は言葉通りの権威主義的存在であった。

進化期に入ると、中央行政府の権限は次第に弱まっていた。その背景には、民間・外資資本の躍進と国有資本の退潮や様々な商品の生産・販売の自由化・市場化などがある。また、中国政府自身は、資源の配分において市場が決定的な役目を担うようにすると約束した。とりわけ、政権党の中国共産党は現在、「市場が資源分配で『決定的な』役割を果たすよう経済改革を深める」と国民に約束した結果、経済分野における政府の権威主義的ステータスは完全に地盤沈下してしまった。かつての「5ヵ年計画」は、すでに象徴的または誘導的なものになっている。

3－2　財政：高度な中央集権体制から疑似連邦制国家へ

現代中国資本主義の特殊期における財政の特徴はそれが高度の中央集権体制下にあったことである（「中央統収・統支」制）。全ての政府収入は中央政府に帰属するものと観念され、地方政府の予算も中央が重点支出の指令とともに認可した。歳入の実際の徴収は地方政府の任務であったため、実際のカネの流れは中央・地方政府間の移転支出を挟んで決まっていた。もう1つの特徴は歳入の性格にあった。税は当時から存在したが税目は少なく、歳入の過半は国有企業の利潤又は（農産物等の）買い入れ価格と払い出し価格の価格差によって占められていた。指令経済下の固定価格、投入・産出計画により国有企業の利潤は上納により政府に吸い上げられ、当時の重工業傾斜路線に従って多くが再び重工業建設に投入された。

そして、進化期に入ると、中央集権的な計画経済体制に重要な制度変化があり、1980年代の「利改税」や「財政請負制」といった過渡的改革を経て中央政府財政と地方財政との分離――「分税制」の導入――が1994年に実現された。これまで中国の財政面においては、「中央集権→地方分権→再び中央集権」が繰り返された経緯もあったが[*10]、地方分権が制度化された時期はなかった。Qian（2000）は地方政府のガバナンスや動機付け（財政上の（増収）インセンティブ）を重視する「市場保全型の財政連邦主義」の立場から、財政請負制は地方政府に強い増収インセンティブを与えることにより、中国各地方の経済発展と改革開放の進展に大きな役割を果たしたとして、肯定的な評価を与えられた、と断言している[*11]。Qianの指摘は「分税制」を過大評価しているかもしれないが、1994年以降、過度の中央集権的財政制度を放棄したことは特筆されるべきであろう。

3－3　金融：高度な国家独占から自由化へ

現代中国資本主義の特殊期における金融システムは財政の付属物であった。計画経済であるため、近代的な中央銀行もなければ、資本主義国にみられるような金融市場や金融機関も存在しなかった。中国人民銀行は1948年に設立されたが、当初は財政の一部門であり、国家の出納機関としての役割を担うに過ぎなかった。ここでは、財政と金融は一体であるため、中国人民銀行がマネーサプライをコントロールすることは不可能であった。

そして、進化期に入って以降、1980年代半ばから財政と金融の分離がなされた。まず1984年から人民銀行は金融政策手段として預金準備率操作を導入するとともに、1985年には国全体の通貨供給をコントロールする信用創造計画の策定が財政部から分離され、国家計画委員会、財政部、中国人民銀行が共同で策定するようになった。1995年には中央銀行法や商業銀行法が制定され、(1) 金融政策運営の独立性の確保、(2) 中国人民銀行の地方支店（分行）への地方政府の支配力排除、(3) 中国人民銀行の政府財政部門からの独立性確保、などが目的とされた。もっとも、政府からの独立性という点では、人民銀行は中央政府の指導のもとに通貨政策を制定するものとされており、政府のコントロールが強く及び得る点で、社会主義体制としての特徴

＊10　石原［1990］は、中国財政面の変化に極めて詳しい。
＊11　Qian［2000］、120頁による。

が現れている。

その後、市場経済の導入により資金調達と運用は行政指令ではなく市場を通じて効率的に行われるようにする必要があった。中国人民銀行が財政部門から切り離され、また、それまでに4大銀行は人民銀行から分離され、商業銀行として歩み始めていた。しかしながら、これらの銀行の貸出の大半は国有企業向けのものであり、国有企業の多くが古い体制と過大な人員を抱えながら市場経済への転換を迎えていた。2001年に中国はWTOに加盟したが、金融の分野については5年以内に外資系金融機関との差別のない競争環境の実現が求められた。これは、中国の国内金融機関にとっては、急速に競争力を強化する必要に迫られることを意味した。

本来、資本主義体制に適合する金融システムのポイントとして、金利の自由化、金融機関の民間による運営と競争の2点が挙げられる。しかし、現代中国資本主義の進化期に入ってからこの2点はしばらく見られず、政府は、金利をコントロールし、金融業の民間への開放を認めなかった。そして、2015年に入ると、金融自由化のペースは一気に加速した。まず、中央銀行の中国人民銀行は、銀行が預金金利を決める際の上限規制を撤廃し、銀行金利の原則自由化を実施した。すでに貸出金利の下限規制は撤廃されており、制度上は銀行の裁量で金利水準を自由に決めることができるようになった。中国ではこれまで中国人民銀行が定める基準金利にもとづき、市中銀行が規制の範囲内で金利水準を決めてきた。すでに貸出金利の下限規制は2013年に撤廃されていた。残る預金金利の上限規制についてもこれまでに段階的に緩和した。金利自由化は今後、経済における市場の役割を高めるに違いない。さらに、同じ時期に中国の金融管理当局（銀監会）は、民間企業に対する銀行参入規制を撤廃すると決めた。これにより民間資本100%の新銀行を設立できるようになり、インターネット取引や個人向けローンなど柔軟な金融商品の設計が認められて、中小企業や農村部への融資拡大を促した。中国ではこれまでも銀行に民間資本が入るケースはあったが、地方の中小銀行や日本の農業協同組合に似た農村信用社が大半で、いずれも国有銀行や地元政府の資本が入っていた。経営陣の人事権も基本的に国や地方政府が管轄するなど、制約が多かった。以上の金利自由化と銀行参入規制の撤廃などの制度進化は、中国に金融の市場化と資本主義化をもたらすであろう。

3－4　企業：公有制から「鼎」構造へ

一国の体制転換を観察する最適な着眼点の1つは、企業であろう。言い換えれば、企業は、制度の移行・進化を具体化する客体であり、制度の再構築を俯瞰する縮小図でもある。周知のように、現代中国資本主義進化期以降に行われた中国の重要な制度変更は、企業を中心としたものが多かった。かつての計画経済体制下の中国企業は、国家所有の「国営企業」と「集体企業」で構成されていた。制度的特徴として、公企業（国営企業、国有企業、公社などの公有法人）がしばらく主要な経済プレーヤーとして存在することが挙げられる。

改革開放の方針が導入された1978年には、国有企業は工業分野における最大の就業者数を抱え、支配的な地位に立っていた。この時点までに「社会主義計画経済」体制期の資本支配原則――国営（有）企業および公有企業が経済社会の主導権をとる――は企業制度上にそのまま反映したことがわかる。ところが、30年後になると、国有企業を中心とする公有資本の支配状況は大きく変わった。たとえば、2008年現在の国有企業における就業者数は、30年前の3分の1までに急減し、支配的な地位を失った。全国就業者数に占める国有企業のシェアは、1978年の半分以上から2008年の1割以下になり、マイナーな存在となった。一方、現代中国資本主義の進化期に入ってから、民間・個人経営が認められ、外資導入も推奨された。これによって民営企業、外資系企業などの非公有企業が急速に台頭して、経済の活性化と工業成長の加速化をもたらした。この点は、企業制度上の「鼎（かなえ）構造」と呼ばれる。

実際、この現象は決して中国に特有なものではない。これまでに東アジアの国々と地域は、例外なく公有資本を維持し、これに外国資本と自国の地元資本（財閥、家族企業、中小企業など）をも加えることによって経済発展を図った。末廣（2000）は、この特有の企業的特徴を「鼎構造」と呼んでいる[*12]。中国は改革開放期以降、それまで長く実行していた「計画経済」体制を放棄し、市場経済体制へシフトしていたが、中国が歩んだ体制転換の道は、東欧諸国タイプの市場経済ではなく、東アジア型市場経済である。おそらく、この企業体制転換は、しばらく時間がかかるであろう。本稿の研究関心からいえば、企業構造における「鼎」構造は、中国の市場経済を象徴する資本形態として今後長く存在するであろう。

3－5　土地：国有・公有から疑似私有制へ

これまでの中国における土地問題は、中国資本主義の進化過程の中心問題である。前述したように、孫文は、三民主義を通じてその資本主義像を描き出したが、土地の処理について、常にその主張を曖昧にしていた。つまり、孫文は、平均地権、土地国

＊12　詳しくは、末廣［2000］第7章を参照されたい。

有および「耕者有其田」の三者の間で徘徊したところ、本人は土地解決の目途が立たないうちに亡くなった。その後、共産党が起こした革命運動は、農村を根拠地として展開され、政権奪取の主な支持者は農民であった。農民が革命を支持した主な理由は、共産党が打ち出した農村土地問題の徹底的解決という方針を信用したからである。この点からみれば、革命の成功と農民の支持とは不可分の関係にあり、また、この関係成立の裏には一種の契約関係の存在を見て取ることができる。したがって、社会主義の中国において土地の私有を認めたのは、中国共産党と農民の間で革命時代に締結された政治的契約によるものである。[*13]

中国建国後、共産党はその約束の通りに、封建的土地所有制を廃止し土地の農民個人所有制を確立する目的で行われた土地改革を推進するために、「土地改革法」を頒布した。「土地改革法」に依って、国営農場や大規模な水利施設等、国に指定されて国有とされた土地を除き、農村部の土地が無償で農民に配分された。もちろん、農民の土地の私的所有も認められた。ところが、冷戦期に入ると、中国政府は「社会主義改造」方針を打ち出し、土地制度の見直しも行った。1950年代後半、人民公社が全国的範囲で展開された末、土地の所有権は人民公社に属すとされた。これで、農村部土地の集団的所有制度が確立された。この制度は現在でも土地公有制の原型である。

現代中国資本主義の進化期における中国では、土地の所有権が国家所有権（全民所有権）と集団所有権（労働者集団所有権）の二種類しか認められず、いわゆる土地の公有制を実施している。現行の憲法（第10条）は、「都市部の土地は、国家所有に属する。農村及び都市郊外区域の土地は、法律により国家所有に属すると定めるものを除いて、集団所有に属する」と定めている。また、「土地管理法」（第2条）は、「中華人民共和国は土地の公有制を実施する。すなわち、全民所有制と労働者集団所有制である」と定めている。一方、土地は、国有土地及び集団所有地に分けられており、それぞれの土地は国家所有又は農民の集団所有とされているが、所有権者はその土地を自ら使用することが認められ、また法律に従って、自分以外の単位又は個人に使用させることも認められている（土地管理法第9条）。このように、土地の所有権を前提として、その土地の利用権限を法律上の権利として認めたものが土地使用権といえる。

要するに、現行の土地制度は、土地の「所有権」と「使用権」を分けている。このアイデアは、香港から借用したものである。つまり、土地の所有権という敏感なイデオロギー問題を避けるために、土地の使用権という概念が作られた。つまり、土地の私有化は、憲法第10条の土地公有制に違反しているので、憲法を改正しない限り、

＊13　符（2005）、100頁。

許されない。また、土地の公有制は「社会主義公有制のもっとも重要な基本制度」であるので、土地私有化の承認は社会主義公有制の性質を変えることになる。この問題を解決するために現れた制度が現行の所有権と使用権の分離である。具体的には、土地使用権を取得した場合、契約で定めた使用期間内において、対象土地の使用権を譲渡、相続、賃貸、あるいは抵当権の設定などの処分を行うことができる。言い換えれば、土地の使用者は、その土地の「所有権」に拘らなければ、その土地を自由に使用、処分することができる。筆者は、この現行の土地制度を「疑似私有制」と呼ぶ。

3−6 労働：政府統制から準自由市場へ

市場経済体制を実行する資本主義の先進工業国の場合、個々人の職業選択の自由が保証されると同時に、労働者団結権（労働組合）、団体交渉権（労使関係）などの権利も認められる。つまり、自由な労働市場と産業民主主義は現代資本主義成立の基本要件の1つである。[*14]

これまでの説明のように、特殊期の中国が建国後まもなく冷戦体制に編入されたため、中国は、市場経済に近い混合所有制を放棄し、公有制経済に移行した。ここでは国家がすべての生産手段を独占し、生産計画にのっとって人員を労働に配置していた。終身で雇用が保証されるかわりに労働者が自ら離職することは許されておらず、そのため労働力の需要と供給を調整する外部労働市場も存在しなかった。この時期には企業形態も国営企業・集団所有制企業・政府機関部門しかなかった。国家による「統一分配」（職場配置）と称する就業制度のもとで、高等・中等教育機関の卒業生は国家によって労働現場に配属され、企業は国から配分された労働力を受け入れていた。この「統一分配」就業制度により、労働者の自由意志に基づく労働市場は存在せず、労働者は自主的な職業の選択と、企業は主体的な労働者の採用が認められなかった。高等教育機関において実施されてきた統一分配制度は、計画経済体制の下で、国が主体となり、企業に労働力を配分し、労働力の採用及びその管理を行っていた。求職活動は本来ならば、労働者と企業が主体となるべきであるが、企業と労働者はそれぞれ主体的に採用及び職業を選択する権利を剝奪されていた。労働者の立場から見れば、職業を選択できないということは、就職後、労働者の仕事に対する意欲、すなわちモチベーションの維持・高揚を損ないかねないと考えられる（沈（2006））。

＊14 現在、米国による「市場経済国」の判断基準には、「賃金が労働者側と経営者側間の自由交渉によって決定されるか否か」という要件がある。

一方、国営企業は、様々な面――重大な過失のない限りでは解雇しないこと、労働者の賃金・福利が保証されること、生涯にわたる雇用が保証されること――で労働者を厚遇していた。そのかわりに、労働者側は、(1) 企業・企業党組織の管理・指導に従うことと、(2) 労働者が持つべき権利の放棄、などに妥協せざるを得なかった。とりわけ、後者は、労働者自らの組織団体＝労働組合を組織する権利を企業・党側に手渡した。その結果、政府は次第に労働に関するすべての事項（雇用、賃金改定、労働時間の決定、労働条件の改善など）を統制するようになった。

そして、現代中国資本主義の進化期に入ると、まず、1979年に中外合資経営企業法を制定し、中国市場への外資系企業の参入を認めた。外資との合弁企業が右肩上がりに増加し、また私営企業も増え、企業形態の多様化が進んだ。さらに、1986年には国営企業に労働契約制度を導入し、「鉄飯碗（ティエファンワン）」と呼ばれたそれまでの終身雇用ではなく、有期契約での雇い入れが行われるようになった。国営企業の改革も断行して行われたため、当初は新卒採用のみが有期雇用の対象であったが、しだいにそのほかの層にも有期雇用が適用されていった。さらに、21世紀に入ると、市場経済化が急速な経済成長を牽引したが、労働分野では不安定雇用や労使紛争の増加、さらには貧富の拡大まで、深刻な社会問題が引き起こっていくことになる。

これらの問題を解決するために、労働関連法も相次いで整備された。2001年、労働組合の設立を企業に義務づけるよう工会法を改正、2004年、悪質な労働条件の企業を処罰する労働保障観察条例を施行、2008年には、労働契約法、就業促進法、労働調停中裁法、年次有休休暇条例が相次いで施行された。なかでも重要なのは労働契約法の施行である。中国では有期雇用が浸透するに従い、雇用契約期間の過度な短縮や試用期間の濫用によって雇用が不安定化しているとの指摘が頻発していた。そこで労働契約法には、同一企業で10年以上勤務した労働者の期間の定めのない雇用への転換や、有期雇用契約の連続更新は2回までで3回目からは期間の定めのない契約への自動的な切り替えをすることが盛り込まれた。中国の労働政策においては、1986年の労働契約制度の導入によって終身雇用から有期雇用への転換がはかられたわけであるが、2008年の労働契約法の施行によって有期雇用から安定雇用へと、再び大きな転換がはかられたということができる。労働契約法はさらに2013年に派遣労働者の保護を強化するために改正された[*15]。今後、中国の労働政策については、引き続き労働者保護を強化する方向が続くと考えられる。

現段階では、中国における労働市場は、まだ完全に自由な市場になっていないが、

＊15　中村（2013）を参照せよ。

上記の労働環境の変化によって「準自由市場」の姿がすでに現れた。

4. おわりに

以上、本稿の1つめの問題関心「中国資本主義はどのように進化しているか」について比較手法（特殊期との対比）によって分析が行われたが、最後に、本稿の第2の問題関心「中国資本主義はどの型の資本主義になるか」について、まとめてみる。

筆者は、現段階における中国資本主義は、強い「複合型資本主義」もしくは「多重人格型資本主義」の様相を示していると考える。これまでの分析のように、現段階における中国資本主義は典型的な未熟の資本主義であり、強いていえば、成熟資本主義へ進化中である。そのため、中国資本主義は「多重人格」を持っているものであると筆者は強く主張する。これら多重人格はこれまで分析した内容であり、以下ではこれを再度整理しよう。

まず、中国資本主義の第1人格として、原始資本主義の姿が挙げられる。よく知られるように、資本主義的生産様式の発生期に資本と賃労働がつくりだされる歴史的過程が原始的蓄積と呼ばれる。この過程を通じて大土地所有や商人による資本蓄積と、土地から切り離された農民などの無産者階級の形成が行われる。関（2002）が指摘しているように、現在の中国では「急速に進んでいる無産階級と資産階級の両極化という現状はむしろ『原始資本主義』に近い」。具体的に、農村部では人民公社が解体されたことも加わり、従来、人民公社や国有企業といった共同体が果たしてきた生活保障機能が失われ、失業者を含む多くの労働者が自らの賃金収入のみを頼りに生計を立てなければならなくなった。しかし、その一方では、合法または非合法手段で財を成した資産階級も形成されつつある。とりわけ、沿海地域では、内陸部の出稼ぎ労働者の「搾取」の上に成り立っている工業化や、土地の実質上の私有化と集中化（土地の囲込み）がもたらしている住宅建設ブームは、まさに資本主義形成期のイギリスを思わせる風景である。[*16] 要するに、現段階における中国資本主義は、西側先進工業国が早期に経験していた原始的蓄積を現在、進行形で経験している状態にある。

中国資本主義の第2人格は、開発独裁資本主義の性格が強いことである。これまで

＊16　関（2002）では、これを社会主義の初級段階よりもむしろ、「原始資本主義」だと揶揄している。

分析したように、中国の経済発展は東アジア型開発独裁に類似すると多くの学者が指摘している。一般的に、開発独裁国家の構成要件として、(1) 開発志向、(2) 権威主義国家体制、(3) 資本主義的開発の3点が挙げられる（岩崎（2001））が、これまでの説明の通り、中国はこれらに全てあてはまる。

そして、中国資本主義の第3人格は、やはり国家資本主義である。これまでの先行研究の中では、中国の「社会主義市場経済」は「国家資本主義」であり、市場経済を前提としながらも基幹産業を中心に依然として国有企業が圧倒的な位置を占め、国家の強い経済過程への介入によって資本主義的工業化が目指されていると理解されている（高屋（2016））。渡邊（2011）が指摘しているように、「中国の市場経済化は2000年代に入って間もなく終焉し、その後はステートキャピタリズム（国家資本主義）ともいうべき経済へと変質した。以降、中国の成長牽引車は、中央政府が管轄する独占的企業群となった。資源、エネルギー、通信、鉄道、金融の5分野の特定国有企業が国務院直属の資産監督管理委員会の直轄下におかれ、「央企」と略称される。これら央企が、公共事業受注や銀行融資の豊かな恩恵に浴して高利潤を謳歌している」。

最後に、中国資本主義の第4人格は、大衆資本主義である。この意見は、中国経済における国家や国営企業の役割は認めつつ、ダイナミズムを生み出す真の主体は民間企業だと主張する。大衆がわずかな資本で次々に会社を創業し、才覚や努力で資本家にのし上がる状況を「大衆資本主義」と呼んでいる（丸川（2013））。現在、無数の中国大衆（個人、集団、村、街道、コミュニティなど）によって構成される大衆資本こそ「中国経済の最も躍動的な部分」と考えられる。

以上は、本稿が主張する中国資本主義の基本的な型であるが、繰り返すように、中国資本主義は過渡期にある状態であるため、複合型資本主義は現時点での姿である。中国資本主義は今後、どのような進路で発展していくか。また、その辿り着く目的地はどこか。これらの問題関心は、本稿の延長線上にあるものであり、引き続き研究したい。

[参考文献]

＊イアン・ブレマー（2011）『自由市場の終焉』（有賀裕子訳）日本経済新聞出版社
＊石原享一（1990）「1970年代までの中国経済管理」『現代中国論Ⅰ　毛沢東時代の中国』（毛利和子編）日本国際問題研究所

＊岩崎育夫（2001）「比較国家論」『現代からみた東アジア近現代史』東アジア地域研究会・中村哲編、青木書店

＊苑志佳（2003）「パックス・アメリカーナと「56年体制」との接点」『国民国家システムの再編』SGCIME編、御茶の水書房

＊苑志佳（2012）「体制転換期における中国企業システムの度進化——企業構造における「東アジ化」とその意味——」電子ジャーナル『宇野理論を現代にどう活かす』(Newsletter)、第2期7号（通巻第19号）(http://www.unotheory.org/files/No7/newsl)

＊苑志佳（2014）『中国企業対外直接投資のフロンテア——「後発国型多国籍企業」の対アジア進出と展開——』創成社

＊大橋英夫（2012）「中国経済をめぐる『二つの罠』——『中所得の罠』と『体制移行の罠』——」『東亜』2012年9月号、101～119頁

＊加藤弘之（2013）『「曖昧な制度」としての中国型資本主義』NTT出版

＊加藤弘之・大橋英夫・渡邉真理子（2013）『21世紀の中国経済篇国家資本主義の光と影』朝日新聞出版

＊加藤弘之・久保亨（2009）『進化する中国の資本主義』岩波書店

＊関志雄（2013）『中国二重の罠待ち受ける歴史的転機』日本経済新聞出版社

＊関志雄（2002）「「社会主義の初級段階」それとも「原始資本主義」」関志雄氏ホームページ、経済産業研究所（http://www.rieti.go.jp）

＊末廣昭（1998）「発展途上国の開発主義」東京大学社会科学研究所編『20世紀システム4開発主義』東京大学社会科学研究所1998年所収

＊末廣昭（2000）『キャッチアップ型工業化論』名古屋大学出版会

＊高屋和子（2016）「中国の「国進民退」と「国家資本主義」」『立命館経済学』第64巻第6号、立命館大学

＊田中修（2013）「世界経済危機を契機に資本主義の多様性を考える」『ファイナンス』2013年7月号「世界経済危機を契機に資本主義の多様性を考える（第41話）」

＊Qian Yingyi（2000）「中国市場経済化の制度的基礎」『転換期の東アジアと日本企業』青木昌彦・寺西重郎編著、東洋経済新報社

＊沈瑛（2006）「中国の労働市場と企業の雇用管理」『政治学研究論集』第4号、早稲田大学

＊唐亮（2012）『現代中国の政治：開発独裁のゆくえ』岩波新書

＊中兼和津次（2012）『開発経済学と現代中国』名古屋大学出版会

＊中村政則（1993）『経済発展と民主主義』岩波書店

＊中村天江（2013）「中国労働政策における2つの転換点」『Opinion Paper』リクルートワークス研究所（https://www.works-i.com）

＊長谷川誠一（1966）「孫文の経済思想——東洋的と欧米的思想の融合——」『駒沢大学商経学部研究紀要』No.24、駒沢大学

＊符衛民（2005）「中国の土地所有制度」『社会文化科学研究』第12号、千葉大学

＊山本恒人（1997）「工業化と中国社会主義の形成」『現代中国の変革』（上原一慶編）世界思想社

＊横山宏章（1997）『中華民国』中公新書

＊丸川知雄（2013）『チャイニーズ・ドリーム』筑摩書房

* 丸川知雄（2015）「国家資本主義から混合所有制経済へ向かう中国」『比較経済研究』第52巻第1号（比較制度学会）
* 三浦有史（2012）「中国「国家資本主義」のリスク——「国進民退」の再評価を通じて」『環太平洋ビジネス情報』（RIM）Vol.12 No.45。
* 三宅康之（2014）「「中国式国家資本主義」をめぐる一考察」国際学研究、3（1）: 21-29、関西学院大学
* 村上泰亮（1992）『反古典の政治経済学上・下』中央公論社
* 毛里和子（2012）『現代中国政治』（第3版）名古屋大学出版会
* 渡邊利夫（2011）「膨張する中国の国家資本主義」（http://ironna.jp/article/1102）

第5章
人民元の為替相場制度の変遷

潘 福平・林 康史

はじめに

中国経済は、“経済改革・対外開放”を契機に、また、鄧小平の“南巡講話”以降、さらに目覚ましい成長を遂げている。2015年の名目GDP（米ドル換算）は、2005年からの10年で4.8倍、1995年からの20年だと15.2倍に成長しており、2009年には日本を抜いて世界第2位の経済大国になった。現在、中国のGDPは米国の6割以上に相当し、世界経済において重要な位置を占めるようになっている。

こうした中国の急激な経済発展は、国内外からの投資と輸出を核とするものであり、このモデルの成功の背景には、外国為替制度とその運営が少なからず寄与してきたことがあると思われる。その意味で、中国の外国為替制度は、中国経済のみならず、世界経済に影響を与えてもきた。また、中国は社会主義を標榜し続けており、政治・経済の諸制度は特殊である。

本稿では、主に中華人民共和国成立以降の外国為替制度と管理制度の変遷を概観する。

1. 中国における経済・金融制度の時代区分

中華人民共和国の政治は、1949年の建国以来、1978年の経済改革・対外開放[*1]の前後で二つに大別される。また、1992年の南巡講話と1993年の市場経済体制の採用[*2]も改革開放に劣らずエポックメイキングな転換点であり、中国では、この2つの

＊1　1978年に鄧小平が主導する中国共産党第11期中央委員会第3回全体会議で正式に改革開放の総指針が決定され、それを受けて貿易システムと金融制度の改革が始まった。

＊2　1992年の南巡講話の後、1993年、正式に社会主義計画経済から社会主義市場経済に移行したと位置づけられるが、これは改革開放政策の更なる進行ともいえる。経済・金融制度も大規模な制度変更と改革が行われ、市場化、自由化が進むこととなる。

イベントを中心に諸制度の時代区分（クロノロジー）が決まる。

金融制度も3つの大きなクロノロジーに分けられる。①建国から改革開放政策が採用される前まで（モノバンク期）、②改革開放政策以後から市場経済体制採用の前まで（金融システム再生期）、③市場経済体制の採用以降（金融制度拡充期）である。[*3]

外国為替制度も、為替相場制度の変更に着目して区分すると、ほぼそれに準じたクロノロジーになる。クロノロジーの移行は一時点の場合もあれば連続して行われる場合もあり、制度変更の準備段階をいずれに含めるかは難しいところであるが、明確に外国為替の制度変更が行われた年を新しいクロノロジーの開始時期とみなした。本稿において事項の記述がクロノロジーの期間と必ずしも一致しないのはそのためである。金融制度のクロノロジーとの相違点は、建国前後からしばらく無為替に近い状態にあったこと、また、2005年に行われた元の制度改革が非常に重要であったという認識から、それぞれを別個の時期として独立させたことである。なお、外国為替制度は変更の時期が金融制度より若干遅いという傾向がある。

図表5-1　中国の外国為替制度の時代区分

1949年～1955年ごろ	混迷期
1955年ごろ～1981年	固定相場制：ドルペッグ制・通貨バスケット制
1981年～1993年	管理相場制：公定レートおよび二重為替
1994年～2005年	管理変動相場制（整備期）
2005年～	管理変動相場制（改革期）

以下、それぞれの時代区分の為替制度について述べる。

2. 外国為替相場と管理制度の変遷

2－1　第Ⅰ期：混迷期

第Ⅰ期は1949年の建国前後から1955年ごろまでである。その後に続くドルペッグ制・通貨バスケット制の時期と併せて一つのクロノロジーとすることも可能であるが、外国為替に関しては、建国後しばらくは為替制度がほとんど存在しない時期で、内戦による混乱を収拾し秩序を取り戻す過程と捉え、混迷期、あるいは、混乱の収拾期と

＊3　林［2013］

位置づけた。

中国人民銀行は、華北解放区人民政府によって設立された華北銀行を核として、北海銀行、西北農民銀行等が統合されて1948年に誕生した。人民銀行は唯一の中央銀行としての役割[*4]のみならず、唯一の銀行として預金・貸出といった商業銀行業務も行い、ほぼすべての金融業務を担った[*5]。銀行ごとに専門分野を分けずに、中国人民銀行の各部門として業務を行うというモノバンク制[*6]がとられた。

1950年、中国銀行が外国為替専門銀行として人民銀行の管理下で統一的に管理する外国為替システムが構築された。元と外貨の交換レートが定められ、外貨の流通は禁止された。

元の為替レートは、国内の経済、また他国との経済状況との比較で合理的に決定されたものではなく、政治的に経路依存で決定されてきたため、結局のところ、元は過大評価されていた。この時期の為替水準が後に影響し、長らく実態よりも元高の状態が続き、後年、為替レートを実態に近づけようとする中国政府の動きが諸外国に元安操作とみなされる素地となったと考えられる。

2－2　第Ⅱ期：固定相場制期〜ドルペッグ制・通貨バスケット制

第Ⅱ期は1955年ごろから1981年までであり、金融制度全般は第Ⅰ期に続けて、モノバンクの時代であった。

中国は中央集中の計画経済体制を実施し、外貨不足から、国は厳しい為替管理制度を実施していた。国際貿易を行う企業は必ずすべての外貨収入を国庫に納め、そしてその外貨は国が統一的に分配・管理・使用した。1955年にはデノミネーションが実施[*7]され、元は米ドルにペッグされ、1953年から1973年まで、ドル元レートは1ドル

＊4　1948年12月、中国人民銀行の設立とともに、人民元が発行された。1955年にデノミネーションと同時に第二次の新紙幣が発行されるまで、第一次の紙幣は、1元から5万元まで12の額面が発行された。なお、日本では人民元というが、元は通貨単位であり、正式な通貨名称は人民幣である。紙幣、硬貨ともに人民銀行が発行する。

＊5　1952年に、社会主義国家建設に向けて最初に国有化されたのが金融業であった。

＊6　ソビエト連邦国立銀行（中央銀行。ゴスバンク）制度に倣った“集中型”の銀行システム。ゴスバンクは、全銀行を国有化しまとめ、中央銀行としたもので、その下に労働貯金局が置かれ普通銀行の役割を担った。その他に長期金融専門、外国為替専門の銀行が作られた。

＊7　1953年の第一次五カ年計画以来、人民元の価値は安定していた。瀧沢・荒木［1979］p.173。1万元を新1元とし、1分（1元＝10角＝100分）から10元までの11の額面の紙幣に替えられた。

＝2.46元の水準に維持されていた。この時期も中国の対外貿易は少なく、為替レートはあまり重要ではなかった[*8]。

1969年には、国際的に通用する通貨名称とするため、英語の表記がJenminpiaoからRenminbi（RMB）に変更された。

1971年のいわゆるニクソンショック[*9]に続けて、1973年にオイルショックが発生した。世界的に物価が上昇し、欧米各国は変動相場制に移行し、為替レートが変動することとなった。このような国際通貨制度の変化に対応し、1974年以降は、元と他の国際通貨のレート変動による不安定性を軽減するため、欧米各国の変動相場制を参考にし、加重平均による通貨バスケット相場制に移行した[*10]。ドル元レートは1973年の1ドル＝2.46元から、1980年には1ドル＝1.50元となり、39%のドル安になった[*11]。

第Ⅱ期を1973年までのドルペッグの固定相場制、それ以降の通貨バスケット制に二分することも可能だが、この制度変更は外的要因によるものである。中国政府として固定的な相場制度の維持に努めた結果の制度移行とみなすことができる。

2－3　第Ⅲ期：管理相場制期～改革開放政策下の二重為替レート

第Ⅲ期は1981年～1993年である。金融制度全般でいえば、人民銀行の機能強化が図られ[*12]、いわゆる四大国有銀行が整備される金融システムの再生期にあたる。モノバンク制から二元的銀行システムへの変更である。対外貿易の分野においては、過去の集中管理、統一運営体制を段階的に緩和し、輸出企業は一定の外貨を自主的に扱えるようになった。1979年3月、国家外国為替管理局が設立されたが、これは中国において外国為替市場を独立した分野として管理することを意味する。1979年には、外貨留保制度[*13]が実施される。

＊8　刁［2010］pp.55～57

＊9　日本以外では使われない用語であるが、経済的にはドルの金との兌換の停止を指す。政治的にはニクソン大統領の突然の訪中をいうこともある。

＊10　周［2012］p.190

＊11　為替レートの変化率はヨーロッパ方式で計算。IMF方式だと、64%の元高となる。ついでながら、中国では日本と同じく外国為替は自国通貨建て（直接表示法）で表示される。

＊12　1983年、国務院が「中国人民銀行の専門中央銀行の機能の決定」を定め、財政資金交付から銀行融資への転換を意味する“撥改貸”政策が本格化する。つまり、人民銀行は、政府の出納窓口から金融政策を実施する中央銀行としての体制を整えていく。また、1984年には中央銀行と商業銀行が分離された。

＊13　輸出企業等は、受け取った外貨は政府に売却するが、外貨額度（一定の割合で外貨を使

第Ⅱ期までは、外貨収支の統一管理を実施しており、外国為替市場は存在していなかった。第Ⅲ期は改革開放政策が進められる過程であり、管理相場制が採用された時期である。為替制度の明確な変更時期は1981年に公定レートとは異なるレートが存在する二重為替相場制が採用されたときであり、この制度変更により、企業は自主的に外国為替を管理するよう促された。1980年12月に発表された「中華人民共和国為替管理暫定条例」では、「為替は国家が集中管理、統一運営」の方針を確立し、「すべての内外機関および個人の外貨収入は中国銀行に売らなければならない。必要な外貨は国が認めた計画もしくは規定に従って中国銀行が売る」と定められた。ただし、輸出企業が積極的に外貨獲得に向かい、有限な外貨資源を確実に経済発展に外貨を活用するため、国は集中管理、統一運営、重点保護と同時に、外貨を獲得した地方自治体や企業に一定の外貨の留保を認めた。1981年には停止されていた公示が再開され、同時に貿易決済内部レート[*14]が採用され、二つのレートが併存するようになる[*15]。外貨が余剰の企業が不足の企業に外貨額度を売却することも認められた。いわば国内の為替市場の誕生であるが、この市場は通貨が交換されるのではなく、使用する権利を融通しあうもので、厳密には外国為替市場とは異なる。

1985年12月に、深圳経済特区に外国為替調整センター[*16]を設立することが決まり、初めて外国為替調整の専門市場となった。もとは外資系企業間の過不足を調整するものだったが、1988年から各地に外国為替調整センターが設立され、中国企業も参加し、外国為替調整機能が向上した[*17]。しかし、公定レートと外国為替調整センターでの取

用する権利）を与えられた。なお、中国では法令の制定以前に実施する場合があることに留意が必要である。1979年に国務院は「対外貿易を極力発展させ、外貨収入を増加することについての若干規定」を出している。

1991年から、外貨収入の2割を中央政府に、1割を地方政府に上納し、1割を生産メーカー、6割を貿易会社の留保分とする制度が定着した。樊・岡［1998］p.56

＊14　1985年に公定レートは内部レートに一本化され、1ドル＝2.8元となった。第一回めの二重相場制の廃止である。その後、元は切り下げられていき、1993年末には、1ドル＝5.8元となった。張［2012］p.44

＊15　公定レートは1ドル＝1.5元の水準だったが、貿易決済内部レートは1ドル＝2.8元だった。輸出品の平均外国為替コストを用いて、企業に10％の利益を加えて調整した結果、貿易決済内部レートは1ドル＝2.8元となった。張［2012］p.43

＊16　外匯調剤中心。外貨調整センターと訳されることが多いが、中国語の外匯は、外国為替、外貨の二つの意味があり、ここでは外国為替調整センターと訳した。ちなみに、外幣も外貨を指す。

＊17　马［2012］pp.93～94。1989年から91年にかけての対外貿易体制大改革（経営責任請負制度の導入、輸出補助金の撤廃、貿易主体の多様化・拡大）により、調整センターの取引主

引レートは一致しておらず[*18]、取引レートが公定レートよりはるかに高かった。この制度の歪みが不正の温床となった。当時は外貨額度を入手できる"関係（コネ）"があれば、大金を手にすることができた。二重為替は10年以上続き、国が分配するはずの資源および利益が横流しされ[*19]、不正行為と混乱をもたらし、不満の声が噴出した。1991年、公定レートは固定相場から管理フロートに変更され、二重レートの乖離幅は縮小した。

なお、1980年には、中国銀行が外貨兌換券[*20]（FEC. Foreign Exchange Certificate）を発行したが、1993年に発行を停止、1995年に流通も停止した。

2－4　第Ⅳ期：管理変動相場制整備期～統一為替レート・経常項目における交換実現

第Ⅳ期は1994年～2005年である。金融制度としては、前述のように1993年の国務院の「金融体制改革に関する決定」の発表から現在までが同一のクロノロジーと考えられるが、外国為替制度に関しては2005年以降は明確に異なった運用がなされるようになったことから、Ⅳ期とⅤ期は区別するのが妥当である。

1992年10月の中国共産党第14回全国代表大会で、鄧小平の南巡講話の骨子が正式に承認され、中国経済体制改革の目標は社会主義市場経済の樹立にあることが宣言され、資源分配は市場機能に委ねられることになった。1993年の金融体制改革の国務院の決定に沿って、中央銀行の独立性の強化等が図られ、銀行改革が始まり、金融制度は拡充期に入る。1997年にアジア通貨危機[*21]が起こると、金融システムの脆弱性が顕わとなり、金融システム改革の必要性がいっそう強く認識され、改革が進められて

体は中国国内企業にも広がった。樊・岡［1998］pp.58～59

＊18　同一地域内での市場であり、全国を範囲とした市場ではなかった。

＊19　深圳～北京間に闇ルートが存在したといわれる。

＊20　対外開放によって増加する外国人観光客や華僑向けに発行された。通常の人民元（RMB）は外貨と交換ができなかったが、余った兌換券は外貨に交換できた。張［2012］p.43。外貨に準じる性質を帯びたため、本来は同価値である通常の人民元に対して数十％増で闇取引された。

＊21　アジア通貨危機の原因を1994年の為替レートの一本化によって元安となったためとする見方もあったが、直接的な原因とは考え難い。アジア各国が為替レートを固定したまま資本取引の規制緩和を行い、資金が急激かつ大量に流入し流出したためと思われる。中国の制度改革は漸進的アプローチである（後述）が、アジア通貨危機の教訓として、急激な規制緩和は危険であると認識したと考えられる。

中国人民銀行の幹部が編著者で、編集責任者が戴相龍総裁（当時）である1997年のテキストには、1994年から1995年に発生した「メキシコの金融危機は、同国が資本収支項目の管理を緩和するのが早すぎたため」とある。戴［1999］p.254

いく。中国は2001年末にWTOに加盟し、経済分野の開放がさらに拡大され、国際収支黒字の増加が続き、中国の経済力は増していった。これらは中国に更なる対外開放と市場経済化、また国際慣行に準ずる為替管理体制への移行を促すものだった。

1992年10月以降、為替市場も重大な改革局面を迎え、かつては計画経済と市場経済が並存するという論理に基づいて存在していた二重制が放棄される。1993年12月28日、中国人民銀行が「為替管理体制の更なる改革に関する公告」を公表し、以下のように明言した。①外貨収入の決済制度を導入し、従来のシステムを廃棄する。②一定の条件を満たせば指定された銀行から外貨を購入できる。すなわち経常項目において元の条件付きの交換を認める。③銀行間の外国為替取引市場を開設し、為替レート形成メカニズムを改善し、元レートを合理的かつ適切な水準で維持する。この政策が1994年1月1日から実施されたことにより、元レートが一本化された[*22]。これで元レートは市場の需給に基づく単一の管理変動相場制[*23]（管理フロート制）となった。中国人民銀行は、前日の銀行間為替市場で決められたレートに基づき、毎日対米ドルのレートを発表し、そして国際為替市場の変動を参照し、他の主要通貨のレートも同時に発表する。各外国為替指定銀行はこのレートを基準に、中国人民銀行が決めた変動幅内で各自のレートを表示し、顧客との為替売買を行う。この制度の実施により、為替制度の一本化が実現され、二重為替が解消された。

＊22　公定レートと外国為替調整センターレートが一本化された。一本化の前後で、1ドル＝5.8元は1ドル＝8.7元となり、公定レートとしては、50％の切り下げとなった。それ以外に、外貨額度留保制の廃止（1997年に一部復活）、外国為替指定銀行制、経常項目における条件付き自由交換の実現、外貨兌換券の廃止、外国為替集中管理への移行、等々が行われた。4月には、中国外国為替取引センターが成立し、銀行間取引はセンターを通じた取引所取引に集中化された。なお、中国外国為替取引センターにおける取引には、その都度のクォートに関しては直近の取引成立値を基準とした値幅制限、1日の値動きに関しては前日の平均値（当日の中間値）を基準とした値幅制限（ドルは±0.3％）が存在した。平衡操作は、センター内に置かれた人民銀行操作室が行った。

＊23　戴［1999］pp.237～238には、外国為替相場制度に関して以下のように述べられている。「各国の為替相場には主に2種類の制度がある。すなわち、固定為替相場制と変動為替相場制である。〔略〕変動為替相場制は、自由変動為替相場制と管理された変動為替相場制に分けることができる。自由変動為替相場制とは、通貨当局の外国為替市場に対する介入がわずかであることであり、管理された変動為替相場制とは、通貨当局が各種の措置と手段によって市場に介入し、為替レートを自国に有利な方向に変動させること、あるいは自国にとって有利なレベルに維持させることである。今日では、管理された変動為替相場制が、国際金融の世界では主流になっている」。国内向けのテキストであり、建前の可能性もあるが、管理変動相場制を“中国特色”と認識していないかのような記述がなされている。

1996年4月には外国為替管理条例が施行され、中国外国為替取引センター[*24]が上海に設立された[*25]。銀行間取引は会員制のセンターを通じた取引所取引に統一され、外国為替集中制度が実施され、貿易用など使途を厳格に制限することで投機を極力排除する管理体制となった。100万米ドル以上の対顧客レートは、外国為替指定銀行が顧客と協議して決めることとなっている[*26]。それでも経常収支も資本収支も黒字が続いたことから中国人民銀行は外貨を買い続けることとなる。

図表5-2　ドル元レートの推移
／公定レートと外国為替調整センターレートの一本化

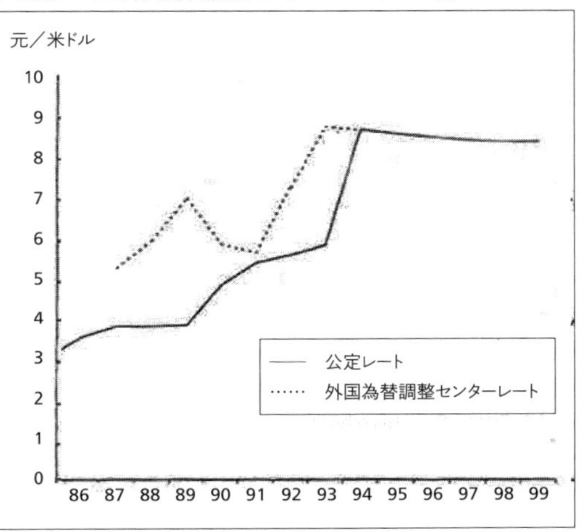

（出所）『中国外匯市場年鑑』1997年．林［1999b］より．

12月1日には中国が国際通貨基金協定第8条第2項、第3項、第4項の義務を受け入れ、経常項目における人民元の交換が可能となった。

1997年1月、再び改正された為替管理条例が施行された。改正後の条例では「国は経常項目の国際支払および振替を制限しない」、「個人の外貨預金は預かり自由、引き出し自由、利息付き、個人情報を守る」と明記された。ただし、資本項目での為替に対し厳しい制限を課した。「資本項目における外貨収入は必ず国内に送金する」、「獲

＊24　外匯交易中心。外貨取引センターと訳されることが多いが、外国為替取引センターと訳した。なお、中国語の調剤は、有償の譲り合い（譲渡）、すなわち、あるコミュニティ内での余剰と不足を互いに調整するというニュアンスであり、計画経済の補助的な役割であることを意味したが、交易は、商業的取引である。つまり、調剤と交易の用語の違いは、中国政府の外国為替や外貨に関しての認識が大きく変化したことを示している。樊・岡［1998］pp.65～66

＊25　一部の大都市には、外国為替調整センターを改組して設立された取引センターの出先が置かれ、本部とはネットワークシステムで結ばれた。取引センターの出先がない地域では、調整センターが代行していたが、1998年に廃止された。戴［1999］p.243。取引所取引であるが、スクリーンマーケットであり、全国規模の統一市場である。有形市場と無形市場の結合型の市場である。樊・岡［1998］pp.66～67

＊26　中国人民銀行「人民元相場管理問題の通達」1995年3月23日

得した外貨は必ず指定された銀行に預けるあるいは売却する」、「対外投資用の外貨は必ず審査が必要」、「外貨債務の登録を義務づける」等である。経常項目での為替管理制度は開放に向けて大きな一歩を踏み出したといえるが、資本項目においては慎重であった。[*27]

為替制度は更なる進展をみせると思われていたが、1997年のアジア通貨危機がその道を閉ざした。[*28]中国の指導者たちは通貨危機が起こったのは、これらの国（あるいは地域）の資本移動の規制緩和が早すぎた、あるいは過度だったためと確信した。中国政府は世界に向け、人民元を切り下げないと約束する（人民元高も警戒）一方、資本流出を防ぐために規制を強化した。[*29]それ以降、中国の為替管理制度の改革開放のスピードは鈍化した。

なお、人民元については、ことあるごとに中国が元安政策を採用しようとしているという予測や噂が流れることが多いが、当時もそうであった。しかし、実際には、為替制度の変更は国務院総理クラスの高度な政治判断によるものであり、また、ファンダメンタルズに依拠して判断するなら、元の切り下げはあり得ないと考えられた。[*30]対外債務も大きく、国際的信頼を喪失しないためにも切り下げは行わないと考えられた。元安メリットは輸出以外にはなく、それも輸出高の5割以上を輸入品が占めていることで相殺されるうえ、アジア各国がフロート制に移行していることから、それも短期的な効果しかない。また、輸出振興のためには、例えば、増値税[*31]の還付率を引き上げる等の直接的な対策をとればよい。元安はインフレ懸念に繋がる。"利弊権衡"を考えると切り下げは無意味といえた。マーケット主導での切り下げも、元の交換性が経常取引に限定されており、外貨準備も十分で、また、国際投機筋の動向からも考え難かった。しかし、中国に関してはそういう憶測が流れることが多いのも事実であ

＊27　中国における外国為替の交換は、経常取引と当局の承認を得た資本取引に限られているが、要するに、外国為替は実需が絶対的な原則であり、経常収支項目の取引も実需を証明する信憑を提出しなければならず、簡単に定義に従って承認されるという運営はなされていない。当局が認めない送金等は行うことができないということである。中国ほどの規模の経済で、外国為替レートを固定的に維持できるのは、取引を限定的な会員制であるセンターに集中させ、対顧客レートの決定も交渉を必要とすることで、実需原則の大義名分のもと交換の諾否を人民銀行が決定できることによる。

＊28　黄［2014］p.260

＊29　アジア通貨危機の後、1998年以降、ドル元は1ドル＝8.277～8.2791元の水準に固定され、6年の長い期間での変動幅は0.26％弱で、ほぼ横ばいだった。马［2012］p.96

＊30　林［1999b］［1999c］

＊31　付加価値税。税率は品目により異なる。

り、その理由について考察しておく意味はある。

2－5　第Ⅴ期：管理変動相場制改革期～市場化・国際化への取り組み

第Ⅴ期は2005年7月の人民元の制度改革以降、現在までである。管理変動相場制（管理フロート制）という制度名称自体はⅣ期と同じであるが、運用面で大きく異なっている[*32]。市場化、国際化への取り組みが始まったと見るべきである。

2005年7月21日、中国人民銀行は、人民元レートを1ドル＝8.11元[*33]に切り上げ、ドルペッグを放棄し、市場の需給に基づく通貨バスケット[*34]を参考に調整する管理変動相場制に即日移行した[*35]。

管理変動相場制は、毎営業日のマーケット終了後、当日の銀行間外国為替市場の米ドル等の外国通貨の対元レートの終値[*36]を発表し、それを翌営業日の中間レートとし、中間レートを基準に米ドルは±0.3%[*37]、他通貨は±1%の範囲で変動を許容するというものである。この0.3%という比率は、例えば、毎日連続で元高が昂進した場合、半年で3割以上の元高が実現することを意味する[*38]。ちなみに、ドル円レートの1年間の変動幅は、1977年以降、年初のレートから最大の円高まで3割を超えたことはなく、日々、片側に0.3%の変動を許容するというのは、一般的な理解よりは自由変動を許

＊32　管理変動相場制という同一の用語であるが、1994年の時点では“管理”が主眼で、1998年以降も実質的な固定相場といってよく、2005年になって実質的な“変動”相場を許容するものとなったと考える。

＊33　ほぼ2%の切り上げ。

＊34　通貨バスケットについては、通貨バスケットのウエイトも公表されておらず、実施されているとは考えられない。実証するまでもなく、ドル元レートで許容変動幅を越えて変動を許さずに介入するのであるから、他通貨は考慮していないということにほかならない。通貨バスケットを参考にするという発表はルールに従わない恣意的な介入を行うときの言い訳に用いるのであろうということ以外には意味はない。

なお、張［2012］が作成した、周小川総裁の発言をもとに推定した貿易加重の通貨バスケットでは、2005年以降、再び固定レートになるまでの2年半のうち、通貨バスケットのレートがドル元レートよりも高い時期は2カ月程度であり、ほぼ5%程度バスケットよりも元高で推移していたことがわかる。張［2012］pp.47～49を参照。

＊35　2005年7月21日「中国人民銀行の人民元レート形成メカニズム改革の完備に関する公告」

＊36　2006年以降は、前日終値ではなく、朝の取引開始前にマーケットメーカーにヒアリングして算出したレートを用いるようになっている。

＊37　ドルの変動許容の比率は、2007年に±0.5%、2012年に±1%、2014年に±2%に拡大されている。

＊38　2%で計算すると、ほぼ1カ月で3割以上の元高が実現することとなる。

図表5-3　人民元の外国為替制度の変遷とドル元レートの推移（1960年～2017年）

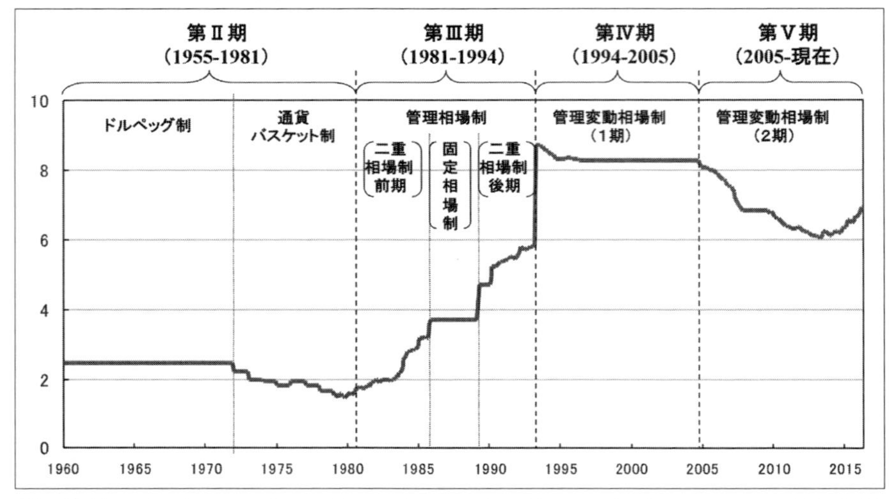

（データ）Fxtop.Com Database, Historical Conversion Rates. http://fxtop.com/en/historates.php（2017年1月閲覧）

容していることになる。実際には、貿易黒字が増え続ける状況下、中国の外貨準備高が増え、元高の圧力は強まっていった。ドル元レートは制度変更の日から元高トレンドがいったん終わったと思われる2014年1月[*39]までの8年半の間に27%[*40]のドル安となった。

一方で、この制度は、人民元レートがより多くの市場要因に影響されながらも、最終的な決定権は中国人民銀行が掌握するというものでもあった。米政府は、一貫して中国政府の政策が人民元の過小評価を招いているとみなしていた[*41]。

2008年、米国のサブプライムローン問題が世界に波及して金融危機が生じ、中国も大きな打撃を受け、「中華人民共和国為替管理条例」が再改正された[*42]。新しい条例

＊39　2014年1月から元安となっており、1994年の管理変動相場制への移行後の20年にわたる一方的な元高トレンドは終わった可能性がある。元は、2005年の実質的な変動相場制への移行を経て、適切な水準を探る段階に入ったといえるかもしれない。

＊40　ヨーロッパ方式で計算。IMF方式だと、37%の元高となる。

＊41　2010年9月、米財務長官ガイトナーは中国を「為替操作国」として排除しない可能性に言及した。その後、オバマ大統領は「中国は人民元問題において全力を尽くしてない」と非難し、そして米下院にて人民元レート問題に関する特別関税法案が通過した。王［2015］p.28

＊42　「中華人民共和国為替管理条例」は2008年8月1日に国務院第20次常務会議において修正通過した。

では、資金の流出・流入を均衡的に監督管理する手法に改められた。すなわち、国の外貨収入と外貨準備を安定的に保持しながら、資金の秩序ある流出を促し、かつ投機資金の流入を防ぎ、国際収支の均衡を促すというものである。条例では、外貨収入をすぐに国内に送金する規制を廃棄し、一定の条件や期限の範囲で送金するあるいは国外に預けることを許容した。

2008年7月から2010年6月までの間、人民銀行が人民元の変動幅を縮小させ、IMFは「レートペッグ」と認定した。2012年4月、人民銀行は米ドルの一日の変動幅を±0.5%から±1%に拡大した[*43]。国境を超える資金移動がより複雑かつ大規模になり、市場の利便性需要が増え続けたため、国家外国為替管理局は、事前監督重視から事後管理強化へ運用方法を移行し、中国の為替管理規制は徐々に緩和に進み始めた[*44]。

なお、この時期は人民元の国際化が行われた時期である。人民元の国際化は、中国貿易の増加にともない、実際の国境を超える流通需要で自然に生じた。2008年の世界的金融危機以降、中国は上海等の都市で人民元建て貿易決済の試験制度をスタートし、対外貿易での人民元決済を促した[*45]。その後、対象を全国に拡大した。同時に、積極的に貿易相手国と二国間通貨スワップ協定を結び、人民元が諸外国の中央銀行にも受け入れられるようになり始めた[*46]。2013年9月29日の中国（上海）自由貿易試験区の設立はこのプロセス開始の象徴的な出来事であり、政府が人民元の国際化を推進する決意表明であった。上海自由貿易試験区の役割の一つは、「人民元の資本項目での開放を先行して試み、自由交換を目指す一連の金融革新を徐々に実現させる」ことである。その後、広州、福建、天津等の地域でも自分の管轄地域で自由貿易区を設立した。

外国為替管理局の高官は人民元国際化に対し、自然の流れに任せ、無理はしないと何度も発言してきたにもかかわらず、2015年11月、IMFが人民元のSDRへの採用を

＊43　2012年4月14日の中国人民銀行公告（2012）第4号

＊44　2010年まで、IMF「為替取極・為替管理に関する報告書」によれば資本項目取引は7類40項に分けられた。これに照らすと、人民元は、完全交換可能は0項、基本交換可能は16項、部分交換可能は20項、交換不能は4項。人民元はすでに資本項目における部分開放を実現したとみなすこともできる。黄［2014］pp.256～259

＊45　2008年12月、政府は広東および長江デルタの地域と香港・マカオとの間、広西および雲南とASEANとの間の貨物貿易の人民元決済の試みを明確化した。2009年7月2日に公表された「対外貿易人民元決算試点管理方法」は、このモデルの実用を広めた。黄［2014］p.277

＊46　2009年3月11日から2015年4月10日まで、中国は30カ国と二国間通貨スワップ協定を結び、その金額は3兆1102億元に達した。http://intl.ce.cn/specials/zxxx/201504/22/t20150422_5183371.shtml（2016年12月閲覧）

検討する際には、必死の姿勢をみせた。[*47] 彼らは人民元がすでに「広範囲の使用」および「交換可能」という二つの基準に達したと繰り返しIMFに説明した。2015年8月11日、IMF理事会の投票時間の前に、人民元の信頼度を高めるため、管理当局は新しい為替制度改革政策を発表[*48]した。しかし、人民元がSDRに採用された後、中国の政策は若干後退している。[*49]

3. 中国の為替管理の特徴

中国は戦後の日本経済を徹底的に研究しているといわれる。高度成長を続けつつ、バブル、いわゆる失われた20年、デフレに陥らない自国の経済政策を探るためである。しかし、実際には、中国は日本の経済発展モデル[*50]をほぼ踏襲しているようにも思われ[*51]、外国為替の管理を重要視していると考えられる。

＊47　このときの中国の対応や報道は奇異なほどであったが、“一帯一路”戦略を打ち出していることもあり、中国が世界の要望の通りに制度改革を進めていることの明示的な証拠を示し、国際金融の舞台に華麗に登場する5年に一度の機会と捉えていたように思われる。

＊48　2015年8月11日、中国人民銀行は「人民元対米ドル中間レートの完備に関する声明」を公表。

＊49　例えば、中国銀聯は、国内の投資家が香港で高額の保険を買うのを防ぐために、海外でのカード支払いに制限をかけた。その他、外国為替管理局は輸入・輸出貿易および海外投資の信憑性等、いっそう厳しい審査を行うようになった。

＊50　花輪［2000］は、日本の高度成長を①民間整備投資の増大②重化学工業化③豊富な労働力④低金利政策の採用④海外要因⑤その他要因としているが、その他として、長期にわたる1ドル＝360円の固定レート、高い家計の貯蓄率、財閥解体、農地改革などの戦後の改革をあげている。日本は官僚的市場経済であり、中国は官僚的計画経済であり、類似性もある。改革と官僚化は相反するものであり、両国にとって試練である。日本の高度成長期の経済システムは発展途上国のモデルとして役に立つものであったかもしれないが、キャッチ・アップ過程を終えたときには、発展途上国のモデルとして役立つかは不確実である。中国がサービス経済化を進め、在庫・生産調整経済ではなく、価格調整経済になるのであれば、モデルを学習することは無意味であると述べている。

＊51　改革開放以来、畢竟、中国は日本経済のモデルを模倣し、政府・民間の設備投資に依存したとみられる。世界で企業がグローバル化した恩恵を中国が被ったのであり、中国のサービス産業化、情報産業化は遅れたままで、経済構造の変革は十分ではない。需給ギャップには在庫・生産調整で対応せざるを得ず、結局のところ、日本経済の旧モデルからの脱却に成功していないのではないかと考える。学習しようとした旧モデルは転換期を迎えると停滞し、それを乗り越えるモデルを中国はまだ獲得できてはいない。

3－1　中国の制度改革の特徴

中国の制度変更の接近法はビッグバン・アプローチでなく、漸進的アプローチで行われることが多い[*52]。特に、後述するように、外国為替制度と資本移動に関しては、保守的に運用されていると思われる。東欧諸国やロシアが、一党支配体制の崩壊前後から市場経済システムに急激に移行したときのビッグバン・アプローチの失敗[*53]を目の当たりにしたからかもしれない。また、建国以来、急激な改革を目指した制度変更が失敗した経験も影響していよう。あるいは、鄧小平の思想や手法[*54]がそもそも漸進的であったためかもしれない。いずれにしても、中国の制度改革は、すべからく漸進的アプローチであることが特徴である。

3－2　中国の為替制度改革

(1) 外国為替相場制度と管理体制の改革システム

中国人民銀行は、国務院の指導の下、金融政策と為替政策の両方を担当[*55]し、外国為替市場と外国為替管理に責任がある。ただ、中国人民銀行に置かれた貨幣政策委員会の職責、構成、業務手続は国務院が定めることになっており、重要事項である「年度のマネーサプライ、金利、為替レート、及び国務院が定めたその他の重要事項について行った決定は、国務院に報告し承認後に執行する」（中国人民銀行法第5条）とある。人民銀行総裁ばかりか、総理さえ決定権限を持っていないといえる。中国では、人民元の金融政策・為替政策は、経済問題よりも高度な政治問題と位置づけられており、国務院が決定する。

＊52　林［2009］［2013］を参照。中国がビッグバン・アプローチで失敗する理由としては、多数派が少数派を無視し抑圧して改革を進めようとし、自己抑制が効かなくなり、過度な改革に陥ることであるとも考えられる。

＊53　東欧諸国やソビエト連邦は、国有国営を基本とする社会主義計画経済から、私有民営を基本とする資本主義市場経済に一足飛びに移行しようとし、結局、経済は大混乱に陥った。

＊54　鄧小平は、大躍進政策の失敗からの経済を立て直す際にも、漸進的アプローチを採用している。鄧小平の基本的な考え方は、政局安定を第一にするということであり、具体的な手法としても、例えば、経済特区のように小さく始めて成功すればそれを全土に拡大し、やがて“特区不特”になるという方法をとった。

＊55　中国では、金融政策という用語はない。金融政策と為替政策を併せた概念を貨幣政策という。いずれも人民銀行の職責である。

外国為替制度は、為替政策以上に重要な事項であり、その変更は、共産党中央政治局常務委員会の下部の中央財経工作領導小組が改革案の実行可能性を検討し、常務委員会が共同責任の形で決定する。国家の行政と共産党組織を横断する最高指導部が決定するのが中国の特徴である。

2004年3月の全人代の記者会見における温家宝総理の発言は、為替制度の改革は中国の主導性、改革実施後のマクロ経済・金融システムの安定を重んじ、投機の機会を与えることのないようなタイミングを計るというものであった。

2005年の人民元の制度改革は、9月に胡錦濤国家主席の訪米前に行われた。米国の対中国経済制裁措置の発動直前に発表されたという見方もあるが、中国経済が安定して成長していることを確認したうえで、国際社会で中国が注目されていない時期に、意表を突くタイミングで行われた。

通常、外国為替制度の制度改革は、経済・金融制度の制度改革に先んじることが多い。例えば、日本でも日本版金融ビッグバンの際、改革の嚆矢は1998年の外国為替及び外国貿易法の改正であった。英国では、金融ビッグバンに先立って行われた1979年の4つの改革の一つが外国為替管理の自由化[*56]だった。外国為替制度の改革は、計画的になされたとは限らないが、他の経済・金融制度の改革よりも早い時期に行われる。

しかし、中国では、外国為替の改革は、あえて制度改革の後陣と位置づけられ、結果的には、それが奏功したといえる。

(2) 中国における国際金融のジレンマ

国際金融のトリレンマはマンデルフレミングモデルを拡張させたもので、為替相場の安定（固定相場制）、自由な資本移動、独立した金融政策の3つの政策目標を同時に実現することはできない（2つの目標しか実現できない）ことをいう。例えば、日米英など欧州大陸諸国を除く先進国のように、自由な資本移動と金融政策の独立性を達成すると、固定相場制は失われる。欧州連合の経済通貨統合参加国やその他ユーロ化している国、カレンシーボード制採用国、中南米などのドル化国のように、自由な資本移動と固定相場制を達成すると、金融政策の独立性は失われる。2005年以前の中国のように、金融政策の独立性と固定相場制を達成すると、自由に資本移動を行うことはできない。資本移動が自由な場合、為替レートが変動することを許容しないのであれ

＊56　他の3つは価格・所得・資本移動に関する規制緩和、国営企業の民営化、労働関係諸法の改正である。これらが以後の改革に繋がっていったと考えられる。林［2009］p.64

ば、金融政策の独立性は確保できないということである。元の国際化にともなって資本移動の規制が困難になりつつあり、中国は金融政策の独立性を維持し続けるために、為替レートの変動を部分的・限定的に容認するようになったと考えられる[*57]。中国の金融政策が準備率操作を多用するのは、公開市場が未発達なためというばかりではなく、銀行規制を利用するためと思われる。中国の金融管理当局は為替レートの管理および規制を緩和したことによってマクロ経済に対する自身のコントロール機能が弱まることを望まず[*58]、マンデルフレミングモデルのなかで最善の均衡点を模索するのだという[*59]。中国は第一目標である金融政策の独立性を喪失しないために、資本移動の自由と為替相場の安定の二者択一を選択するのではなく、二者のバランスをとるという政策を採用しているということである。中国はこれらのトレードオフを貨幣政策のジレンマとみなしているともいえる。これらは前述したような中国の貨幣政策の制度が影響している可能性もある。

なお、世界的金融危機に際して、その影響を抑えるため、2008年から2010年にかけて、ラテンアメリカ諸国は、必要に応じてプルーデンス政策で信用をコントロールし、資本移動の規制を行い、一定の効果があったことから、国際金融のトリレンマに対する疑問が提示されるようになっている[*60]。また、世界的金融危機前の2007年ごろから、ドル化したエクアドルは銀行規制や資本規制を行うことで金融政策を行っていた[*61]。

＊57　林［2013］p.179

＊58　そもそも資本移動の規制、なかでも資本の流出を阻止する目的は、中国は発展途上国であり、国内建設のために多額の外貨資金を必要としていることだという。戴［1999］pp.257～258

＊59　李稲葵、余永定などのいわば政府系のエコノミストは、貨幣政策の独立性、資本の自由移動、為替レートの安定という3つの目標のバランスを図りつつ、自由裁量ができるとし、必ずしも一つを放棄する必要はないと考えている。http://www.swjrzk.com/26957.html（2016年12月閲覧）、 http://www.gf.com.cn/cms/newsContent.jsp?docId=1930852（2016年12月閲覧）ほか参照。これは、国際金融のジレンマとは論理が異なるが、ある程度の資本移動規制を必要とするという点で類似している。

＊60　資本移動、資産価格、信用の伸長で世界的金融循環が生じるが、金融は、グローバル化が進み、金融変数が共変動し、主導的な役割を果たす国が世界的金融循環を決定し、各国の金融政策に影響するようになっている。安定的な外国為替相場制を採用していなくても、自由な資本移動の下では各国は金融政策の独立性を保つことが困難となっている。世界的金融循環はトリレンマをジレンマに変えたのであり、資金勘定が管理されているときだけ、独立した金融政策が可能となる。Rey［2015］

＊61　林・木下［2014］pp.52～58

同時期に、中国は、資本移動の規制を維持しつつ、実質的に管理変動相場制を管理制つまりドルペッグに近い運営に戻すことで金融危機の影響を最小限に食い止めようとした[*62]。現在も中国の外国為替管理は実需原則であり、基本的には交換は貿易などの経常取引と当局の承認を得た資本取引に限られ、資本移動は自由ではない。

中国は、他の分野の改革開放と同様に外国為替管理制度における改革も安定かつ秩序ある原則に沿って行い、国内社会および経済の突如の衝撃を避けようとしている。その手段は、国際金融のトリレンマへの疑問とは論理が異なるが、ある程度の資本移動規制が必要であるという点で類似している。

おわりに

価格変動システム（相場制度）の変遷を視座として、中国の外国為替制度と管理制度をみて、中国の為替管理の特徴、制度変更の特徴、国際金融のトリレンマからみた特殊性、等々を述べた。諸外国と違って、外国為替制度が経済・金融の制度改革の先陣ではなく後陣であること、国際金融のトリレンマというセオリーに経験的に疑問を呈していたことを指摘した。外国為替に関しては、相場制度ばかりでなく、資本移動規制等の異なった切り口もある。紙幅の関係から今回は触れることはできなかった。今後の課題としたい。

［文献］

日本語文献

＊鹿児嶋治利・建部正義・田万蒼 編著［2000］『日中の金融・産業政策比較』中央大学出版部

＊関志雄［2005］『中国経済のジレンマ』ちくま新書

＊久保亨［2012］「通貨金融史」久保亨 編『中国経済史入門』所収、pp.121～126、東京大学出版会

＊クルーグマン，ポール 著・林康史・河野龍太郎 訳［1998］『通貨政策の経済学——マサチューセッツ・アベニュー・モデル』東洋経済新報社　Krugman, Paul R.［1991］*Has the Adjustment Process Worked? (Policy Analyses in International Economics)*, Institute for International Economics, U.S.

＊62　2009年央には、変動の値幅制限をほぼ0%とした。

＊周莉［2006］『中国の外国為替制度改革――人民元資本自由化に向けて』
＊戴相龍 編・桑田良望 訳［1999］『中国金融読本』中央経済社（戴相龙主编『领导干部金融知识读本』中国金融出版社 1997年）
＊瀧沢健三・荒木信義［1979］『世界の通貨』日本関税協会
＊建部正義［2009］「日本と中国の金融政策比較」建部正義・張亦春 編著『日中の金融システム比較』所収、4章、pp.25 ～ 49、中央大学出版部
＊建部正義・高橋豊治 編著［2009］『日中の金融制度・金融政策比較』中央大学出版部
＊田尻嗣夫［1991］『世界の中央銀行』日本経済新聞社
＊玉置知己・山澤光太郎［2005］『中国の金融はこれからどうなるのか』東洋経済新報社
＊張秋華 著・太田康夫 監修［2012］『中国の金融システム』日本経済新聞出版社
＊童適平［2013］『中国の金融制度』勁草書房
＊長谷川俊明・王衛軍 編訳［1997］『中国金融六法（1998年版）』東京布井出版
＊花輪俊哉［2000］「日本の経済成長モデルは中国の役に立つか――二重構造と融資集中機構を中心にして」鹿児嶋治利・建部正義・田万蒼 編著［2000］『日中の金融・産業政策比較』所収、1章、pp.1 ～ 23、中央大学出版部
＊林康史［1999a］「人民元の制度と動向」大蔵省財政金融研究所アジア経済情勢研究会『通貨危機後のアジア経済の動向について』所収、pp.276 ～ 281、大蔵省財政金融研究所
＊林康史［1999b］「人民元の制度と相場動向」大蔵省財政金融研究所アジア経済情勢研究会『通貨危機後のアジア経済の動向について』所収、pp.702 ～ 711、大蔵省財政金融研究所
＊林康史［1999c］「どうなる中国人民元」朝日新聞1999年9月18日夕刊
＊林康史［2009］「英国の金融法制度の立法および改正におけるネゴシエイション」林康史 編『ネゴシエイション――交渉の法文化』所収、1章、pp.19 ～ 77、国際書院
＊林康史［2013］「中国の金融システムと貨幣政策」大野早苗・黒坂佳央 編『過剰流動性とアジア経済』所収、7章、pp.159 ～ 184、日本評論社
＊林康史・木下直俊［2014］「ドル化政策実施国における金融政策――エクアドル・エルサルバドル・パナマの事例――」『経済学季報』第64巻第1号、pp.35 ～ 65、立正大学経済学会
＊樊勇明・岡正生［1998］『中国の金融改革』東洋経済新報社
＊古田和子［2012］「市場秩序と広域の経済秩序」久保亨 編『中国経済史入門』所収、pp.37 ～ 46、東京大学出版会
＊村上尚己・林康史［1998］「通貨危機の防波堤となる中国」近藤健彦・中島精也・林康史 編『アジア通貨危機の経済学』所収、7章、pp.113 ～ 124、東洋経済新報社
＊ロジャーズ，ジム 著・林康史・望月衛 訳［2008］『ジム・ロジャーズ 中国の時代』日本経済新聞出版社　Rogers, Jim［2007］*A Bull in China：Investing Profitably in the World's Greatest Market*, John Wiley & Sons Ltd, U.S.

外国語文献
＊成思危［2014］『人民币国际化之路』中信出版社
＊杜恂诚［2002］『中国金融通史（第三巻）』中国金融出版社

* 黄继炜［2014］『人民币资本项目开放：亚洲的经验与中国的路径』经济科学出版社
* 贾宪军［2014］「人民币国际化的路径和逻辑：基于双轨制视角的分析」『人文杂志』2014年8期pp.34 ～ 40
* 李稻葵［2014］『重启：新改革时代的中国和世界』中国友谊出版公司
* 李稻葵・刘霖林［2008］「双轨制推进人民币国际化」『中国金融』2008年10期pp.42 ～ 43
* 马小芳［2012］『人民币汇率制度选择研究』国家行政学院出版社
* 潘海虹［2014］『人民币资本项目开放问题研究』对外经济贸易出版社
* 王德培［2015］『人民币的未来』上海科学技术文献出版社
* 王冠群［2016］『人民币国际化问题研究』经济科学出版社
* 习辉 编［2010］『新中国金融60年风云』中国金融出版社
* 向松祚［2015］「建立以央行为主导的金融监管框架」『中国金融家』2015年12期pp.14 ～ 16
* 易纲［2003］『中国的货币化进程』商务印书馆
* 易纲［2014］「外汇管理方式的历史性转变」『中国金融』2014年第19期pp.15 ～ 18
* 易纲［2015］「大力推进人民币国际化和汇率市场化」『全球化』2015年2期pp.29 ～ 31
* 余永定［2016］『最后的屏障：资本项目自由化和人民币国际化之辩』东方出版社
* 余永定・肖立晟［2016］「论人民币汇率形成机制改革的推进方向」『国际金融研究』2016年第11期pp.3 ～ 13
* 袁远福・缪明杨 编著［2001］『中国金融简史』中国金融出版社
* 周克［2012］『人民币汇率问题研究：人民币升值压力的根源、影响及对策分析』中国经济出版社
* 周小川［2012a］「人民币资本项目可兑换的前景和路径」『金融研究』2012年1期pp.1 ～ 19
* 周小川［2012b］『国际金融危机：观察、分析与应对』中国金融出版社

* Wei, Shang-Jin［1997］“Gradualism versus big bang: Speed and sustainability of reforms,” *Canadian Journal of Economics*, 30（4）, pp.1234 ～ 1247.
* Rey, Helene［2015］“Dilemma not Trilemma: The Global Financial Cycle and Monetary Policy Independence,”（No.w21162）, National Bureau of Economic Research.

第6章
経済グローバル化時代における発展途上国の産業発展と政府の役割
――ブラジル自動車産業の事例を基に

芹田浩司

はじめに：問題の所在

これまでの所謂「グローバリゼーション論」（グローバリゼーションをめぐる種々の議論）の中において、「現代の経済グローバル化やその背後にある経済自由化（市場経済化）が、自国の経済・産業に対する個々の国家（政府）の役割や管理・運営能力にどのような影響を及ぼすのか」といった問題は主要な論争テーマの一つをなしてきた。この問題は、広く一般的にいえば、「グローバリゼーションは国家の自律性（Autonomy）にどのような影響を及ぼすのか」を問うており、それは、このグローバリゼーション時代に生きる我々にとって、解明に向けて努力すべき非常に重要なテーマであるといえよう。

こうした問題に対する理論的見解についてはこれまで大きく、グローバリゼーション、言い換えれば、この現代のグローバリゼーションを主導していると考えられる多国籍企業に代表される資本（企業）のパワーは、自国経済における政府の役割や能力を大きく低下させるという見方に対して、必ずしもそうは言い切れないという見方が対峙してきた。すなわち、両者の代表的な言説のポイントを整理すると、前者の立場からは、今や“ボーダレス（borderless）”化した世界経済下において、個々の国家（政府）は、資本（多国籍企業）をはじめとする生産要素に対する規制力（コントロール力）を弱める（失う）結果、その役割・能力は大きく低下せざるを得ないといった見方が提示された。これに対して、後者の立場からは、近代以降の国民（主権）国家体制が存続している限り、国内の法や制度形成は、国家の政治的・行政的プロセスを必ず経由する他はないのであるから、国家は一定の役割・能力を果たし続けるといった主張（前者に対する批判）等が展開された。またとりわけ、国の経済・産業発展プロセスにおいて多国籍企業（外資）の役割・影響力が強いと考えられる発展途上国の場合、国家（政府）の役割・能力やその政策の有効性は、多国籍企業（外資）とのバーゲニング（交渉）とその結果に依存するといった見方も後者の立場からは示されている。

こうした「グローバリゼーションと国家」の関係をめぐる問題は現在でも進行中の論争テーマであり、これら両者の間の決着をみるには至っていない。これはすなわち、その問題の複雑さや多様さを物語っているといえようが、そもそも、この問題に関して、我々はおよそいかなる国に対しても適用可能なグランドセオリーなる一般理論の構築は果たして可能なのであろうか？

少し冷静に考えただけでも、それは非常に困難であると考えられよう。すなわち、国家の役割・能力へのグローバリゼーションの影響と一口にいっても、それは例えば、その当該国家の地政学的な位置や重要性、国土の大きさや国内市場の規模、天然資源の賦存状況、労働力の量的・質的な存在状況、対外的な政治・外交力など、その国の条件によって影響の出現形態（影響の大小や性格など）は異なることが予想されるからである。勿論、現代のグローバリゼーションやその背後にある経済自由化・規制緩和の動きは、従前において個々の政府が果たしてきた役割やそのあり方に一定の影響を及ぼすであろうことは想像に難くないし、これについては上記の後者の立場（グローバリゼーションの影響を小さく評価する立場）に属する論者も基本的に否定はしていない。そうであるならば、追究すべきより重要なテーマは、上で述べた二項対立的な議論への回答ではなく、まずは、グローバリゼーションを受け、政府の役割やそのあり方はいかに、またどの程度、変容してきたのか等、を具体的なレベルで分析することであろう。以上述べた点は、個々の具体的な事例研究の重要性を示唆していると考えられようが、残念なことに、この分野での事例研究は依然乏しく、今後のさらなる研究蓄積が望まれる状況にあるといえよう。

本稿は、このような問題意識を踏まえ、グローバリゼーションや市場経済化（の圧力）が国家の役割・能力に対し、どの程度、またどのような影響を及ぼしたのかについて、ブラジルにおける自動車産業および同産業政策の事例を基に具体的に考察することを主な課題とする。国家（政府）の役割・能力に関し、本稿が対象とする政府の産業政策に即して上記のテーマを書き改めると、それは次のようになるだろう。すなわち、グローバリゼーションの進行を受け、個別産業の育成を図るために展開される政府の産業政策は、その狙いやスコープ（視野や範囲）、および政策ツール（政策体系）、政策内容、そしてそれらの結果として現れてくる実効性といった点で、どの程度、またいかなる変容をみせるのか？

ブラジルにおける自動車市場は2000年代半ば頃から急速な成長軌跡を辿り、その市場規模は2012年時点では、中国、アメリカ、日本に次ぐ世界第4位の水準にまで拡大、ここ近年で目覚ましい躍進を遂げた。またこれに伴い、同国の自動産業も世界第7位（2012年）の自動車生産大国にまで発展を遂げるに至った。このようなブラジル自動車市場・産業の急成長は、新古典派経済学者の理論が示すように、1990年代以降、世界経済の潮流となっている経済グローバル化やその背後にある経済自由化（市場経済化）によってもたらされたといえるのであろうか？

後述するように、1990年代以降のブラジル自動車産業は、新古典派が描くシナリオとは大きく異なるパターンで発展を遂げてきた。そこには、政府による戦略的な貿易政策や、自動車産業を対象とした産業政策、そして、とりわけ2000年代半ば以降は、貧困層を対象にした積極的な社会政策など、自国の経済・社会に対する広範囲な政府介入が存在した。同国では90年代初頭に経済自由化（主に貿易の自由化）が開始されるが、その帰結は輸入車の急増であり、それを受けてすぐに実施された政府の貿易政策（再保護化）や新たな自動車産業政策がなければ、市場（自動車マーケット）の成長は、産業（国内生産）の成長を伴うことはなく、結果として、今日のような新興国を代表する自動車生産大国としての地位を得ることはできなかったであろう。

このように、ブラジルの経験は、世界的な経済自由化・グローバル化が決して個々の国家（政府）の役割・能力を大きく低下させる訳ではない、本稿の趣旨に合わせていうならば、いわば“産業政策の死”をもたらすという訳ではないことを示していると思われる。

本稿の構成は以下の通りである。まず第1節では、冒頭に示した、グローバリゼーションと国家の関係、すなわち、「グローバリゼーションは国家の自律性（Autonomy）にどのような影響を及ぼすのか」という点について簡単な理論的サーベイを行い、本稿で重視する立場（分析フレームワーク）を示す。次に、とりわけ多国籍企業（外資）の影響力が強いと考えられる発展途上国の経済・産業発展の問題を考える際、その分析フレームワークとしては、グローバル・バリュー・チェーン（以下、GVCと表記）分析というアプローチが有効と考えられるため、このGVCアプローチについて簡単な理論的整理を行う（第2節）。そして、第3節、第4節において、1980年代以降のブラジル自動車産業・市場の発展パフォーマンスについて、同国政府の産業・外資政策との関連で検討し、最後にブラジルの経験を踏まえた理論的検討を行うとともに今後の課題を述べ、本稿の締めとしたい。

1. Globalization Thesisとその批判的検討（本稿における理論的枠組み）

現代のグローバリゼーション（経済グローバル化、以下、単に「グローバル化」とも表記する）が、自国の経済・社会に対する国家（政府）の役割や（管理）能力、ひいては、国家の「自律性」にどのような影響を及ぼすのか、という問題は、冒頭にも触れたように、今日の社会科学において重要な論争テーマとなってきた。こうした議論の中において広く知られた通説は、現代のグローバリゼーションは、所謂、国境なき経済（“Borderless Economy”）をつくりだし、それは、国家（政府）の役割や能力を著しく弱める帰結をもたらす、という見方であろう。言うまでもなく、戦後の世界では、国家が自国の経済・社会運営において大きな役割を果たし、特に、欧米や日本をはじめとする主要先進各国においては、“福祉国家体制”という言葉に象徴されるように、国家（政府）が比較的平等な経済・社会発展の実現において重要な役割を果たしてきた。したがって、現代の経済グローバル化は、戦後の“福祉国家体制”ないし社会民主主義体制を崩壊ないし弱体化させる方向に作用する、として、グローバル化と“福祉国家の危機”の関係を扱った議論もこれまで数多く展開されてきた。本稿では、上記のような見方に立つ議論を、”Globalization Thesis”（「グローバル化」論）と呼ぶことにする。

このような“Globalization Thesis”を支える理論的根拠はどこに見出されるのであろうか？

同議論によると、グローバル化やその背景にある各国経済の自由化・規制緩和が進展すれば、国家は、資本、とりわけ国境を越えて自由に移動する多国籍企業をはじめとする資本（企業）に対する規制・支配力（コントロール力）を弱め、その反面、逆にその資本による制約を強く受けるようになるという結果を生むが、これは、国家（そして、その中で暮らす労働者を含む）に対する資本のパワー、より具体的にいえば、低労働コストや国家規制の撤廃（「小さな政府」）を求める多国籍企業をはじめとする資本のバーゲニング・パワーが、経済自由化を受け格段に強化されてきているからだと考えられる。

それでは何故、経済自由化やグローバル化が進めば、資本のバーゲニング・パワーは一段と強化されるのであろうか？

その本質、言い換えれば、資本のパワーの源泉は、一言でいえば、「移動性（mobility）に関する非対称的な関係」に見出される、といえよう。すなわち、これは、経済自由化・グローバル化を受け、資本（企業）の側は殆ど制約を受けず、自由に（国際）移動できるフットルース（footloose）な性格を持ち得るのに対して、（当然ながら）国家は自由な移動が制約されているという移動性（mobility）に関する非対称的な関係を意味する。

そして、同議論によると、このmobilityに関する非対称性を考える上で鍵となる概念は、資本による“Exit”（退出）のオプションないし脅しである。Exitとは文字通り、資本（企業）が、工場閉鎖による生産移転や事業所移転により、その国から出て行く（divestment）ことを指す。あるいは、投資ファンド等の金融資本（間接投資）の場合、一斉にその国から資本が引き上げられることもExitの一例である。

このExitの選択ないし脅しが、国家や、その中で暮らす労働者に対する資本の強力なバーゲニング・パワーの源泉（以下、バーゲニング・チップと表記）となるのは、「政府や労組（労働者）が、ある特定の場所、すなわち、通常は自国内に投資と職・仕事（job）を必要とするのに対し、企業は単に、（特定の場所に拘泥することなく）規律のある労働者と自らの所有権の保護のみを必要とする[*1]」という対照的な事情に基づく。つまり、自由な移動が制約され、基本的にはある特定の場所内で自らのニーズを満たす必要のある労働者（特に専門的知識や技能を持たない非熟練労働者）や政府にとって、資本の自由なExitは、雇用や投資の縮小・喪失をはじめ、国内経済に深刻な影響を与えることから極めて脅威となる。そのため、これら労働者や国家は、資本にExitの選択を止めてもらう代わりに、その要請に屈伏せざるを得なくなり、そして逆に、このフットルースな資本を自国へ呼び寄せるためには、政府は自ら主体的に、低い税金や効果的なインフラ、従順（且つ低賃金）で質の高い労働といった有利な環境を資本に対し提供することを余儀なくされる訳である。このことは所謂、“Race to the bottom”（底辺への競争）や、各国政府間の“tax war”[*2]という象徴的な言葉によって表されてきた。

このようなmobilityの非対称性に基づく資本のパワーは、先に述べた基本的ニーズ（規律正しい労働者や所有権の保護）を満たす国が増えれば増えるほど増大すると考えられるが、こうした条件面では、世界的に共産主義体制が崩壊し、自由主義陣営が圧倒的勝利を収めた現状下、（特に後者の所有権保護の面において）資本にとって極めて有利な状況にあると言えよう。

以上述べたように、「グローバル化論」者は、経済自由化を受け移動の自由度が飛躍的に増大した「資本」の「国家」や「労働」に対するバーゲニング力の（一層の）上昇という権力構造の変化を背景に、グローバル化は、国家の自国経済・社会に対す

＊1　Robinson（1994）p.664。但し、括弧内は筆者が補った。

＊2　直訳すれば、「税金戦争」だが、具体的には、税金の引き下げ競争等を通じた投資誘致合戦を意味しよう。

る役割や管理能力を弱体化させ、また国家に暮らす労働者に対しても、とりわけ国際移動のチャンスが少ない非熟練労働者を中心に労働者の経済的厚生を悪化させるという見方をとる。そしてそれは、資本が、安い労働コストや（福祉）国家の弱体化、すなわち「小さな政府」を追求する結果に他ならない訳だが、資本は何故、こうした条件を求めるのだろうか。この点は資本の性質上、当然のことであるとも考えられるが、戦後、1970年代半ば頃まで、米国や欧州をはじめとする先進諸国において、労働者の高い賃金水準および国家による積極的な経済規制や社会政策によって特徴付けられるケインズ主義福祉国家体制が支配的となり、その背後には、1930年代の米国のニューディールに代表されるような資本と労働の階級間における利益の一致（歴史的妥協）ないし暗黙の合意があった[*3]と考えられる点を想起すると、その理由に言及しておいた方が良いだろう。1970年代半ばを境に資本が福祉国家を否定し、新自由主義へと傾斜するに至った要因を理解するためには、1970年代以降における世界経済の構造変化を押えておく必要がある。

1970年代以降、先進工業国における低成長時代到来を受け、一般に世界市場は飽和気味に推移する一方、戦後の経済復興を経た欧州や日本における企業の競争力強化を背景に、世界的な供給能力は高まるという状況下、世界経済における企業間の国際競争圧力は急速に高まるが、そうした中、これまで世界経済の中で独占的な地位を築いていた米国企業にとって、工業製品（繊維や電機・電子等）の低廉さを武器に急速に台頭した、日本を主とする外国企業の対米輸出攻勢は脅威の対象となった[*4]。すなわち、既に1960年代半ば頃から、種々の要因[*5]により収益性の低下を余儀なくされていた米国企業にとって、このような輸出攻勢は無視できない「外部ショック」となり、これを契機に、米国企業は60年代半ば以降、電機・電子産業を皮切りに、コスト低減のための様々な合理化政策を展開するに至る。その最も象徴的な政策が、アジアなどの

＊3　Teeple (1995) Chap.1&2, Pierson (1991) Chap.4, S.ボールズ他 (1986) 第4章等を参照。

＊4　電機・電子産業をはじめとする日本の対米輸出攻勢については、佐々木隆雄・絵所秀紀 (1987) 等を参照。

＊5　S.ボールズ等の研究 (1986) によると、(1) 日本や欧州の戦後の驚異的な経済復興等に起因する「米国の国際支配の後退」（パクス・アメリカーナの構造の瓦解と米国の経済競争力低下）、(2) 完全雇用の下での労働者のバーゲニング・パワー上昇を背景とする労働運動の激化とそれによる「資本と労働の暗黙の合意の崩壊」、(3) 環境や公害、エネルギー（原子力）分野における社会運動の激化に象徴される市民側からの「（企業の）収益性の論理に対する異議申し立て」といった諸要因が、60年代半ば以降に顕在化する米国企業の収益性低下をもたらした［S.ボールズ他 (1986) 81頁～100頁］。

発展途上国の低賃金労働力を使ったオフショア生産戦略[*6]（国際的下請生産）であった。他方、日本や欧州企業も、このような米国企業の生き残り・巻き返し戦略への対抗上、同種の合理化戦略を採るようになり、さらに1980年代に入ってからは、米・日・欧企業に加え、新たに韓国や台湾をはじめとするNIESの新興企業が急速に力をつけてくるに至って、（多国籍）企業間のコスト低減競争は激化の一途を辿ってきたと言える。

このような国際競争の激化とコスト低減圧力の高まりを背景に、各国の資本が、安い労働費用の追求のみならず、政府に支払うコストである税負担の軽減や経済活動に対する規制緩和、すなわち「小さな政府」を要求するようになるであろうことは想像に難くない。つまり、その要求の根底にあるロジックは、自国企業がこの激しい国際競争で勝ち抜くためには、減税等によって企業の手に残る資金を増やしたり、環境・労働面も含めて経済活動に関わる規制を緩和したりする必要があり、逆に、企業に負担をかけすぎたり、規制でがんじがらめにしていては、結局企業の競争力が落ち、世界市場で負ける[*7]――という考え方に要約されるであろう。そして、こうした新自由主義的な考え方は、70年代以降の「スタグフレーション」の深刻化等を背景にケインズ主義ないし社会民主主義が凋落し、さらには80年代に入り、資本主義のオールタナティブとしての社会主義や共産主義が衰退するといった状況下、全世界で支配的となってきている。

以上、先進工業国における低成長時代の到来と世界経済の多極化（日、欧、NIESなど米国以外の企業成長）を背景とする国際資本間の競争の激化が、オフショア生産に象徴されるような資本による安い労働コストの追求や経済活動に関わる規制緩和の要請へとつながったことについて述べた。そして、こうした経済自由化やグローバル化の動きはまた、それ自体、国際競争圧力を高める効果を持つと考えられるため、そのプロセスの一層の進展は、「グローバル化論」者によれば、労働者の経済的厚生やそれを支えてきた（福祉）国家の役割・能力にさらなる悪影響を及ぼすという悲観的な帰結をもたらすことになるのである。

さて、それでは、このような「グローバル化論」者の議論は全面的に正しいのであろうか？

本稿は、確かに、経済自由化・グローバル化の進展を受けて、資本による制約は強

＊6　オフショア生産とは、（多国籍）企業が生産コストを低減させることを目的に、労賃の安い途上国の組立工場へ、本国から半製品を送り、その工場で組み立てた完成品の過半を本国市場や第三国へ（再）輸出することを指し、アジアの所謂「フリーゾーン」（free trade zone）やメキシコのマキラドーラが多国籍企業にとってのオフショア生産拠点として有名である。

＊7　恒川（1996）322頁。

まってきている側面はあると考えられるものの、必ずしも国家の役割や能力は低下するとはいえない、という立場を取る。そしてその際、「資本」(多国籍企業) と「国家」(政府) との「バーゲニング論 (Bargaining Theory)」の分析アプローチを重視する。すなわち、国家の役割・能力や政策の有効性は、資本 (多国籍企業) とのバーゲニングおよびその結果次第である、というのがこのアプローチの基本的な考え方である。[*8]

上記の「グローバル化論」者の議論における問題点として、資本による"Exit"(退出) のコストが考慮されていないか、非常に低いものとして仮定されているという点が挙げられるだろう。そのため、同議論では、資本によるこのExitの脅しが何時も (どのような状況下でも) 有効に機能するということが前提とされているが、それは果たして正しいのであろうか?

この点に関してまず考慮しなくてはならないのが、多国籍企業の海外進出 (海外直接投資) に伴うサンクコストの問題であろう。これは勿論、多国籍企業の投資額が大きければ大きいほど、そのコストも増大していき、本稿が扱う自動車産業の場合、そのコストは決して小さくないといえよう。そして、このサンクコストは、企業による投資額の水準のみによって決定されるのではなく、それは投資先の環境によっても大きな影響を受けると考えられる。すなわち、例えば、進出先の現地において、下請け関係 (サプライヤー・ネットワーク) の構築が進めば進むほど、言い換えれば、現地におけるクラスターの恩恵が受けられるようになればなるほど、Exit (撤退) におけるコストは大きいものとなり、その意味で、Exitの脅しもその有効性を持ち得なくなってくるであろう。

さらに考慮すべき点として、一般に、国家、本稿の対象とする発展途上国の多くは、何らかの「優位性」(advantages) を有しており、そしてそれを基に、逆に資本 (多国籍企業) 同士を競争させ、ひいては、資本から妥協を引き出す、すなわち、その国に有利な方向へと導くことも可能だと考えられる点が挙げられよう。

発展途上国の有する「優位性」は、バーゲニング論の枠組みでは、バーゲニング・チップと言い換えられ、そしてそれは大きく、その国の自然や地理によって規定されているものと、その国の政策等によって (人為的に) つくり出せるものとの2種類に分けられよう。

それでは具体的に、発展途上国の有する「優位性」(バーゲニング・チップ) にはどのようなものがあるだろうか?

本稿では、この発展途上国の有する「優位性」、言い換えれば、発展途上国が自ら

＊8 Chang (2003) Chap.7等を参照。

のために用いることのできるバーゲニング・チップを、以下の6点に整理しておこう。すなわちそれは、(1) 大きな国内市場とその将来的有望さ、(2) 巨大な市場へのアクセスの良さ（近接性）、(3) 低廉で優秀な労働力（単純労働に従事する非熟練労働者だけでなく、エンジニア等の技術者や熟練労働者）の豊富な存在、(4) 各種インフラ整備に加えて、部品の現地調達や、様々な有用な情報の入手、近場での専門的人材の確保等を可能にする、高度に発達した産業クラスターの存在、(5) 豊富な天然資源の保有、(6) (1)～(5) を基にした、対外的政治力・外交力——である（人材登用という点では (4) は (3) と重なっている）[*9]。

本稿は、個別国家の役割や能力に対する経済自由化・グローバル化の影響について、上記のようなバーゲニング論の分析枠組みを用いながら、ブラジル自動車産業の事例を通じて考察することを主な課題とするが、次節ではもう一つ、理論的な検討として、経済グローバル化時代における産業発展分析において重要な分析アプローチと考えられるグローバル・バリュー・チェーン（GVC）分析について述べることとする。

2. GVC分析と発展途上国の産業発展

GVC分析は、1990年代以降の経済活動のグローバル化の進展を背景に登場してきた、比較的新しい分析アプローチだといえる[*10]。企業の一連の活動、すなわち、研究・開発（R&D）から設計、部品製造（部品調達）、生産、販売、アフターサービスに至るまでの一連の活動は、各々の段階で付加価値を生むと考えられるが、GVC分析は、この一連の活動を、各付加価値（活動）の連鎖と捉えるアプローチである。そして、そこでの主要な問題関心は、この企業によるバリュー・チェーンの世界的配置やそのあり方が、各国、なかでも発展途上地域・国の産業（経済）発展にどのような影響を及ぼすのか、といった点にあると考えられる。ここで産業発展の度合いを示す概念と

＊9　芹田（2011）等を参照。

＊10　こうしたアプローチの提唱者の一人でもあるG. Gereffiは、GVCではなく、グローバル・コモディティ・チェーン（Global Commodity Chain）という用語を使用している（Gereffi（1999）等を参照）が、本質的にはGVCと同義だと考えてよいだろう。本稿は、グローバル・バリュー・チェーン（GVC）という表記で統一する。尚、Gereffiも、John HumphreyとTimothy Sturgeonとの2005年の論文の中では、グローバル・バリュー・チェーンの概念を使用している［Gereffi et al.（2005）pp.78～104］。

して同アプローチが重視するのは、upgrading（高度化）という考え方である。これについては後述する。

こうしたアプローチが台頭した背景には、各国、とりわけ外資に多かれ少なかれ依存している発展途上国の産業（経済）発展分析において、これまでの主流のアプローチといえる新古典派的な見方では不十分であるとの問題意識があると考えられる。そして、こうした従来の見方の限界は、企業による諸活動のグローバル化がますます進展している中で、より顕著になってきていると考えられる。

新古典派による途上国（中進国）の経済発展ないし工業化分析は1980年代以降、開発経済分野において主流のアプローチとなった。そこでは、（経済発展の要因として）経済の自由化が強調され、輸出指向工業化によって高度な経済発展を遂げた韓国や台湾等の東アジアNIES分析においては、1960年代半ば頃からのいち早い自由化政策の採用によって、自国に比較優位のある労働集約的な工業製品の輸出拡大がもたらされ、こうした輸出成長を通じてこれらの国・地域においては経済発展が実現されたといった議論が展開された[*11]。こうした議論の理論的前提は基本的に、リカードの比較優位論や、ヘクシャー＝オーリンの定理（要素賦存論）といった、古典的な国際分業（国際貿易）論にあると考えられるが、こうした国際分業論に立脚している点にこそ、新古典派の限界が存在する所以があるように思われる。すなわち、そこでは、例えば、東アジアNIESにおける工業製品の輸出は何故、距離的にも文化的にも遠い西欧、とりわけ米国市場に集中していったのか、について十分に明らかにすることはできないだろう[*12]。また、本稿の取り上げるブラジルと同様、ラテンアメリカ地域の大国であるメキシコのケースにおいても、例えば、マキラドーラに象徴されるように、自動車・同部品産業や電子産業等の分野で、製品の輸出が急速に拡大する一方で、その同じ産業内において、部品や原材料等の輸入も急増していった[*13]ことについて、従来の国際貿易論ではそのメカニズムを明らかにすることはできないと考えられる。こうした点を明らかにするには、これらの国・地域の経済発展（工業化）に深く関わってきた外資の具体的な戦略や利害、言い換えれば、今日のグローバル化の下、外資主導で編成されてきている新たな国際分業のあり方に着目する必要があるのであり、こうした点に分析のメスを入れたのが、GVCアプローチであるといえよう。

上述したように、こうしたGVCアプローチは、多国籍企業によるGVCの編成が、

＊11　代表的な研究として、Balassa (1981) pp. 26～82, Balassa (1989) pp.1645～1689, Little, (1981) pp.23-45等を参照。

＊12　Gereffi (1999) pp.37～70参照。

＊13　詳しくは、芹田 (2002)、芹田 (2000) を参照。

発展途上地域をはじめとする各国・各地域の経済・産業発展にどのような影響を及ぼすのか、という点に主な問題関心を有し、これまで様々な国・地域における自動車産業やアパレル産業、電子産業などの製造業を対象とした事例研究が進められてきた[*14]。しかし、この研究分野はまだ十分に開拓されているとはいえず、一般的な理論を構築する上ではさらなる実証研究の蓄積が不可欠であると考えられる。

従来のGVCアプローチを用いた先行研究は、とりわけGVCの統治（governance）の問題に焦点を当て、その統治のあり方が、当該国・地域の産業発展の水準向上（upgrading）にどのような影響を及ぼすのかについて主に議論を展開してきたといえるだろう。

グローバル・コモディティ・チェーン（global commodity chain）という分析枠組を用いるG.Gereffi（1999）は、（多国籍）企業によるこのチェーンの統治のあり方に関して、自動車産業等に代表される生産者主導のコモディティ・チェーン（producer-driven commodity chains）と、アパレル産業等に代表される買い手主導のコモディティ・チェーン（buyer-driven commodity chains）という、（産業別に）二つのパターンが存在することを示した。そして、主に東アジアNIES（新興工業経済地域）におけるアパレル産業を分析対象とし、その産業レベルの向上（industrial upgrading）、すなわち、輸出加工区での単なる組立（縫製）段階から、外資からの委託によるOEM（original equipment manufacturing）生産、そして、自らのブランドによるOBM（original brand name manufacturing）等に至るまでの発展が如何にしてもたらされたのか等について、主に米国の大手小売店等によって主導されるグローバル・コモディティ・チェーンの中でもたらされる学習（の機会）といった観点から論じている[*15]。

また、H.SchmitzやJ.Humphrey等による一連の研究も主に、GVCの統治のあり方が、個々の国・地域の産業発展（industrial upgrading）にどのような影響を及ぼすのか、という問題を扱っている。そこでは、統治のあり方について、（対等な経済主体関の）市場取引をベースとした関係（arm's length market relations）、ネットワーク型（network）、準階層型（quasi-hierarchy）、階層型（hierarchy）という四つのパターンに分け、それぞれの統治のあり方が産業レベルの向上（industrial upgrading）にどのような影響を及ぼすのか、逆にいえば、こうした向上をもたらし得る統治のあり方はどのようなものか、といった点に主に問題関心を寄せ、様々な国・地域の産業（製造業）を分析対象とし

＊14　Giuliani et al. (2005) pp. 549 ～ 573、Schmitz (ed.) (2004)，Schmitz (1999) pp.1627 ～ 1650, Gereffi (1999) Ibid. 等を参照。

＊15　Gereffi (1999) Ibid。また、コモディティ・チェーン分析については、Gereffi and Korzeniewicz (eds.) (1994) も参照。

た事例研究を行っている。[16]

ここでいうindustrial upgradingとは、1) process upgrading（生産プロセスにおける効率性の向上等)、2) product upgrading（より高付加価値な製品への移行)、3) functional upgrading（バリュー・チェーンの中での新たな機能の獲得。よく議論されるルートとしては、OEMから、ODM（own-design manufacture)、OBMへの移行)、4) inter-sectoral upgrading（あるチェーンの中の機能において獲得された知を、他のセクターにおいて活用することによる、セクター間におけるupgrading）に区分される。[17]

こうしたGVCアプローチの先行研究に対して、本稿の問題意識は、こうした多国籍企業によるGVCの世界的配置、すなわち、研究・開発（R&D）や設計から、部品製造（部品調達)、生産（完成品組立)、販売、アフターサービスまでの付加価値の連鎖の世界的な編成およびそのあり方に、国家の政策（産業・外資政策）はいかに、またどの程度、影響を及ぼし、そしてそれを通じて、自国の産業発展（industrial upgrading）へと繋げていくことができるのか、という点にある。そして、このindustrial upgradingを考える際、本稿ではとりわけ、上記の機能的アップグレーディング（functional upgrading）に着目することとしたい。

ここでいう、機能的アップグレーディングとは具体的に、ブラジル自動車産業が、単なる自動車生産・販売拠点という位置付け（機能）を超えて、自らオリジナルな研究・開発や設計機能まで自国内に内生化し得るのか、という点を指す。すなわちR.バーノン流にいえば、同国が製品サイクルの起動者となり得るのか、という点である。

次節以降で述べるように、ブラジルにおける自動車生産は専ら欧米やアジア等の多国籍企業によって担われており、GVCの上流、すなわち製品サイクルの起動となる研究・開発（R&D）や設計機能は基本的に、これら多国籍企業の本国（日本の自動車メーカーでいえば日本国内）に置かれているといえよう。しかし、ブラジルにおける産業の高度化の実現を考えた場合、鍵となるのはまさに、この研究・開発や設計機能の内生化（多国籍企業の視点からいえば現地化）であり、その意味で、現在の状況は不十分と言わざるを得ないだろう。

研究・開発（R&D）や設計機能は一般に、一連のバリュー・チェーンの中では最も高付加価値を生み出す活動と考えられるが、その重要性はそれだけには留まらない。すなわち、高付加価値な新製品（最終製品）を継続的に生み出すことが可能となるという点において、またこれらの機能は、部品の調達政策とも密接に関連していること

＊16　Schmitz（ed.)（2004）Ibid.参照。

＊17　Ibid: p.352（括弧内は筆者による訳・解釈)。

から[*18]、部品の現調化［サポーティング・インダストリー（以下、SIと表記）の発展］をさらに進めるという点においても、その機能を自国内で果たせるようになることの重要性は極めて大きいといえよう。前者について付言すると、研究・開発や設計機能が自国内で完結できるようになるということは、要するに、その国（発展途上国）が所謂、「国際的下請け」の地位から脱却するということを意味しよう。そしてこうした機能の現地化（内生化）こそが、ひいては、先進工業国の地位へと上り詰めていく上での大きな鍵となると考えられよう。

このように、国内付加価値の増大や雇用拡大等の経済（産業）発展を実現していく上で、これらの機能の内生化が大きな鍵を握っていると考えられることから、本稿では、上で述べた幾つかのindustrial upgradingの中でとりわけ、これらの機能的アップグレーディング（functional upgrading）の問題に着目することとしたい。

3. 1980年代以降におけるブラジル自動車産業の発展パフォーマンスと政府の産業・外資政策

この節では主に、経済自由化圧力の高まる1980年代以降におけるブラジル自動車産業の発展パフォーマンスについて、同国政府の産業・外資政策と関連づけながら検討していく。

ブラジルにおける自動車産業の歴史は古く、それは、フォードがノックダウン（CKD）生産のための組立ラインを設置し、トラクターと軽トラックの組立を行った1919年まで遡ることができる。この産業の萌芽期においては、組立台数も少なく、部品輸入によるノックダウン生産を基本としていたが、同国がこの単なるアセンブリー期から脱し、部品の国産化を伴う本格的な自動車生産を開始するのは1950年代に入ってからであった。この1950年代は、同国が軽工業品（繊維・食料品等）を中心とする第一次輸入代替工業化から、より高度な工業化［第二次輸入代替（重化学工業化）］へと乗り出す時期にあたり、自動車産業は、この第二次輸入代替工業化戦略のなかでも、中心的産業の一つと位置付けられ、重点的な産業育成が図られた。それは、『50年の進歩を5年で』という野心的な重化学工業化計画（メタス計画）を掲げたクビチェック政権期（1956～1961）において、GEIA（Grupo Executivo da Indústria Automobilística）と呼ばれる「自動車産業育成のための執行グループ」が創設されたことにも象徴されている

＊18　芹田（2007）を参照。

図1　ブラジル自動車産業における生産台数推移［乗用車と商用車の合計］（1957～2014）

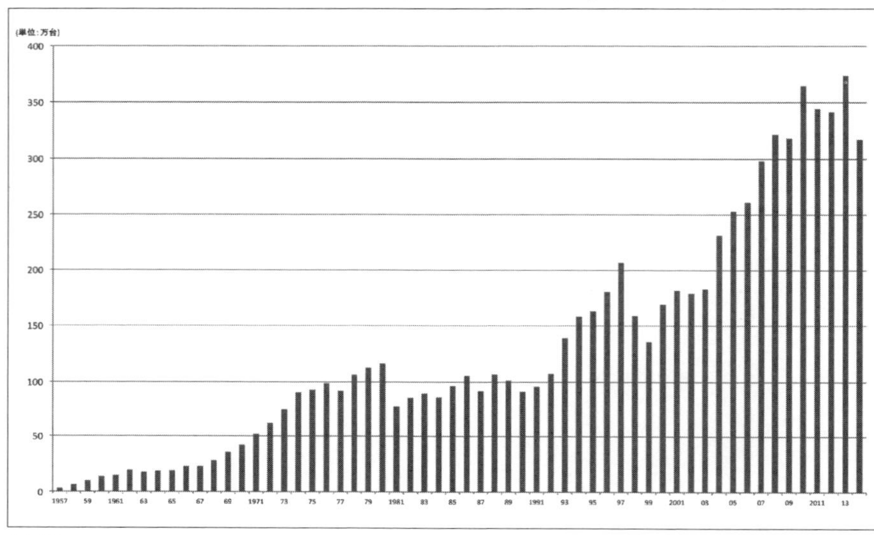

（出所）Anfavea, *Anuário da Indústria Automobilistica Brasileira 2016*（p.55）より作成。

といえよう。

図1は、1957年からの自動車生産台数の推移を示しているが、所謂、「累積債務危機」問題が勃発する1980年代初頭までは概ね順調に成長を遂げてきた。その意味で、このブラジル政府による輸入代替政策（輸入から国産への代替政策）は一定の成果を上げてきたといえよう。この輸入代替期における同国政府の自動車産業政策の特徴は一言でいえば、高い国産化率規制（言い換えれば輸入制限・禁止）に基づく保護主義的な規制策であった。これにより、本国からの輸出販売が事実上不可能となった多国籍自動車メーカーは相次いでブラジルへ進出（外資進出の第一の波）、ブラジルでの本格的な自動車生産を開始するのであるが、こうした動きは、ブラジル政府が意図した戦略とも合致していた。すなわち、軽工業品の第一次輸入代替に比し、より高度な工業化を目指した第二次輸入代替プロセスにおいては、資本や技術的な集約度（要請度）が一気に高まることにより、外資の存在なしで進めることは困難であるため、この自動車の国産化政策（広くいえば重化学工業化政策）は積極的な外資誘致戦略も伴っていたのである。

さて、上述のように、1980年代初頭にラテンアメリカ地域を襲った「累積債務危機」問題を契機に、ブラジルの自動車産業も大きな転換期（低迷期）を迎えることとなった。80年代のラテンアメリカ（ブラジル）は所謂「失われた10年」と呼ばれたが、この長引く景気低迷を受け、同国の自動車産業においても大きく生産が落ち込んだ（図1参照）。すなわち、同国の自動車生産は1980年には約116万5千台であったが、翌81年には約78万1千台へと、30％以上の落ち込みを経験するのである。債務危機後の景気後退の影響が和らいでくるのは80年代後半頃からで、自動車生産は1986年と1988・89年に100万台を回復した。しかし、1990年に生産は再び落ち込むことになる（90年の生産台数は約91万4千台）が、この背景として重要だと考えられるのが同年から始まった輸入自由化である。

すなわち、同年に誕生したコロル政権は、貿易（輸入）自由化をはじめとする開放政策を積極的に推進、これにより自動車産業では、完成車に対する輸入関税が（自由化前の）85％から、90年には45％へ、そして93年8月に35％、94年9月には20％にまで大幅に引き下げられた[*19]。こうした自由化の動きは、80年代以降の世界的な経済自由化・規制緩和の流れに沿ったものであるが、とりわけラテンアメリカ地域では、累積債務危機を契機に、IMF・世界銀行主導による経済安定化および構造調整政策を通じて自由化圧力が高まっていたことに留意する必要があろう。他のラテンアメリカ諸国でも80年代以降、それまでの保護主義的な輸入代替路線から自由化へと大きく転換していったが、ブラジルで自由化が開始されたのが1990年であった。

しかし、この急速な輸入自由化は、輸入の急激な増加（国内生産の低下）という帰結を招いたのである。この過程において、既にブラジル国内に生産拠点を持つ既存の自動車メーカーも、国産から輸入へと切り替える動きをみせた。1990年には3000万ドルに過ぎなかった同国の自動車輸入は、1994年には18億4000万ドル、1995年には38億6300万ドルに達した。台数ベースでは1990年の約100台から、1995年の約36万9千台にまで急増、国内総販売に占める輸入車の割合（台数ベース）は、1990年のほぼゼロの状態から1995年1月には35％を超えたのである。自動車部品セクターにおいても同様で、1990年には約8億3700万ドルだった部品輸入は、1995年には約27億8900万ドルにまで急増した[*20]。ブラジル（全体）の貿易収支も1995年以降、赤字に転落することになるが、その最大の要因がこの自動車関連の輸入であったといわれている。

こうした状況を背景に、同国政府が採用した対策が、同産業の再保護化および1995年に定められた自動車規則であった。すなわち、自動車（完成車）の輸入関税は95年2月に20％から32％へ、さらに同年3月には70％へと引き上げられ、ほぼ自由化前の水準に戻った。また、新たな産業政策ともいえる自動車規則では、国内で操業す

＊19　小池（2000）231頁参照。

＊20　上記の自動車・同部品の輸入関連のデータについては、小池（2000）上掲書233～234頁およびAnfavea（2013）p.63, 70を参照。

る個々の組立メーカーに対し、それぞれ輸出入バランス（1対1）や、一定の国産化率を達成することを条件に、完成車の輸入関税を、同年1月に発効したメルコスール域内に対しては0%、域外に対しては35%（通常は70%）、部品の輸入関税を、メルコスール域内に対しては0%、域外に対しては2.7%（通常は18%）とすることが決められた。これは一見、自由化の流れを踏襲したかのようにみえるが、そうではなく、既にブラジル国内に生産拠点を有している既存メーカーの利害を色濃く反映したものであった[*21]。すなわち、輸入自由化の過程で自動車の輸入を増加させたのは、既存メーカーだけではなく、（ブラジルに生産拠点を有さない）新規メーカーも然りであったが、この国内に生産拠点を有するメーカーしか享受できない自動車規則の関税メリットは、輸入販売において、既存メーカーが新規メーカーに対し競争優位を得るための政策的手段であり、既存メーカーによる市場防衛の意味合いがあったと考えられることからも、それまでの保護の継続だったと評価できよう。要するに、輸入自由化で輸入が急増したのは、それまでの産業保護の弊害（輸入車に比しての低品質・高コスト構造）が具現化した結果であったと考えられるが、これに対し、同国は、真に国際競争力の向上を目指す（そしてそのために必要な種々の構造改革を断行する）というより、基本的にはマーケットを再び閉じる方向で対応したと考えられよう。勿論、構造改革には相当な時間やコスト等を要することから、この時期のブラジル政府の対応策には合理的な側面もあったであろう。

この1990年の輸入自由化およびその帰結に対して採った同国の対応は、似たような状況で採用されるに至った、次節で述べる2012年の「新自動車産業政策（Inovar－Auto）」との対比の点からも重要である。そして、こうした再保護化や自動車規則の帰結は、図らずも同国への新規メーカーの相次ぐ参入（ブラジルでの現地生産開始）を促すことになった。こうして、既存メーカーと同じ立場（競争条件）を享受すべく、ホンダやルノー、プジョー・シトロエン、三菱自動車といった自動車メーカーが新規参入し、1950年代の外資進出の第一の波に続いて、第二の波を形成するのである。

以上、1980年代の「累積債務」危機以降の動向を中心に、ブラジル政府の産業・外資政策および自動車産業発展パフォーマンスについてみてきた。続いて、ブラジル自動車産業・市場が飛躍的な発展を遂げるに至った2000年代半ば以降の同産業の発展パフォーマンスおよび政府の産業・外資政策について述べ、その後に、本稿の中心的テーマである、経済グローバル化時代における国家による（産業）政策の有効性（言い換えれば、政府の“自律性”）の問題について検討を行いたい。

＊21　小池（2000）上掲書236～238頁参照。

4. 2000年代半ば以降のブラジル自動車産業・市場の飛躍的発展と政府の開発戦略

4－1　ブラジル自動車市場の爆発的拡大とルーラ政権期における社会・福祉政策

冒頭に述べたように、ブラジルにおける自動車市場は世界第4位の規模にまで成長したが、これが達成されたのが2003年より大統領に就任したルーラ労働者党政権（2003～2011）下であった。表1は、2000年から2012年までのブラジル自動車市場における自動車（乗用車＋商用車）の販売台数推移を示しているが、それによると、ルーラ政権の8年間（2003年～2010年：2期8年）に販売台数が200万台以上も増加していることがわかる。こうした傾向は、ルーラ政権の路線を引き継いだといわれる同じ労働者党のルセフ政権（2011年～）下でも続き、2012年には販売台数380万台を突破した。

表1　ブラジル自動車市場における販売台数推移（2000年～2012年）（単位は万台）

年	2000	2001	2002	2003	2004	2005	2006	2007	2008	2009	2010	2011	2012
台数	148.9	160.1	147.9	142.9	157.9	171.5	192.8	246.3	282.0	314.1	351.5	363.3	380.2

（出所）Anfavea, Anuário da Indústria Automobilística Brasileira 2013, p.63。

このような飛躍的なマーケット拡大の背景として重要なのが、社会政策重視のルーラ、ルセフ政権下で積極的に実施されてきた貧困対策と、それによる所得格差の大幅な改善および中間層の急速な台頭である。代表的な社会政策は、貧困層世帯に直接補助金を供与する「ボルサ・ファミリア（Bolsa Familia）」や、低所得者向け住宅政策の「ミーニャカーザ・ミーニャヴィーダ（Minha Casa, Minha Vida［私の家、私の人生］）である。このような労働者党政権下で強く推し進められてきた社会・福祉政策等を背景に、同国におけるC層と呼ばれる中間層（月収1734レアルから7435レアル未満）の人口割合は2001年には全体の38.64％であったが、2009年頃には過半数に達し、2011年には55.05％にまで上昇した。その一方で、低所得者層のD・E層（D層：月収1085レアルから1734レアル未満、E層：月収1085レアル未満）の人口割合は、2001年の53.62％から2011年の33.19％にまで大幅に減少した。

このような比較的短期間での所得格差の大幅な改善および中間層の急拡大が、2000年代半ば以降、急ピッチで飛躍的な発展を遂げた同国自動車市場・産業を支えた主な要因であったと考えられる。ここで、このブラジルの自動車市場拡大について、ラテンアメリカ地域のもう一つの自動車生産大国であるメキシコのそれと比較した興味深いデータを確認しておこう。人口1000人当たりの新車購入台数を両国で比較したデータによると、2004年時点ではメキシコ10台、ブラジル9台とほぼ同じレベルだったのに対し、2009年にはメキシコ7台に対し、ブラジルでは16台に達しており、2000年代半ば以降、ブラジル市場が急速に勢いをつけてきていることがここからも読み取れよう。

上記のような動きは、これまで歴史的に形成されてきた同国の経済・社会構造を考えると、新たな質的変化を伴っているという点で、特筆すべき新たな展開と評価できる。すなわち、16世紀以降の植民地期から形成された大土地所有制等を背景に、同国では歴史的に大きな貧富の差、すなわち経済・社会格差が存在してきた。世界的にみても、同国（広くいえばラテンアメリカ地域）の格差の度合いは歴史的にトップ水準に位置付けられ、こうした問題は従来、なかなか変革の難しい構造的な問題であると考えられてきた。また、同国におけるこれまでの第一次および第二次輸入代替工業化路線は行き詰まりをみせてきたが、その主な背景として、少数の富裕層と大多数の貧困層という二極化した経済構造とそれによる国内市場の狭隘性という問題が横たわり続けた。こうした従来の歴史的・構造的問題に対し、依然、道半ばであり、十分とは言い切れないものの、大きな風穴を開けたともいえる労働者党政権によるこれら積極的な社会政策は、同国の発展史上、画期的な動きと位置付けられるであろうし、同政策およびその行方は、同国の今後の自動車産業、広くいえば工業化の発展パターンを考える上でも極めて重要な要素となると考えられる。

さて、以上みてきたような2000年代半ば以降のブラジル自動車市場の急拡大を背景に、1950年代、1990年代に続き、ブラジル市場への外資進出は第三の波を迎えることとなる。特に2010年代以降、今度は中国を主とするアジア系企業を中心に、新規自動車メーカーが相次いでブラジル進出へと動き出したが、この背景には、市場の拡大だけではなく、次に述べる、同国政府による新たな自動車産業政策も関係していると考えられる。

4－2　新自動車産業政策の展開とブラジル独自の発展モデル

既述のように、ブラジルの自動車市場は2000年代半ば以降、飛躍的な発展を遂げてきたが、この市場の成長過程において増加したのは、前節で確認したブラジルでの国内生産だけではなかった。輸入車もまた急増した。すなわち、2004年には約6万2千台であった自動車輸入は、3年後の2007年には約27万7千台へ、そして2011年には85万8千台へと、国内生産を上回る急ペースで拡大した。この結果、国内販売に占める輸入車の割合は、2004年の約3.9%から、2007年は11.3%へ、そして2011年には約23.6%へと急上昇を示し、また2009年以降（2012年まで：但し2010年を除く）、輸入車の数は輸出車の数を上回るようになった。完成車の輸入関税は高い水準（35%）であったにもかかわらず、こうして輸入車が急増した背景には、輸出競争力のあるメキシコとの自動車貿易協定の実施（2003年1月発効）に加え、外資流入等を背景としたレアル高、そして多種の税金（複雑な税制）問題に代表される所謂「ブラジルコスト」により国内の自動車価格が割高なこと――等が考えられよう。このような事態に対して、ブラジル政府は、先述した輸入自由化により輸入車が急増した90年代半ばと同様の政策を展開するに至る。まず2011年12月、輸入車（メルコスールおよびメキシコ、ウルグアイ産を除く）に対して工業製品税（IPI）を増税（通常の税率＋30%）したのに加えて、2012年3月にはメキシコ政府と自動車貿易協定の改定を行い、（双方の国からの）輸出上限枠（2012年から3年間）を設定するといった保護措置を採った。90年代の時のように関税率を引き上げなかったのはWTO（世界貿易機関）との絡みからであると推測されるが、輸入車に対してのみ国内税であるIPIの税率を引き上げることは、関税引き上げと同等の国内市場保護の効果を持つであろうことは言うまでもない。

このような輸入制限的な措置を講じた後、ブラジル政府はついに2012年4月、『Inovar－Auto』（自動車産業に関わるイノベーション・科学技術・すそ野産業振興プログラム）と呼ばれる新たな自動車産業育成策を発表（同年10月に改定）した。これは、上記の輸入車に対するIPI増税策を引き継いだ形の政策であるが、短期的な輸入車対応というより、今後の長期的な国産車の育成とそのための投資促進（外資導入）により重点が置かれた政策であると性格付けられる。その『Inovar－Auto』の概要を示したのが、表2（次頁）である。

それによると、政府による4つの提示要件のうち、必須条件として挙げられている製造工程（指定工程）の履行については、国産化率（上昇）を担保するための措置と考えられ、これは従来からの輸入代替戦略の延長線上の施策であるといえよう。この『Inovar－Auto』が従来の自動車産業政策と大きく異なるのは、その射程が、これまでの国産化（上昇）にとどまらず、同表の②～④（特に②と③）に示されているように、外資（自動車メーカー）による投資の性格や中身、すなわち、質的な側面にまで及んでいるという点である。言い換えれば、これは、多国籍企業のグローバル戦略、より具体的にいえば、先に検討したように、研究・開発（R&D）から設計、部品製造（調達）、車両生産、販売、アフターサービスに至るまでの一連の諸活動すなわちグローバル・バリュー・チェーン（Global Value Chain）のプロセスに対する介入を意味し、これによ

表2　新ブラジル自動車産業政策の概要

- 名称：Inovar－Auto (自動車産業に関わるイノベーション・科学技術・すそ野産業振興プログラム)
- 対象期間：2013 年～2017 年
- 政策内容：以下の政府提示要件を満たすメーカーに対し、輸入枠の付与および工業製品税(IPI)追加分(+30%)の減免を行う (逆にいえば、要件を満たさないメーカーは、IPI の追加税を加えた税(本来の税率＋30%)を払わなくてはならない)。輸入枠については各社一律で 4800 台。現調化の度合いによって最大 9600 台まで。
- 政府による提示要件：以下の 4 つの要件のうち、3 要件[以下の①は必須条件]を達成しなければならない。

年	① 製造工程(指定工程)の履行 (注 1)(乗用車／軽商用)	② 研究開発投資(対売上高)	③ 生産技術投資 (注 2)(対売上高)	④ 燃費ラベリング (注 3)(対生産台数)
2013	12 工程中 6 工程	0.15%	0.50%	36%
2014	12 工程中 7 工程	0.30%	0.75%	49%
2015	12 工程中 7 工程	0.50%	1.00%	64%
2016	12 工程中 8 工程	0.50%	1.00%	81%
2017	12 工程中 8 工程	0.50%	1.00%	100%

注 1: 上記の 12 工程は下記を指す。
(1) スタンピング (2) 溶接 (3) 塗装 (4) プラスティック成形 (5) エンジン製造 (6) トランスミッション製造 (7) ステアリングシステムおよびサスペンションの組立 (8) 電子システムの組立 (9) ブレーキシステムおよび車軸の製造 (10) プラットフォーム生産 (11) 最終組立 (12) 製品開発および検査のためのインフラストラクチャー(設備)

注 2：生産技術投資とは、より具体的には、エンジニアリングや基礎工業技術、サプライヤーの能力構築への投資を指す。

注 3：燃費ラベリングとは、より具体的には、国家工業度量衡・規格・工業品質院 (INMETRO) による省エネ・ラベリング (省エネ対応規格：エネルギー消費効率情報を消費者に開示するもの) への対応を指す。

(出所) ブラジル日本商工会議所 業種別部会長シンポジウム「自動車部会」レポート(2013年)、Ugo Ibusuki (2012), "OVERVIEW OF THE BRAZILIAN AUTOMOBILE AND AUTO-PARTS INDUSTRY- CURRENT TRENDS AND CHALLENGES", 2012年8月29日プレゼン資料(早稲田大学)、Cristiano Façanha (2013), "Brazil's Inovar-Auto incentive program" (The International Council on Clean Transportation のWebpageよりダウンロード)、経済産業省『通商白書 2012』第1章第6節の「1. 中南米経済」の「(2) ブラジル経済の動向」を基に筆者作成。

り、産業の機能的アップグレーディング（functional upgrading）を達成しようとするものとして理解できよう。特に、②の研究開発投資と、③の生産技術投資に関する要件が注意を引く内容となっているが、こうした政策内容からは、これまでの国産化路線を維持しながら、多国籍企業からの技術移転を促進させ、とりわけブラジルが開発ないしプロダクトサイクルの起点となるようなブラジルモデルの自動車開発の能力を構築するとともに、生産性や製品品質の向上を通じた国際競争力の強化を成し遂げようとする政府の狙いが強く感じられる。これはまた、比較的高い関税をかけているにもかかわらず、輸入車が急増してしまうという脆弱な産業構造の転換を図ろうとする政策であるとも解釈できよう。

一般に、部品産業（サポーティング・インダストリー）が相対的に脆弱な発展途上国においては、国産化率向上と国際競争力の強化という二つの目標は簡単には両立せず、一定のトレード・オフの関係にあると考えられる。[*22] しかし、ブラジルは、この二つの目標、特に、これまで問題視されてきた国際競争力の強化を、自由化・輸出指向モ

＊22　こうした問題について、メキシコ自動車産業の事例を基に論じたものとして、芹田（2000）等を参照。

デルに転換することなく、これまでの国内中心モデルで成し遂げようとしていると考えられ、これは極めてユニークなブラジル独自の試みであり、注目すべき新たな動きであるといえよう。

既にみてきたように、この『Inovar－Auto』は、ブラジルへの自動車輸出を極めて困難にする政策である。すなわち、この新政策の実施により、ブラジル市場で自動車を販売するためには事実上、同国内に生産拠点を設けることが必須となったといえよう。そして今や、その生産拠点とは、単なる従来のような組立拠点に留まるものではない。すなわち、『Inovar－Auto』によって同国が目指すのは、一般に付加価値の高い工程とされる研究・開発（R&D）機能の内生化（多国籍企業による同機能の現地移転）を促し、ブラジル国内での自動車の開発・設計機能を強化、最終的には同国がプロダクトサイクルの起点となるような同国オリジナルの自動車を開発、生産できるまでの拠点の育成こそにあると結論付けることができよう。

5. 経済グローバル化時代における国家の役割と能力
──ブラジル自動車産業における政府の産業政策の事例を基に

本稿は、現代の経済自由化・グローバル化が個別国家の役割や能力、より具体的にいえば、自国の経済（産業）や社会に対する役割や管理運営能力にどのような影響を及ぼすのか、について、ブラジルにおける自動車産業の事例を通じて考察することを主な課題とした。上で述べた通り、ブラジルの自動車産業・市場は、1990年代半ば頃から「失われた10年」からの回復基調をみせ始め、とりわけ2000年代半ば頃から急速な成長軌跡を辿った。その市場規模は、中国、アメリカ、日本に次ぐ世界第4位の水準にまで拡大、これに伴い、生産規模についても世界第7位の自動車生産大国（2012年）にまで発展するなど、同産業・市場は、近年までに目覚ましい躍進を遂げるに至ったのである。このようなブラジル自動車市場・産業の急成長は、新古典派経済学者の理論が示すように、1990年代以降、世界経済の潮流となっている経済グローバル化やその背後にある経済自由化（市場経済化）によってもたらされた訳では決してなく、むしろ、ブラジル政府が積極的に同産業や、さらには広く自国の経済・社会に介入してきた結果であった。ブラジル政府は、80年代初頭の「累積債務危機」問題以後の経済自由化・グローバル化圧力に対して、1990年に一度は自由化の方向へ大きく舵を切ったものの、自動車をはじめとする輸入の急増を受け、関税率を引き上げるなど、再び1950年代以来の産業保護主義的な政策に回帰した。1995年1月に発足した、関税同盟的なメルコスール（南米南部共同市場）も、こうした内向きな政策の一環であったといえよう。また、自動車市場・産業の大躍進を経験した2000年代半ば以降の局面においては、同政府は、90年代半ばと同じく、輸入車の増大に対し、関税引き上げと同等の意味合いを持つ工業製品税（IPI）の（輸入車に対する）増税を実施した後、『Inovar－Auto』と呼ばれる新たな自動車産業政策を発表した。さらに同政府は、この時期において、自動車産業にターゲティングした政策に留まらず、より広い自国経済や社会への介入、具体的には、「ボルサ・ファミリア（Bolsa Familia）」に代表される貧困者向けの補助金政策を大々的に実施した。そして、それが中間層の急速な拡大をもたらし、ブラジル自動車産業・市場の目覚ましい発展パフォーマンスを支える重要なファクターとなったことは前節で述べた通りである。

以上述べてきたように、ブラジルの経験は、経済グローバル化と国家の自律性に関する通説（第1節参照）、すなわち、現代の経済グローバル化の潮流は、自国の経済・社会に対する政府の役割や能力、言い換えれば、国家の自律性を低下させるという見方を支持していないことを示しているといえよう。たしかに、前節で検討したように、90年代に比し、2000年代以降、一部、政策ツールの変更（対外的な関税政策から、国内的な税政策への転換等）はみられたものの、本稿が対象としたブラジル自動車産業の事例は、政府が資本（多国籍企業）のパワーに屈し、独自の政策を採れなくなるという通説に反し、1950年代以来の保護主義的な政策を堅持しつつ、さらに、新政策の『Inovar－Auto』においては、自らの国の産業レベルの向上（第2節で述べたfunctional upgrading）のため、逆に資本の行動に制約を与え得る、より具体的にいえば、資本（多国籍企業）のグローバル・バリュー・チェーン（GVC）戦略に影響を及ぼし得る産業政策を遂行するに至った。このように、ブラジルの経験をみる限り、現代の経済グローバル化は決して「経済政策の死」や「産業政策の死」をもたらすとはいえない。

それでは、世界的に市場化・グローバル化の圧力が高まるなかで、同国は何故、このような独自の政策を採用できたのであろうか？

先に検討したバーゲニング論の枠組みでこの点について考えると、ブラジルはまず、資本（多国籍企業）に対して、「大きな国内市場とその将来的有望さ」（第1節参照）という強力なバーゲニング・チップを有していたことがそのファクターとして挙げられるであろう。とりわけルーラ政権誕生後の2000年代半ば以降、国内マーケットがまさに急拡大していた過程で、『Inovar－Auto』と呼ばれる、多国籍企業のグローバル戦略に一定の制約を与え得る産業政策が発表、施行できたことは、このバーゲニング・チップの有効性を間接的に示しているともいえよう。要するに、この2000年代半ば以降の局面においては、急成長を続けるブラジル国内マーケット（2012年には世界第4位のマーケットにまで成長）を求め、アジア系をはじめとする新規の多国籍自動車メーカーが相次いで進出してくるなかで、ブラジル政府は、これまで以上に多国籍企業間の競争を利用して、自国に有利な政策を展開できる環境にあったと考えられよう。そして、このような国内的要因に加え、2000年代以降（2010年代初め頃までは）、中国やインドなど新興諸国の経済開発等を背景とする世界的な資源需要の高まりを受け、ブラジルの有する「豊富な天然資源」というバーゲニング・チップも有効に機能する環境にあったということも指摘できよう。このように2000年代半ば以降、国内的要因に加え、外部環境にも恵まれていたことが、同国の対外的プレゼンスを増大させ、ひいては、同国の対外的なバーゲニング力の増大へと繋がっていったと考えられよう。同国が『Inovar－Auto』をはじめとする独自の産業・外資政策を実施できた背景には、以上のような諸ファクターがあったと考えられる。

それでは最後に、ブラジル以外の発展途上国に対する政策的インプリケーションはどのような点にあると考えられるだろうか？

まず、ブラジルが世界的にグローバル化圧力が高まるなかで独自の産業・外資政策（開発戦略）が遂行できたのは、その大国性ゆえであり、経済規模の小さな中小国とは同一に論じることができないという主張が容易に浮かんでこよう。たしかに、そのような側面があることは否定できないかも知れない。しかしながら、中小国であっても、資本（多国籍企業）に対する何らかの「優位性」、すなわち有効的なバーゲニング・チップは存在するか、あるいは、自ら政策的に創り出すこともできよう。

本稿で取り上げたバーゲニング論（Bargaining Theory）の一般的妥当性やさらなる理論的発展等について検討するためには、今後の他国における事例研究の蓄積およびそれら事例間の比較研究を待たなければならない。今回のブラジルの事例におけるより精緻な実証分析とともに、今後の課題としたい。

[参考文献一覧]

＊内多允（2011）「成長する中南米自動車産業」，『季刊　国際貿易と投資』，Summer 2011（No.84），国際貿易投資研究所
＊経済産業省『通商白書 2012』
＊小池洋一（2000）「ブラジルの経済自由化と自動車産業政策，東茂樹編『発展途上国の国家と経済』（第6章），アジア経済研究所（研究双書No.508）
＊S. ボールズ・D. M. ゴードン・T. E. ワイスコフ（1986）『アメリカ衰退の経済学――スタ

グフレーションの解剖と克服』，都留康・磯谷明徳訳，東洋経済新報社
＊佐々木隆雄・絵所秀紀（1987）『日本電子産業の海外進出』，法政大学出版会
＊芹田浩司（2000）「経済グローバル化とメキシコ自動車産業——国内部品産業に対する多国籍企業戦略のインパクト——」，『アジア経済』，アジア経済研究所，第41巻 第3号
＊———（2002）「経済グローバル化と発展途上国における労働——メキシコにおける自動車産業とマキラドーラの事例分析を通じて」，『ODYSSEUS』（東京大学大学院総合文化研究科地域文化研究専攻紀要），第6号
＊———（2007）「メキシコにおける経済自由化と産業クラスター：自動車産業の事例」，『釧路公立大学地域研究』，釧路公立大学
＊———（2011）「グローバリゼーション時代におけるメキシコ自動車産業の発展とその課題」，『海外投融資』，海外投融資情報財団
＊恒川惠市（1996）『企業と国家』（現代政治学叢書16），東京大学出版会
＊Anfavea（各年版）*Anuário da Indústria Automobilística Brasileira*
＊Balassa, Bela（1981）"The Newly-Industrializing Countries After the Oil Crises.", *The Newly Industrializing Countries in the World Economy.*, Pergamon.
＊———（1989）"Outward Orientation." in Chenery, H., and Srivansan, T.N.(eds.), *Handbook of Development Economics.*, Elsevier Science Publishers.
＊Chang, Ha-Joon（2003）*Globalisation, Economic Development and the Role of the State*, Zed Books.
＊Gereffi, Gary and Korzeniewicz, Miguel（eds.）（1994）, *Commodity Chains and Global Capitalism*, Praeger.
＊Gereffi, Gary.（1999）"International trade and industrial upgrading in the apparel commodity chain", *Journal of International Economics* 48
＊Gereffi, Gary, Humphrey, John, and Sturgeon, Timothy（2005）"The governance of global value chains.", *Review of International Political Economy*, 12（1）.
＊Giuliani, Elisa, Pietrobelli, Carlo, and Rabellotti, Roberta.（2005）"Upgrading in Global Value Chains: Lessons from Latin American Clusters.", *World Development*, 33（4）.
＊Little, I.M.D.（1981）, "The Experience and Causes of Rapid Labour-Intensive Development in Korea." in Eddy, L.(ed.), *Export-Led Industrialization and Development.*, ILO.
＊Pierson, Christopher（1991）*Beyond the Welfare State?*, Polity Press.
＊Robinson, Ian（1994）"NAFTA, Social Unionism, and Labour Movement Power in Canada and the United States.", *Relations Industrielles*, 49（4）.
＊Schmitz, Hubert（1999）"Global Competition and Local Cooperation: Success and Failure in the Sinos Valley, Brazil.", *World Development,* 27（9）.
＊Schmitz, Hubert（ed.）（2004）*Local Enterprises in the Global Economy: Issues of Governance and Upgrading.*, Edward Elgar.
＊Teeple, Gary（1995）*Globalization and the Decline of Social Reform.*, Garamond Press.

現代社会の変容
——環境倫理・メディア言語・漢字文化

第7章
儒教における環境倫理思想
―――人間と動植物の同質性および仁の限界をめぐって

田中有紀

はじめに

2015年、PM2.5による大気汚染問題を扱った柴静のドキュメンタリー『ドームの下（『穹頂之下』）が話題になった。柴静は、大気汚染が拡大した原因をとりあげ、法や規制の不備、エネルギー関連業界の腐敗、特定の企業の独占による新エネルギー開発の阻害などを厳しく追及した。そしてドキュメンタリーの最後に、環境問題に対して人々がより高い意識を持つよう訴える。有毒物質を排出する工場や飲食店を通報したり、必要な時だけに自動車に乗るようにするなど、一人一人が真剣に考えることの大切さを強調した。

近代西洋では科学革命以降、科学技術が急速に発展し、人間社会を高度に文明化する一方で、自然破壊が進み、深刻な環境問題を引き起こした。そのため早くから自然保護の意識が高まった。1970年代以降は、人間のための自然保護という意識、いわゆる「人間中心主義」から脱却し、自然そのものの重要性が主張された。とりわけアメリカでは、自然も権利を持ち、「一本の木が法廷に立つ」という状況さえ生まれた。そして生態学の進展とともに、すべての生命体が相互に関連する世界の中で、自然全体が平等な権利を持つという「ディープ・エコロジー」の思想も登場した。

1970年代以降のアメリカ環境倫理思想の発展に、一部分で影響を与えたのが東洋思想である。仏教の輪廻転生や易の陰陽理論などが、人間と自然の「共生」を考える上で重要なヒントとなったのである。しかし実際、そのような思想的基盤を持っていたはずの東洋社会も深刻な環境問題に悩み、特に現代中国では、柴静が指摘するように、環境問題に対する意識の低さが問題となっている。西洋の科学技術を受容した結果、東洋が近代化し、環境汚染に何のためらいもなくなってしまったのだろうか。あるいはそもそも、人間と自然の「共生」自体が幻想だったのだろうか。

中国では古くから、木を切り倒し、河を堰き止め、山を崩すような大規模な開発を行ってきた。上田信は、春秋戦国時代の自然破壊について、「おそらく、戦争に勝つために各国が生産力を上げようと落葉広葉樹林を伐採し、黄土高原を『耕し』尽くした結果であろう[*1]」と述べる。また、「中国の文明は、自然を完全に排除し、人工をもって代えるところにその本質があるのではないか」とさえ述べている[*2]。実際、長い歴史を通して開発された中国の全土に森林が占める割合は少なく、中国は「歴史的に森林破壊をしていた国」と言えよう[*3]。そもそも、儒教で聖人とされる人物、堯や禹は、大規模な自然開発や動物の駆逐とともにその伝説を語られる[*4]。このように考えると、東洋起源の様々な思想は、環境破壊の真の抑止力となり、人間と動植物のユートピアを実現することなどできるのだろうか。

1. 西洋における環境倫理思想の進展

近代西洋において、人間が自然を搾取し、環境を破壊するに至った原因は何だろうか。リン・ホワイト[*5]は、環境問題を生み出した根本的要因は、17世紀の科学革命や18世紀の産業革命以前に遡り、中世キリスト教にあると考えた。中世ではすでに、農機具や馬具の普及や水車・風車、時計などの技術革新によって飛躍的に生産力が増し、産業革命と類似するほどの変化が起っている。その根源にあるのは、キリスト教における人間優位の発想であるという。旧約聖書の天地創造物語からは、神が人間のために万物を創造したことが窺え[*6]、ホワイトはキリスト教を「もっとも人間中心的

＊1　上田（1999）106頁。

＊2　上田（1999）3頁。上田はまた、戦国時代の思想家である孟子をとりあげ、「(『楚辞』と）同時代に落葉広葉樹林帯で著された思想書『孟子』には、森林を開発の対象とする発想しか読み取れない」「喬木などは重要ではない、人間こそが国の柱だと言い切る孟軻は、人間中心の世界観をもって語っている」と述べる（上田（1999）66頁）。

＊3　上田（1999）247頁。

＊4　堯の時代に河川が氾濫し蛇や龍がのさばり、人々は家を放棄して避難した。そこで堯は禹に命じて治水工事を行わせ、蛇や龍を除去したという（『孟子』滕文公章句下）。本間（2015）105頁～107頁も参照。

＊5　1907～1987。ヨーロッパ中世農業技術史を専門とする。プリンストン大学、スタンフォード大学、カリフォルニア大学で教授を務めた。

＊6　ただし、「人間は『羊飼い』として、支配下にある動植物の世話をするという解釈もあり、最近ではむしろその考えが主流であるという」(鬼頭（1996）39頁)。

な宗教」と位置付ける。[*7]

19世紀に入ると自然保護の思想が出現するが、あくまでも人間のための自然保護であった。その発想が根本的に転換したのが1970年代であり、「自然保護は、保護する自然そのもののために行われるべきで、必ずしもそのことが人間のためにならなくても保護すべきであるという考え方」に変化した。すなわち「人間中心主義」からの脱却である。[*8]

アメリカの環境倫理思想の発展史をまとめた著作として、ロデリック・F・ナッシュの『自然の権利』がある。この著作の目的について筆者は「『道徳には、人間と自然との関係が含められるべきである』という思想の歴史と意味を明らかにすることにある」と述べ、また「『倫理学は、人間（あるいは、人間の神々）の専有物であるという考え方から転換し、むしろ、その関心対象を動物、植物、岩石、さらには、一般的な“自然”、あるいは“環境”にまで拡大すべきである』という思想が比較的、最近に登場したことを検証している[*9]」と述べる。ナッシュは、貴族など特定層のみに認められていた自然権が、男性、女性、アメリカ先住民、黒人、人間全体へと広がり、そして1973年に絶滅危惧種保護法が制定されると、自然界にも拡大する歴史を描いたのである。自然の権利については、たとえば、クリストファー・ストーンの「自然物の当事者適格の概念」(1972) は、樹木にまで自然権を拡大し[*10]、ピーター・シンガー[*11]の「動物解放論」(1973) は、「苦痛を感じるか否か」という利害を動物に対しても平等に考慮すべきだと考えた。

20世紀に入り生態学が進展すると、有機体の相互連関を重視する「ディープ・エコロジー」が誕生した。ノルウェーの哲学者アルネ・ネスが提唱した「ディープ・エコロジー」とは、「生命体や人間を個々のバラバラなものとして考えるのではなく、

＊7　ホワイト (1972)、87頁〜88頁。また、村田 (2009) 54頁を参照。

＊8　鬼頭 (1996) 34頁。

＊9　ナッシュ (1999) 30頁。

＊10　ウォルト・ディズニー社のミネラル・キング渓谷開発に対し、シエラ・クラブが反対運動を進めていたが、裁判では、シエラ・クラブ側に、侵害される法律上の利益がなく、法的な当事者適格は認められないとされた。これに対しストーンは、問題となっている自然物そのものに当事者適格を認めさせようとした。ストーン (1990) 58頁〜98頁、鬼頭 (1996) 51頁を参照。

＊11　オーストラリアの哲学者。人間が平等であることの基本的原理は、知性や能力の同等性にはないと考え、利益に対し平等に配慮すべきだと考えた。平等に配慮されるべき利益は、苦痛を感じる利害を基準とする。つまり、苦痛を感じる動物も人間と対等に扱うべきだということになる。シンガー (1988) 205頁〜220頁、鬼頭 (1996) 64頁〜65頁を参照。

相互に関連し、全体のフィールドに織り込まれた網の目の結び目として」捉え、原則として全生命体平等主義を想定した。「ディープ・エコロジー」は、禅の思想の流行とも相まって、アメリカで多様に展開した。[*12] しかし、過度な「ディープ・エコロジー」は人間の生活を危うくするとして、「環境ファシズム」と批判を受けることもあった。[*13]

急進的な環境倫理思想に、ダーウィン（1809〜1882）の進化論が与えた影響は大きい。人間も動物も、最初の生命体に遡れば両者の間に境界線はない。進化論は、人間対動物という二元論を崩壊させ、環境倫理学の重要な思想的根源となった。しかし一方で、急進的な環境倫理思想に批判的な立場の知識人は、進化論の「適者生存」から別の結論を導いた。生命の樹木の頂点にある人間は、これまでの業績によって、ほかの生物に対する支配権を確立しているという発想である。[*14]

ナッシュは、「東洋の宗教ではあらゆる自然物は究極的には一つであると考えられていた。人間をより大きな有機的な世界のなかに包摂することによって、環境倫理学への思想的な道筋を開いたのである。古代における東洋思想は、生態学の新しい仮説と非常に類似している。どちらの体系においても、人間と自然の間に介在する、生物学的境界と倫理的境界は存在しない」と述べている。[*15] 確かに東洋思想には、仏教の輪廻思想にせよ、禅にせよ、神道にせよ、あるいは後述する儒教の動物論にせよ、人間対自然の二元論をとらず、世界を一つの有機体のように同質の連続的存在として捉える傾向が強い。しかし前述したように、中国では古代から大規模な自然破壊が行われてきた。人間が文明を維持するため自然に干渉する以上、「人間中心主義」でないことはありえない。重要な問題は、「人間中心主義」であるか否かではなく、「東洋思想が、人間・自然に対しどのような理論的位置付けを与え、人間は自然に対してどのようにふるまうべきかを考えたのか」である。[*16]

＊12　鬼頭（1996）83頁〜85頁。

＊13　カトリックの大司教ロバート・ドワイアーは「環境崇拝」と「破壊されていない自然への新しい信仰」を「反人間的」と述べた（ナッシュ（1999）288頁〜290頁）。

＊14　ナッシュ（1999）122頁〜125頁。

＊15　ナッシュ（1999）274頁。

＊16　鬼頭秀一は「西洋でも東洋でも等しく、ある特定の生業形態をとって生活がなされてきている限り…その『生業』のあり方は、人間中心的であるのか人間非中心的であるのかという次元ではなく、自然とのかかわりのあり方という次元からしか捉えられない」と述べる（鬼頭（1996）119頁〜120頁）。

2. 朱熹の動物論

2－1 人間と動物の同質性

中国思想、特に儒教では、人間と自然の同質性はどのように説明されているのだろうか。前近代中国では、聖人と対比して禽獣（動物）を論じた。特に南宋の儒者である朱熹（しゅき）[*17]（1130～1200）は、禽獣のみならず、植物や瓦礫などの無生物の特徴を、理気論に基づき理論的に考察した[*18]。

朱熹は、理と気の二元論をうちたてた。我々が目にしたり手にしたりできる、つまり経験的に感覚できる存在を気とし、気の作用や運動法則を引き起こす秩序を理と捉えた。人間の心は、本来誰もが有する「理である性」と、心が外界に触れ発動したのちの状態である「気である情」に分かれる。後述するように、朱熹は、理気二元論を人間のみならず自然全てに適用し、両者の一貫性を主張した[*19]。

朱熹の動物論を、朱熹と弟子との問答をまとめた『朱子語類』にそって見ていこう。「天下に性を持たない物はない。この物があれば、この性がある。この物がなければ、この性はない[*20]」と述べるように、人間も動物も、性を持たないものはない。それにもかかわらず、人間と動物の間には差異がある。その差異を起こす原因が五行の偏在である。

> 質問「五行はすべて太極を得ているのですか。」
> 朱熹「等しく得ている。」
> 質問「人間は五行全てを有しますが、物は一行だけを得ているのですか。」
> 朱熹「物もまた五行全てを有しているが、偏った五行を有しているだけだ。」
> (『朱子語類』巻四、第四条、56頁)

＊17 朱熹、字は元晦、福建の人。十九歳で進士に合格した後、地方官を歴任する。北宋の周敦頤・程顥・程頤・張載らの理論を継承、発展させ（朱熹の動物論もまた彼らの影響を受けている)、のちにその学問は朱子学と言われた。

＊18 朱熹の動物論については、本間（2015）のほか、山田（1978）433頁～439頁もとりあげる。

＊19 溝口他（2001）31頁～36頁。

＊20 『朱子語類』巻四、性理一、人物之性気質之性、第三条、56頁。

五行は仁・義・礼・智・信の五常を指す。人間にはこの五つの徳目が最初から備わっているが、動物は備わり方に偏りがあるという。この偏りをもたらすのが気の清濁である。つまり、性を受けた時点で人間と動物の間に違いはなく、気によって違いがもたらされたとしても、それは質的な差ではない。また、以下のように言う。

質問「性は仁・義・礼・智を有するのでしょうか。」
朱子「(『周易』繋辞上伝に)『これを成すものが性である』と言うようなものだ。その上にはさらに『一陰一陽』、『これを継ぐものは善である』とある。一陰一陽の道では、人であろうが物であろうが、すでに仁・義・礼・智の四つを有している。普通、昆虫の類でもみなこれを有するが、ただ偏っていて完全ではなく、濁気によって隔絶されているのである。」(『朱子語類』巻四、第五条、56頁)

万物は、形体を得たあと、有する徳目に差が出てくる。たとえば、蜂や蟻は、君臣関係を特に重視し、徳目の中でも義が圧倒する。虎や狼は父子関係を重視し、仁が勝る。朱熹はこのような状況を、鏡に光を当てた場合、一ヶ所だけは特に明るくなるが、残りの部分は真っ暗であるようなものだと述べる(『朱子語類』巻四、第九条、57頁)。

動物は、徳目の全てではなく、そのうちのせいぜい一点しか発揮できないが、そこに集中する分、その輝きは凄まじい。偏りがちではあるが、特定の徳目を徹頭徹尾貫くことができる。それに対し人間は、徳目全体をカバーできるからこそ、気に阻害された場合、一つ一つの徳目を追求しきれず、「昏」となりやすいと朱熹は考えた(『朱子語類』巻四、第十九条、60頁)。

2―2　人間と動物の差異

人間と動物は、性という点では同質であっても、受ける気の差によって差異が生じる。異なる気を受けているさまが最も露わになるのが、我々の形体である。

人であれば(気によって)塞がれていても、貫通できる道理がある。禽獣に至っては、彼らもまた同じ性を有するが、ただ形体によって拘束され、生まれつき甚だしく塞がっているので、貫通しようがない。虎や狼の仁、ヤマイヌやカワウソが獲物を並べる祭礼、蜂や蟻の義などは、一部分の性にだけ通じ、たとえるならば一隙の光である。猿などは、形体が人に似ており、他の動物と比べ最も霊妙であり、ただ言葉が話せないだけである。…(『朱子語類』巻四、第十一条、58頁)

気がかたちづくる形体が阻む限り、動物は五常全てに通じることはできない。それゆえ、人間の形体に近い猿は霊妙である。そして猿は「ただ話ができないだけ」と述べるように、朱熹は言語の有無を、人間との決定的な差異としてはいない。同様に、知覚の有無もまた、決定的な差異とはならないようだ。朱熹は、草木もまた人間と同質であると述べる。草木も日向にいれば生き生きとし、日陰にいれば憔悴し、好悪の心がある。ただ知覚がないだけである（『朱子語類』巻四、第二十四条、60頁）。それでは枯れ木、瓦礫などの無生物はどうか。朱熹は、枯れ木や瓦礫には生意はないが、理を持つという点ではやはり人間と同質であるという。

> 質問「かつて先生は…枯れ木にも理があるとみなされました。枯れ木や瓦礫にどんな理があるのでしょうか。」
> 朱熹「たとえば大黄も附子も、みな枯れ木である。しかし大黄は附子とはなれず、附子は大黄とはなれない。」（『朱子語類』巻四、第二十六条、61頁）

枯れ木や瓦礫に理（性）がある証拠は、それぞれ役割があるからである。大黄と附子はともに植物の根を乾燥させて作る薬であるが、それぞれ効能が異なる。体を冷やす大黄に対し、附子は体を温める。大黄には附子の役目は果たせず、附子には大黄の役目は果たせない。このように、たとえ無生物であっても、役割をもって存在している以上、それぞれをそれぞれとして存在させている理（性）を窺い知ることができるのである。

2－3　同質性を前提とした上での越えられない壁

以上のように、人間、動物、植物、無生物はすべて理（性）を有するという点で同質であるが、気による形体が阻害する度合によって、それぞれが本来有している理（性）を発揮できるかどうかが異なる。言語・知覚・生意の有無は、あくまでも付随的な要素に過ぎない。このように朱熹は人間と自然に同質性を確保しながらも、また一方で、形体の差がもたらす理（性）の偏塞を、人間と動物の間にそびえる越えられない壁だとも認識している。

> ある者が質問した。「人間と物の性が一源であるなら、どうして差異が生じるのですか。」

> 朱熹「人間の性は、明暗のレベルで論じるが、物の性はただ偏り塞がっている。暗いものは明るくできるが、すでに偏り塞がっているものを開通させることはできない。…」
> また質問「人間が不善に馴染み、すでに深く不善に溺れている者は、とうとう元には戻れないのですか。」
> 朱熹「不善へ向かう勢いが極めて大きい者は戻ることはできない、やはりいかに是非を識別するか、いかに努力するかにかかっている。」
> （『朱子語類』巻四、第八条、57頁）

人の性は明暗で語ることができるが、物の性は偏塞でしか語れない。人間の場合、塞がれて暗くなったものは明るくできるが、物の性はどうにもならない。ただし、人間も物に陥る可能性を有する。人間も深く不善に溺れてしまえば、明暗を語れるレベルに戻れない。つまり朱熹は、「人間一般」と「不善に溺れた人間≒物」という「救いがたい存在」の間に、越えられない壁を想定している。人間が物に陥る可能性を残しているという点では、人間と動物の同質性を確保している。そして、気によって完全に塞がれてしまったものには、人間・動物を問わず、もともとの性を取り戻すことは期待できないのである。

以上のような朱熹の動物論について、山田慶児は「生物さらには無生物までをふくむ万物の同質観と連続観[*21]」と述べている。朱熹は、性の同質性を、人間・動物・草木・瓦礫の隔たりなく適用する。しかし、「同質である」ことと「同じように扱う」ことは、別の問題である。朱熹は一方で人間と動物の同質性を認めつつも、また一方で、両者の間に気の偏塞が生む形体の差という越えられない壁を想定していた。物、そして「不善に溺れ、限りなく物へと近づいた人間」つまり「小人」は、もはや完全なる性を発現し得ないのである。本稿の目的は、「人間が自然に対していかにふるまうか」という実践的態度を、儒教から明らかにすることである。もはや人間とみなされない「小人」を、朱熹はどのように扱ったのだろうか。

中島隆博は「朱熹は『誠意』という関門の手前に立ちつくす小人を表象している。…『民』の中にも区別があり、君子に向かって整序され自己啓蒙していく理想的な他人と、決して君子とは交差することのない小人がいるというのだろうか」、「自己啓蒙の可能性がないために啓蒙のプログラムに組み込まれることすらなく、ただひたすら

＊21　山田（1978）434頁。

啓蒙の限界を刻む、救いがたい小人」[*22]の存在を、朱子学の中に認めている。気によって一時的に塞がれているだけならば、本来有していた性を取り戻す機会を持つ。しかし、もはや塞がれつくし、どうにもならなくなった人間も存在する。そのような「小人」をどう扱うのか――この問題について朱熹は苦しみ、結局のところ答えを出せていない。それはつまり、動植物・無生物など物に対して、人間がどうふるまうかについても、答えが出ていないことを意味する。

同質性を有しながらも超えられない壁を有する他者に対し、人間はどうふるまえばよいのか。そのヒントとなるのが「忍びざる心」である。「忍びざる心」は『孟子』梁恵王章句上に由来する。生贄として運ばれる牛を見た斉の宣王が、おびえる牛の様子を見るに忍びず、羊にとりかえさせた。孟子は王の態度を誉め、やがてはその「忍びざる心」を拡大していくべきことを説く。

この「忍びざる心」については、中島隆博が、明末に来華したイエズス会宣教師と仏僧の「戒殺生」をめぐる論争をとりあげた論考の中で言及している[*23]。イエズス会宣教師マテオ・リッチは、これまで多くの聖人賢者が生き物を殺してその肉を食べていることを挙げ、「戒殺生」の妥当性を批判した。これに対し仏教側は、「古代の聖人たちが祭祀のために動物を犠牲にし、肉食を行なってきたとしても、だからといって動物を殺してよいことにはならない。天が動物を生んだのが、人間が食べるためであるならば、どうして『孟子』に描かれるように、古代の聖人たちは一時的でも忍びざる心を踏襲していったのだろうか」と答える。そして中島隆博は「人は貪り喰らい、美味しさを味わうというのっぴきならない現実の中で、魂を異にするものに対する心の態勢として、『忍びざる心』を理解し直すことが必要ではないだろうか」と述べる[*24]。

確かにこの「忍びざる心」は、「もはや儒家的でも、仏教的でも、はたまたキリスト教的でもない心の態勢」[*25]である以上、人間が人間以外の物に接する上でとるべき態度としての一つの解答になるのかもしれない。しかし我々は果たして、どこまで「忍びざる心」を拡大すべきなのだろうか。ナッシュが、倫理や道徳は無生物にまで広がっていくと言及したように、動物、植物を超えてどこまでも拡大していくのだろうか。それとも、斉の宣王のように、我々は自分の心に訴えかけるものだけを憐れめばよいのだろうか。

＊22　中島（2011）20頁。
＊23　中島（2011）72頁～100頁、第三章「魂を異にするものへの態度あるいは『忍びざる心』」。
＊24　中島（2011）96頁～97頁、100頁。
＊25　中島（2011）100頁。

3. 康有為の戒殺生——大同の世における仁の限界

3－1　類を取り去る

本節では康有為（1858～1927）の『大同書』「去類界愛衆生」をとりあげる。周知の如く、康有為は光緒帝のもと変法運動を進めたが、戊戌政変によって失敗し日本に亡命した。彼は、中国と西洋とを統合した世界政府の到来を期待し、大同の世と称した。伝統的な大同思想と、西洋由来の民主思想や科学技術の知識が融合する『大同書』には、前述した西洋の環境倫理思想を彷彿とさせる思想も垣間見える。すなわち彼の思想の中では、動物をめぐる西洋思想と東洋思想の対話が自然と行なわれており、現代社会に生きる我々が東洋思想をヒントに環境倫理を考える際に、有益な視座を与えてくれるだろう。

康有為の動物論は、朱熹と同じく人間と動植物の同質性を前提とした上で、「人間が動物にどのように関わるか」という点で、再び「忍びざる心」に注目している。康有為は世界が苦悩に溢れているとみなし、苦悩の原因（国家や人種の違い、男女の不平等など）を取り去ることで、人類は進歩すると考えた。康有為は『春秋公羊伝』の大同三世説を重んじ、拠乱世から升平世へ、そして太平世（大同の世）へと、時代は進化していくと考えたのである[*26]。

類による差別も苦悩の一つである。類とは形体の違いであり、康有為によれば、動物を殺し、動物に苦しみを与える原因は、人間が類の違いを乗り越えていないことにあり、「大同の世」では戒殺生が実現できると考えた。

> 人類が平等となった後、大いなる仁が満ち溢れる。しかし、万物の生はみな元気[*27]に基づき、人は元気の中においては動物の一種に過ぎない。太古の時代、人が生まれたばかりの頃、ただ自分の類を愛し、それを保存することだけを理解し、もし自分の類と異なれば殺し滅ぼした。故に類を愛することを大義とし、天下に呼びかけ、類を愛するものを仁と言い、類を愛さないものを不仁と言い、類を違えるものを殺しても、それは害を除き患いを防ぐことだから、それもまた

＊26　竹内（2008）158頁～230頁、また、佐藤編（1998）39頁～48頁（竹内弘行「康有為」）を参照。

＊27　元気は「天地がまだ分かれない前の混沌とした根源的な気」。坂出（1976）163頁を参照。

> 仁と呼んだ。そもそも類とは、体の形状で区別しているに過ぎず、自分と同じ形体であれば親しみ愛し、自分と違う形体であれば憎み殺す。このため、子供は自分の精気が生み、虱は自分の汗が生んだものであるにも関わらず、子供を産めば愛し養い、愛情が至らないことを恐れるばかりだが、虱が生じれば殺し滅ぼし、殺しきれないことを恐れるばかりである。自分が生んだことは同じなのに、愛憎が甚だ異なるのは、類のためである。そのため腹に子供を宿して生まれる場合でも蛇や犬など類を違える物が生まれたなら、必ず打ちやって殺し、人間の子供が生まれても耳目や手足が普通と少しでも異なれば、多くは養わない。だから、人間が愛するのは、自分の子供だからではなく、自分に類するからである。(『大同書』287頁)

古代では、「類を愛すること」を仁、「類を愛さないこと」を不仁とした。それゆえ、類を異にするものを殺すことは、自らの類にもたらす害と憂いを取り除くことになり、動物を殺すこともまた仁だとみなされた。康有為は人間が類、すなわち形体によって愛憎を区別するに過ぎないことを、人間の子供と虱を例に挙げ論じる。子供も虱も、人から生まれたという点では差がない。しかし愛憎の感情がこれほど異なるのは、形体によって差別しているからだという。

中国古代の聖賢もまた、「一物を私し、一物を愛し、一物をやすんじ」、「万物を殺戮することを憚らなかった」。「類を愛する」ことは確かに万物の公義ではあり、「同形同類の物だけを愛する」点だけ見れば、聖賢も虎も変わらない。にもかかわらず、虎だけが不仁の名を背負い、人間だけが仁義の名を背負うのは、人間がずるがしこいからだという(『大同書』288頁)。

ただし、鳥獣を殺すのは、やむをえない行為でもあると康有為自身も認める。風后・力牧・益、そして周公による鳥獣の放逐が大いなる功績とみなされたのは、鳥獣を殺さなければ人類が滅亡してしまうからである[*28]。拠乱世では、獣を殺す不仁を犯したとしても、人類を滅亡させるという大きな不仁を犯すべきではない(『大同書』288頁)。それゆえ、聖人の殺生は正当化されるのである。

---

*28 中国では鳥獣が跋扈する「原生自然」が否定的に捉えられたのに対し、アメリカでは「原生自然」(wilderness)が、それだけで保存する価値を持つ肯定的イメージで捉えられた。ただし聖書において、英語のwildernessに相当する言葉のイメージは、「荒涼とした恐ろしい場所であり、耕作されていない(カルティベートされていない)秩序づけられていないところ」であり、その後のキリスト教においても、否定的イメージの方がより一般的であった(鬼頭(1996)103頁〜107頁)。

しかし大同の世ではすでに、全国各地に人が住み、害のある禽獣は駆逐されている。かつて人を襲った象やライオンは、いまや動物園で飼育され、牛や馬なども人間の役に立っている（『大同書』288頁～289頁）。大同の世で動物を殺生する理由は、ほぼ見当たらないのだ。康有為は、大同の世で不殺生が可能である理由を以下のように説明する。

> 孔子の道には三つある。最初に、親族に親しみ、次に民に仁愛を与え、最後に物を愛する[*29]。…乱世では親族に親しみ、升平世では民に仁愛を与え、太平世では物を愛するというのは、自然の順序であり、飛び越えることがない。…大同の世は、究極の仁の世であるから、殺生を戒めることができる。その時には新しい技術も登場し、鳥獣の肉の代わりとなり、同じように（栄養を）補い、かつ、より美味であるような素晴らしい食品を作れるだろう。（『大同書』289頁）

康有為は、拠乱世を「親しいものに親しむ」世、升平世を「民に仁愛を与える」世、大同の世を「物を愛する世」とした。大同の世では新技術が登場し、鳥獣の肉に代わる美味しい食品が生まれる。そうなれば、殺生を戒めなくとも、自然と殺生をしなくなる。つまり、技術の進歩が、人間の仁の拡大にも寄与するのである。

3−2　仁はどこまで拡大すべきか

康有為によれば、「孔子自身も想定していたように」、拠乱世から升平世へ、そして太平世（大同の世）に至る過程で、人間の仁が拡大していく。類による全ての差別を撤廃するのが大同の世である以上、あらゆる物に対して仁を拡大するべきである。しかし康有為は、仁の拡大範囲を動物までで止めている。その基準は、人間側に「忍びざる心」が起こるか否かである。康有為は戒殺生の必要性を動物の知覚と関連付けて説く。

> 牛・馬・犬・猫の知覚の霊妙さは、人とそれほど隔たらず、痛みや苦しみを十分に理解している。それなのに（人間は）、一時の食欲をほしいままにして、日々屠殺し、動物たちが恐れおののいて震えて動き回り哀しく鳴いているのを見て

＊29　『孟子』尽心章句上「君子は物に対しては、これを愛しむのであって仁愛を与えるのではない。民に対しては、これに仁愛を与えるのであって親しむのではない。親族に親しんだのちに民に仁愛を与え、民に仁愛を与えたのちに物を愛しむのである。」

> も気にしない。…食欲を満たすために、鳥獣が痛苦で泣き叫ぶのを見慣れてしまうというのは、上は天理に背き、下は種を根絶やしにし、不仁であること甚だしい。(『大同書』289頁)

牛・馬・犬・猫などは知覚が発達しており人間と近く、痛みや苦しみをよくわかっている。人間が単に自分の食欲を満たすため、苦しみ恐れおののく動物たちの様子を見ても何とも思わないのは、最大の不仁である。康有為は、恐れおののく動物の様子を形容する言葉として「觳觫」の語を引用するが、これは、前述した『孟子』の語で、生贄として連れていかれる牛の様子を表す。康有為もまた、苦しみおびえる様子を見るに忍びない心、すなわち「忍びざる心」を提起することで、戒殺生を説いているのだ。

注意したいのは、康有為が、「忍びざる心」を喚起する契機として、知覚を重んじている点である。なぜなら、動物は知覚を持つことによってはじめて、痛みを感じているからである。大同の世に至るまでの前段階である現在、肉を食べないわけにはいかない。しかし、なるべく不仁を犯したくない。康有為は戒殺生に至る前の暫定的方法として、全地で必要な食肉の量を調査し、それに基づき牧地で飼育し、機械で殺して動物が痛みを感じないようにすると述べる。「動物を殺すこと」において最も憎むべきことであり、かつ、人間側に憐れみが生まれる根本原因は、動物の苦しみである。そのため死にゆく動物に苦しみを与えないという手段は、不仁の中の仁であり、かつ君子が、動物を屠殺する「厨房を遠ざける」[*30]意図にも合致するという(『大同書』290頁)。

そのため、知覚がなく苦しみを感じない(とみなせる)草木は、殺してもよいことになる。康有為は『大同書』「去苦界至極楽」飲食之楽で、仁と知覚の関係について以下のように言及する。仁は知覚から生じる。「不仁」という言葉が手足の麻痺を示すためである。ゆえに仁を働かせる対象は知覚の有無で決定する。鳥獣は知覚があり殺せば痛みがわかるので、人間は仁を発揮し憐れんで殺さない。草木は知覚がなく殺しても痛みがわからないので、人間も仁を発揮しようがなく、憐れみようもないので、殺生を戒める必要はない(『大同書』297頁)。

つまり、康有為の考えでは、知覚を持つ動物の苦痛は無視してはならないが、同時に、苦痛を感じない(と人間側からみなせる)生物(あるいは無生物)については、人間

＊30 『孟子』梁恵王章句上「君子は、禽獣が生きているのを見てしまえば、それが死ぬ様子を見るのは忍び難いものです。殺される時の鳴き声を聞いてしまえば、その肉を食べるのは忍び難いものです。だから君子は厨房を遠ざけるのです。」

側に憐れみの感情を喚起しようがないため無視できる、ということになる。苦痛を知覚できるかどうかを基準にする点は、シンガーの「動物解放論」と類似するが、「平等に配慮されるべき利益」を考慮し、苦痛を感じる利害を基準としたシンガーに対し、康有為の場合は、人間側に仁を喚起できるか否かが大きな問題となっている。康有為の理論は、人間と動植物の同質性を前提とし、類による差別を撤廃すべきという主張においては、「人間中心主義」を脱しているが、人間が動植物に対しどうふるまうかという実践的な態度においては、「人間中心主義」へと戻っている。康有為の「人間中心主義」的戒殺生は、大同の世における動物の扱いにも顕著である。そもそも大同の世では、人間に害を与える動物は駆逐され尽くしている。それは何故正当化されるのだろうか。

> 大同の世では、全地の獣をみな服従させ、凶悪で人を食う獣は種を根絶する。各地には動物園があり、種の研究のために一、二種は保存することもある。…つまり、広大な全地のうち、動物園以外には決して猛獣は存在せず、ただ飼いならされた獣がいるだけである。ここに至って全地すべてが、人間が治める地となる。獣と人間は、祖先が同じではあるが、動物は才智がやや劣るので、全滅に至ったとしても、それは進化の優勝劣敗の法則の極みである。（『大同書』290頁）

人間と動物は祖先を同じくするが、才智に差があるので、たとえ猛獣が全滅しても、優勝劣敗の法則上、仕方が無い。前述したように、ダーウィンの進化論は、急進的な環境倫理思想の大きな支えとなる一方で、それに批判的な知識人に反論させる契機を与えたが、康有為の思想においても同様の状況が発生している。すなわち、人間は、祖先が同じで類が異なるに過ぎない動物に対しても仁を拡大すべきではあるが、優勝劣敗の法則により、やはり人間の才智が勝るため、動物が人間に駆逐されるのもまた仕方がない、ということである。

3―3　仁の限界

ところが、康有為の動物論は最後のところで、「人間中心主義」から脱する。前述したように、人間は「自らの類だけを愛する」という点で、根本的には虎と変わらなかった。そのため、人間の仁にも限界があり、この限界のために、人間は決して特別な存在ではありえず、天が生んだ万物の一つでしかないと康有為は思い至る。そして大同の世に向かえば向かうほど、技術の進歩にともない、人間の仁の限界が明るみに出る。康有為は仏教の「戒殺生」を評価しつつも、一切の殺生を認めないというのは無理であると考えた。

> 仏教のように殺生を一切戒めることもまた正しくない。…人が人である以上、体があり形があり、形に滞って限界があり、仁を為そうにも、自分の仁を尽くせない。愛を為そうにも、自分の愛を尽くせない。万物の形状には大小があり、大は尽くせても小は尽くせない。…大同の世では顕微鏡が、今日の何億兆倍精密になるのだろう。現在、(顕微鏡をのぞけば) 蟻は象のように大きく見える。大同の世では、微生物が、青天を飛びめぐる大鵬のように大きく見えるだろう。空中は悉く微生物が埋め尽くし、人間のような巨大な生物が一度欠伸をし呼吸すれば、殺される微生物は無数であり、一度手足を動かせば、殺される小虫も無数である。私は仁を好むが、生まれてこの方、ガンジス川の無数の砂の、さらに何千倍の微生物を殺したのだろうか。(『大同書』291頁～292頁)

仏教の戒殺生を守ろうとすれば、水も飲めず、息も吸えない。顕微鏡で自然を観察すれば、そこに無数の微生物がいることに気がつくからである。万が一、それらを殺さずにいられたとしても、さらに技術が進歩し、より精密な顕微鏡が発明されれば、私たちはさらに微細な生物の存在に気づかされる。つまり大同の世は、顕微鏡という新しい技術によって、不殺生の不可能性が証明されてしまう世界である。なぜ、人間は不殺生を徹底できないのか。それは人間が身体を持つ以上、形に阻まれ、仁を完全に施そうとしても限界があるからである。康有為は最後に、人間の仁の限界を嘆き、人間とは対照的に、限界を持たない天へと思いを馳せる。

> 仁だ仁だといっても、結局尽くせはしないから、孔子は「厨房を遠ざける」だけに止めた。生だ生だといっても、最後には必ず殺してしまうから、仏教は見えないものに限って殺してもよいと言う。仕方がない、仕方がない、次々に生まれる万物は尽きることなく、道もまた尽きない。尽きることがないから、「尽きること」(限界を設けること) によってこれを尽くすのである。故に、道は行えるものに基づくだけで、行えないものは、行おうとしても止めざるを得ない。私の仁には限界があり、私の愛には限界がある。仕方がない、仕方がない、大同の仁や戒殺生の愛も、天の中に置いてみれば、仁を為しても大海の一滴に過ぎない。しかし (我々は)、天の内にも外にも、これ以上の仁はつけ加えようがないのである。(『大同書』292頁)

孔子が「厨房を遠ざける」だけに止め、その厨房で調理される動物たちを救わなかったのはなぜか。それは孔子自身が、人間の仁の限界をよくわかっていたからである。人間の仁には限界があり、たとえ大同の世に至り、殺生を戒めようとしても、完全に成し遂げることはできない。天の生生不尽の営みに比較すれば、人間の仁は有限であり、天の完全な仁と比較すれば、人間の仁など大海の一滴に過ぎないのである。

おわりに

本稿では、「人間中心主義」か否かではなく、「人間が自然に対しどのようにふるまうか」という点から、東洋における環境倫理思想を再考した。

本稿でとりあげた朱熹・康有為のみならず、その他の東洋思想においても、人間と自然とが有機的関係で結ばれ、両者の間に本質的な差異はないという認識は多く共有されている。ただし、このような認識を前提にしても、それでは実際に、我々人間が、人間でないものをどう扱うかという問題に答えることは難しい。

朱熹は、人間と人間でないものとの間に、性（理）の時点では本質的な差異はないが、気による形体の差異が後者の完全な性（理）の発現を妨げるために、両者の間には乗り越えられない壁があることを認めた。人間は自らの性を回復する可能性を持つが、気によって完全に塞がってしまった物、あるいは限りなく物に近い「小人」には、その可能性は開かれないのである。朱熹はこのような「救いがたい」存在を認識してはいるが、それらをどのように救うかという問題には、答えが出せていない。

康有為もまた先人たちと同様に、人間と動植物は本質的に同質であると考えた。同質にもかかわらず、人間が動物を殺す理由は、自分と類を違えるから、つまり形体が異なるからに過ぎない。それゆえ人間は、自らと類を違える存在にも仁を拡大すべきである。来るべき大同の世では、人間を襲う動物はすでに駆逐され、また技術が進歩することで肉を食べる必要がなくなり、動物を殺す理由が消滅する。つまり、人間でないもの全てに対し仁を拡大する世界が訪れるわけだが、そこで康有為は考える。仁の拡大範囲を、苦痛を感じる動物までとし、植物は対象外としたのである。動物と植物を分ける基準は、人間側に「忍びざる心」を喚起できるかどうかである。苦しみ恐れおののく動物を見るからこそ、人間は「忍びざる心」を喚起できるのであり、仁を発揮できる。苦しまない植物は仁の適用範囲外なのである。このような考え方はまさに「人間中心主義」であるが、康有為が最後に提起したのは、人間と動植物が、形体を持つという点で同質であるからこその、人間の仁の限界である。天の仁と比べ、人間の仁は不徹底であるからこそ、完全な不殺生は不可能である。人間も万物の一つである以上、自らの仁を尽くしきれない。これは、顕微鏡という技術を通して、無数にうごめく生物の存在に向き合わざるを得ない大同の世だからこそ、明るみにでた事実である。

人間は、虎と本質的に変わらないことをやはり認めなければならない。もし東洋思想に、新しい環境倫理思想の構築に寄与する可能性があるならば、それは人間と動植物の同質性を喚起することそれ自体ではない。むしろ、同質であるからこそ、我々人間が自然を完全に救えるわけではない、という矛盾の中でもがく態度を持つことではないだろうか。人間が虎と同じであることを認める、つまり仁を拡大し技術が進歩しても、我々が不完全である以上、完全な不殺生は実現できないと認めた上で、それでも不殺生に限界まで近づけるよう、自然に対しどのようにふるまうかについて日々反省を加えるしかないのではないか。

[参考文献]

*上田信（1999）『森と緑の中国史　エコロジカル・ヒストリーの試み』、岩波書店
*鬼頭秀一（1996）『自然保護を問い直す――環境倫理とネットワーク』、筑摩書房
*クリストファー・ストーン著、岡嵜修・山田敏雄訳、畠山武道解説（1990）「樹木の当事者適格　自然物の法的権利について」、『現代思想』第18巻11号、青土社
*坂出祥伸（1976）『大同書』、明徳出版社
*佐藤慎一編（1998）『近代中国の思索者たち』、大修館書店
*竹内弘行（2008）『康有為と近代大同思想の研究』、汲古書院
*中島隆博（2011）『共生のプラクシス　国家と宗教』、東京大学出版会
*ピーター・シンガー著、大島保彦・佐藤和夫訳（1988）「動物の生存権」、加藤尚武・飯田亘之編『バイオエシックスの基礎』、東海大学出版部、205～220頁
*本間次彦（2015）「禽獣について」、廣瀬玲子・本間次彦・土屋昌明編『人ならぬもの』、法政大学出版局、80頁～154頁
*溝口雄三・丸山松幸・池田知久編（2001）『中国思想文化事典』、東京大学出版会
*村田純一（2009）『技術の哲学』、岩波書店
*山田慶児（1978）『朱子の自然学』、岩波書店
*リン・ホワイト（1972）『機械と神　生態学的危機の歴史的根源』、みすず書房
*ロデリック・F・ナッシュ著、松野弘訳（1999）『自然の権利――環境倫理の文明史』、筑摩書房

＊朱熹著、中華書局標点（1986）『朱子語類』、中華書局
＊康有為著、周振甫・方淵校点（2012）『大同書』、『康有為学術著作選』、中華書局
＊ White, L.T.Jr.（1968）*Machina ex Deo : Essays in the Dynamism of Western Culture*, The MIT Press, Cambridge, Mass
＊ Nash, R.F.（1989） *The Rights of Nature: A History of Environmental Ethics (History of American Thought and Culture)*, University of Wisconsin Press, Madison, Wis

※本研究はJSPS科研費JP16K16710［平成二八〜三〇年度・日本学術振興会科学研究費助成事業・若手研究（B）「明末清初の科学思想における自然の数値化：音律・天文・数学書の象数易学と西洋科学」］の助成を受けたものである。

第8章

新聞メディアの社会言語学的アプローチ

―――批判的ディスコース分析(CDA)の一考察

ホーマン由佳

はじめに

言語と社会を結びつける媒介としてのメディアは、政治面、経済面、文化面で強い影響力を持っている。インターネットの普及によりさらに加速化する情報化社会に偏在するさまざまなメディアテクスト(テレビ番組、新聞や雑誌の記事、広告、ブログなど)は私たちの生活に深く浸透し、メディアから得る情報を通して現実を経験し、思考しているといっても過言ではない。こうした情報過多の流れは学術界への影響も大きく、メディアテクストを研究対象とするメディア研究や言語研究に携わる研究者や教育現場にメディア教材を導入する教育者にとってメディアテクストに主体的に向き合うことは極めて重要である。そのため、実際に書かれていること(話されている)の解釈にとどまらず、書かれていないこと(話されていないこと)に焦点を置いた批判的(クリティカル)な姿勢や意識は21世紀型スキルとしてますます必要とされるだろう。

本稿では、現代社会のさまざまな諸相を伝えるメディアがどのように伝えられるのかを見極める批判的ディスコース分析(Critical Discourse Analysis、以下CDA)とは何かをまず明らかにする。「メディアは現実そのものではなく再構成されたもの」というメディア研究の基本的知見をもとに、活字メディアの代表格である新聞に限定し、社会言語的アプローチからの言語分析を試みる。尚、筆者はメディア英語研究[*1]を教育に応用することに関心があり、本論をメディア英語教育研究の一環として位置づけている。メディアテクストは主に英字新聞を使用するが、具体的ニュース記事を挙げ、テクストに表出する書き手の主張や価値観が明示的かつ暗示的にどのように表象されるのかを検証する。

---

*1 「メディア英語研究」という分野は未だ広く認知されていないが、メディアの特性を見据え、英語で書かれたメディア言語を研究対象とする学問領域である。

1. ディスコース分析

学術的に「ディスコース」を明確に定義づけすることは難しいというのが通説である。一般的に理解されている意味との差も大きい。日本語で「談話」あるいは「言説」と訳されるディスコースは、辞書的定義によると「談話：はなし。ものがたり。会話。ある事柄についての見解などを述べた話」であり、「言説：ことばで説くこと。また、その説」（広辞苑第6版）とあるが、学術的意味のレベルには届かない。また、どのような学問分野で使用されるかによって解釈が異なることも定義を曖昧にしている。フランス語のディスクール（discours）に由来する英語のディスコース（discourse）は、言語学の分野で「談話分析」（discourse analysis）の訳語が多く使われるため「談話」と訳されることが多い。一方、「言説」は知と権力の関連性を解明しようとしたMichel Foucaultの思想の影響を受け、通常は社会科学全般で使われる用語である。

生来多義的な概念を持つディスコースであるため、当然ながらディスコースの分析手法——ディスコース分析（discourse analysis）に関しても、言語学、文学理論、文化人類学、記号論、社会学、心理学、スピーチコミュニケーション学など人文・社会科学の広い学術領域で使用されている。その歴史は2000年以上前、アリストテレスに代表される修辞学者が提唱した古典的修辞学にまで遡ると言える。その後、ロシアのフォルマリズムやフランスの構造主義の形態で進化し、社会言語学や発話の民族誌学の領域で発展してきた（Van Dijk, 1998, pp.18-20）。1960年代以降ディスコース分析のフレームワークは、単語、句、文章の統語レベルを超越して、文と文の結束性など文脈レベルで言語分析を行うものとして浸透してきているが、具体的な手法は学問分野によって異なる。例えば、語用論や発話行為論に基づく会話分析（conversational analysis）はもともと社会学の分析ツールであるが、応用言語学の分野でもディスコース分析の研究は進んでおり、日常会話だけではなく教室内の発話（Classroom Discourse）のデータ分析は英語教育法にも影響を与えている。

その後、社会における権力関係の形成に対して言語が果たす役割を明確にするテクスト分析の一つの形態としてCDAが生まれた。CDAは言語研究に根ざしたアプローチで、言語使用と社会の構造を研究する学際的研究として近年さまざまな分野で注目されている。

2. メディアテクストとCDA

2－1　CDAの歴史的背景

CDAは1970年代にヨーロッパ諸国で現れ、修辞学や文体論を援用するために誕生した。それまでのチョムスキーに代表される言語学研究では言語の形式的な側面に焦点を置くのが主流だったが、80年代に語用論研究が進み、言語と文脈との関係に軸足を置くようになり、社会言語学的研究ではヒエラルキーと権力の問題について関心が向けられるようになった。批判的（クリティカル）とは社会の営みを社会構築のために実践的にむすびつけるという意味である。やがてCDAは英国やオーストラリアで台頭した批判的言語学（CL）として、そして90年代になってCDAという名称で広く認知されるようになった。

2－2　CDAの構造的特徴

前述のとおり、CDAはディスコース分析の一つのジャンルであるが、会話分析などの他の社会言語学的アプローチの性質と一線を画している。CDAの代表的先駆者であるvan Dijk（2001）によると、「CDAは変形文法や選択体系機能言語学のような、数ある研究方向を示すものの一つではないし、談話心理学や会話分析のような談話分析という学問分野の下位区分でもない。CDAは方法論でもないし、簡単に社会問題に応用できる理論でもない。CDAは、人文科学や社会科学のいかなるアプローチや学問分野でも行うことができるし、また、それらと組み合わせることもできる。」（p. 134）とあるように、学際的アプローチである。また、従来のディスコース分析が語用論的（pragmatics）秩序を明らかにするという記述的な目的（descriptive goal）を持つのに対し、CDAは、そのような秩序が依存している私たちの背景知識が中立のものではないということを明らかにする批判的な目的（critical goal）を持つ。CDAはディスコースに表出する差別・支配・偏見、権力関係などをあぶり出す。また、言語使用を社会的実践（social practices）という立場でとらえ、メディアテクストを通して現実の社会的状況がどのように表象されるかを言語的に分析する。つまりあらゆる社会的、政治的、文化的側面を持つメディアのテクストに何が書かれているのかという視点ではなく、どのような意図を持って書かれているのか、誰が（誰に）書いているのかという視点からディスコース分析して、そこに潜む社会的問題を可視化するのだ。

本稿では、書き手が選択した統語面や文脈の結束性の面などから、新聞メディアの分析を後述する。

2−3　CDAの代表的研究者

CDAの理論基盤を作ったのはFowler (1979) で、テクストの中に含まれる権力構造を文法上から説明した最初の研究者である。また、CDA先駆者としてこの領域に大きく貢献しているvan Dijkは、*The Handbook of Discourse Analysis* (1985, 1997, 2015) の編集を手がけ、メディアディスコースの分析研究として*News Analysis* (1988) と*News as Discourse* (1988) 、人種差別とイデオロギー問題を挙げた*Racism and the Press* (1991) を発表した。また、van Dijkと同様にCDAの発展の代表的研究者であるFaircloughは、権力とイデオロギー構造の面から言語分析をするにとどまらず、特にマスメディアが使う言語を取り上げ、現代社会のコンテクストの中でいかにCDAが有効かを明らかにしている。van DijkとFaircloughは代表的CDA研究者として、頻繁に論文に引用され、論理的基盤や研究の方向性は常に比較されるところだ。Faircloughは、Foucaultの言う談話の秩序 (order of discourse) の概念を提唱し、その理論的背景は社会学に帰結する傾向があるが、van Dijkは言語学の領域の影響が色濃く、そのアプローチは社会認知的談話分析と言われる。

3. 新聞メディアのディスコース

不平等な社会的表現や制度などが表出する主要なディスコースとして「社会に通じる窓」であるメディアがあげられる。本稿では、研究対象を活字メディアの代表格である新聞メディアに限定する。

3−1　ナラティブ構造

新聞のニュース記事のジャーナリストでもありメディア言語の研究者でもあるBell (1991) は、「ジャーナリストは記事 (articles) を書くのではない。ストーリー (stories) を書くのだ。」(p. 147) とする。日本語でいう「ニュース記事」は英語では “news story”

(ニュースの物語) であり、文字どおりナラティブ (語り) の構造 (narrative structure) を持つ。ナラティブ構造はもともと文学批評で使われる用語であり、例えば小説のディスコースを分析する場合、語り手 (narrator) が誰であるのかがポイントになり、語り手が聞き手に向かってどのように物語を伝えるのか、といういわば技法的な側面が重要視される。文学批評はナラティブにおける作者の意図を読み手の解釈の関係性を究める方法論である[*2]。

一方、ニュース記事のナラティブ構造は、事故や災害など事実 (facts) 報道の記事であっても、出来事が実際に起きた順序で記述されているわけではなく、書き手がストーリーを選択し構成する過程を踏んでいる。まさに事実はメディア制作者が編集し、事実を再構成していることになる。書き手が事象の時間的順序を自らの選択基準で記事を書いているという理由から、ジャーナリストは物語の語り手 (story teller) であるといえよう。

3－2　ニュース記事の特徴

ニュース記事は大きく分けて、ハードニュース (hard news)、ソフトニュース (feature articles)、特定のトピック記事 (specific-topic news) のジャンルに分類される。ハードニュースにはスポットニュース (spot news) と呼ばれる事故、災害、紛争、犯罪などの緊急性が高い主要ニュースと、選挙や国際交渉など政治、外交を舞台としたニュースが含まれる。ソフトニュースには社外のジャーナリストの署名入りの記事や、書き手の意見や主張を含む社説や論説記事が含まれる。特定のトピック記事とは、政治、経済、ビジネス、金融、スポーツなど各分野に特化したジャーナリストによって書かれた記事である。スポットニュースの典型的なジャンル構造は、見出し、リード (第1段落)、サテライト (第2、3段落)、まとめ (第4パラグラフ) で構成されている。

「見出し」と本文の「リード」は、マクロ構造 (macro structure) を示すもので、ニュース記事の要約部分であり、記事の導入として重要な役割を果たしている。ニュース記事を理解する場合、見出しとリードさえ読めば記事の全容がつかめると言っても過言ではない。見出しは記事の顔で、「リードの要約の要約」(Bell, p. 150) とも呼ばれ、記

＊2　文学批評はメディア研究に多大な影響を与えている。20世紀半ばニュークリティシズムの時代思潮では意図、作品の社会的・文化的文脈は切り離され、20世紀後半のポスト構造主義には構造主義を脱構築する批評が主流になった。一方、1970年代、メディア研究が進み、イギリスのカルチュラルスタディーズの潮流がマルクス主義の文化論や記号論の影響を受けている。

事全体を包括する要約である。Bell (1991) によると、ジャーナリストは要約に渾身の力をふりしぼる (the ultimate in the journalist's drive for summarizing information)。ニュース記事の制作過程で、見出しは最後に書かれ、最終的にコピーエディターによって完成される最終段階を踏む。見出しに強い印象を与えることで読み手に記事の本文に目を通すよう誘導するため、見出しには統語ルールを逸脱する特有の文法が存在する。例えば、冠詞の省略、be動詞の省略、略語の多用、未来を表すto不定詞、現在時制の使用などがある（ホーマン、2009)。また、見出しだけに通用する新聞社独自のスタイルや、レトリック面（ユーモア、メタファー・メトニミー、誇張、語呂合わせ）で様々な技巧も使われる。例として、2016年6月24日の英国EU離脱を決めた国民投票開票後の翌朝の英国発行の新聞[*3]4紙の1面の見出しを取りあげる。

①Britain Backs Brexit　(*Daily Telegraph*)
②SEE EU LATER!　(*The Sun*)
③UK out. PM out　(*The Independent*)
④WE' RE OUT　(*Daily Mirror*)

①は頭韻（Brexit は "British" と "exit" を組み合わせた造語で離脱を意味する)、②は "you" と "EU" の語呂合わせで、"SEE YOU LATER" をもじっている、③ "PM" (prime minister キャメロン首相）と "out" を並列に並べた修辞表現、④ "we" は扇動的な修辞表現である。後述するが、CDAにおける「我々」と「彼ら」の対立関係（「我々」が英国、「彼ら」はEU）を暗示している。

次に、本文第1段落のリードの特徴をみる。ハードニュースの場合には通常5W1H（いつ、どこで、だれが、何を、なぜ、どのように）が含まれるように構成され、客観報道が求められる。分詞構文を使った1段落1センテンスの長い文章で構成されていることも多い。平均25ワードで構成されるリードの評価基準は、newsworthiness（報道価値)、brevity（簡潔さ)、clarity（明確さ）の3点である (Bell, p. 176)。リード以下は緊急度や重要度の高い順、いわゆる「逆ピラミッド型」で書かれていることが構造上の特徴であるが、これは紙面制作の編集の際、飛び込み記事などにより紙面スペースを制限しなけ

＊3　英国の新聞は読者層によって高級紙と言われるbroadsheet（大型紙面)、mid-marketと呼ばれる中間層の新聞、そして大衆向けのタブロイド紙red-top tabloidに三分される。読者は年齢、ジェンダー、人種などの影響もある。英国では階級 (class) によって読む新聞が明確に線引きされ、富裕層の48.6%がFinancial Times, The Times, Telegraph, Independent, Guardianなどの Broadsheetを読み、5.7%がDaily Mirror, The Sun, The Starのred-top tabloidを読んでいる。英国全人口の25%がbroadsheetを購読しており、その88%が富裕層であるという。(Richardson, 2007)

ればならない場合、カットされる優先順位はニュース価値の重要度が低い後方の段落からというルールが適用されるからだ。また、紙面レイアウトの兼ね合いから文字制限が厳しい。リードを書くことは"the agony of square one" (Cappon, 1982) と言われるように、経験のない記者には相当困難な作業であるという。村田 (1975) によると、AP通信による「APリード」が誕生したのは、アメリカ南北戦争のさなか、「戦況ニュース」として見出しに「急報」を入れた時で、それ以降、それまでのイギリス式報道、つまり時間的順序に沿って報じる形式から現在の書き方に変わった (p. 48)。

3−3　事実 (facts) と意見 (opinions)

ニュース記事の特性の一つとして挙げられることは、記事には事実 (facts) と意見 (opinions) が混在していることである。事実と意見の線引きが最も明確なのは、ハードニュースのリード部分である。基本的には5W1Hの形式で書かれているため主観的記述は盛り込まれず、公平中立の立場から客観報道が原則である。一方、ソフトニュースでは書き手の「意見」を伝えることが書き手の意図であるため、読み手は書き手のロジックや意図、直接書かれてはいないイデオロギーや主張がどのように書かれているか、いわば書き手の筆の息づかいとも言うべきものをとらえないと、単に書かれているものを現実として受け止めてしまうことになる。意見が最も顕著に表象されるのは社説だ。新聞社のイデオロギーが最も如実に表現される場所であるためである。一方、リードの要約と言われる見出しには、事実と意見の判別にルールはない。

例えば、2016年6月24日発行の*The Financial Times*で報じられた、英国が国民投票によってEU離脱が決定してから初めての社説 (editorial) の見出しは、"Britain takes a leap into the dark – The referendum result may well go"「英国は暗闇に飛び降りた――国民投票の結果は良い方向に向くかもしれない」(著者訳) である。書き手 (あるいは新聞社) は、EU離脱という衝撃は必ずしも英国の未来を暗くしないという立場を示した。英国の離脱表明に対して、「フィナンシャルタイムズは、(EU離脱の結果に驚いた。しかし)、今後の英国が辿る行方にやや楽観的」といった意見として解釈されるだろう。

また、15年の記者経験を持つ日本人のジャーナリストによると、日本語の新聞でも社説と署名記事以外の読者に事実を伝える一般記事の中では記者の意見を挟まないのが建前だが、実際は「客観報道の体裁をとりつつ、実際には社としての主張を盛り込んだ記事」が書かれているとする (松林、2016)。この「体裁」の裏側に潜む、書かれていない部分を掘り起こす作業こそ、CDAの基本的な批判的アプローチなのである。

4. 社説のテクスト分析

4－1　モダリティ、評価、人称代名詞

テクスト分析の重要な方法として、Faircloughはモダリティ、評価、人称代名詞に焦点を当てた。モダリティとは「発話の純粋な指示－叙述内容に対する態度を表現する多くの方法を含み、事実性、確実性あるいは不確実性の度合い、曖昧性、可能性、必要性、さらには許可や義務性を表す」と定義づけるVerscheren (1990) を引用しながら「何が真実であり何が必要であるか、書き手がどのような心的態度を示すのか」を探る。モダリティ化のマーカーには、認識モダリティの場合は法副詞 (certainly, probably, possibly)、義務性を表象する義務モダリティの場合には分詞形容詞 (required, supposed, allowed) などが使われる。評価に関しては、善と悪に関する陳述 "this is a good / bad book"、"this is wonderful / awful" や、評価的要素の強い形容詞がモダリティ化のマーカーに数えられる。また一人称の陳述 (I think) や一人称複数形 (we) は経験を共有する包含的な共同体を含蓄する。

4－2　日本語と英語の社説の見出しの特徴

紙面の中で、ある事象に関して堂々と新聞社が持つ価値判断を公言できる場が社説と論説記事であるのは、欧米の新聞も日本の新聞も同様である。英国のEU離脱を決めた国民投票開票を受けて、6月25日（日本時間）の朝刊で日本の新聞各紙が報道した社説の見出しを一部紹介する。

「英国がEU離脱へ　内向き志向の連鎖を防げ」（朝日新聞）
「世界を揺るがす残念な選択だ　国際協調で市場の安定に努めよ」（読売新聞）
「英国EU離脱へ　混乱と分裂の連鎖防げ」（毎日新聞）
「英EU離脱（上）世界経済と秩序の混乱拡大を防げ」（日本経済新聞）

日本語の新聞の社説の特徴として顕著なのは、すべての記事で動詞が命令形を使用している点で、指示を表象するモダリティを含意していることになる。

では海外の新聞記事の見出しはどうか。英国の国民投票開票後、最も早く紙面に掲載された米国（⑤⑥⑦）、中国（⑧）、英国（⑨⑩）のソフトニュース記事の見出しを挙げる。

⑤Britain Leaves on a Cry of Anger and Frustration　(June 24, 2016　*The New York Times*)
　社説「英国、怒りと失望の世論によって離脱」
⑥Britain's Brexit Leap in the Dark　(June 24, 2016　*The New York Times*)
　オプエド記事「英国の離脱が暗闇に飛び降りた」
⑦A New American Deal for Europe　(June 27, 2016　*The Wall Street Journal*)
　「欧州へ向けて米国に好機」
⑧China respects Brexit decision　(June 24, 2016　16:09　*Chinadaily*)
　「中国、英国のEU離脱に敬意をはらう」
⑨Britain takes a leap into the dark　(June 24, 2016　*The Financial Times*)
　「英国は暗闇に飛び降りた」
⑩The Guardian view on the EU referendum: the vote is in, now we must face the consequences
　(June 24, 2016　1　*The Guardian*)
　「ガーディアン紙の国民投票の見解：開票、この結末に我々は直面しなければならない」

The Financial Times と *The New York Times* の見出し（⑤と⑨）が類似しているのは、前述の日本語の見出しと同様に、使用頻度の高い慣用句を偶然に使用したにすぎない。見出しを叙述法的に比較して特徴的なのは、*The Wall Street Journal*（⑦）だけが名詞句で、他は主語・述語の節で完結していることである。名詞化（nominalization）は活字メディア特有のレトリックで、「世の中で起きているプロセスを表象する代わりに、実体として表象する文法的隠喩」（Fairclough）である。ある特定のことがらに誰が働きかけているのか、その責任の所在を明らかにしなくてもよい効果があり、事実を公にすることを故意に避けることができる。英国発行の新聞の見出しの場合、大衆紙のタブロイド版と高級紙の普通版を比較すると、名詞化の使用頻度はタブロイド版で全体の24.7%、普通版4.5%と、約5倍の使用頻度の差がある（Richardson, p.203）。つまり英国の大衆紙は、事実の裏づけがない記事や、行為の作用者を不在にする見出しが多いということになる（⑨⑩はいずれも英国の高級紙に属しているが、*The Guardian* に比べて *The Financial Times* は国内より海外の方が発行部数が多い新聞である）。一方、米国発行の *The Wall Street Journal* は、英国における大衆紙と高級紙の区分には属さない。しかし、英国のEU離脱をあからさまに前向きにとらえている米国の経済紙がこうしたレトリックを使うのは興味深い。以下、リードを示す。

Britain's decision to leave the European Union opens an era of political disruption, but along

with it comes opportunity. The U.S. can seize this moment of uncertainty to reassert its leadership of a Western alliance of free nations.
英国のEU離脱は政治的分裂の時代の幕開けとなったが、それに伴い好機も訪れる。米国はこの不透明な時を捉えて西側自由主義陣営の指導的役割を再び主張することができるのだ。(著者による翻訳)

米国（The U.S.）はメトノミーを使って強調され、相手にBritain（英国）と欧州（EU）と対比して使われている。そこにディスコース上の対立関係はないが、2段落目にオバマ政権を非難する内容が来ることを考慮すると、かつて米国から恩恵を受けて繁栄した欧州から、今度は恩恵を受け取り米国の覇権を取り戻すべきだという価値観が透けて見える。改めて見出しに戻ってみると、世界恐慌後の米国のニューディール政策とかけて、欧州への働きかけで米国経済を復興させるべきだと主張する新聞社の思想（イデオロギー）が明確化する。⑧の見出しは“China”の立場がストレートに表現されており、新聞社がEU離脱を強く擁護する立場であることは一目瞭然だ。

4－3　ニュース記事のCDA

ここで、⑨の社説を例に、見出しとリード（第1段落）、サテライト（第2、3段落）、まとめ（第4段落）を例に挙げて、明示的、暗示的に書き手の意見や価値観がどのように表象されているか、文法構造と意味の結束性の観点からディスコース分析を試みる。

見出し

Britain takes a leap into the dark

英国は暗闇に飛び降りた

The referendum result may well go down in history as the “pitchfork moment”

国民投票の結果は「支配者層への抵抗の一揆」として歴史に残るだろう

リード

The people have spoken. Britain’s decision to leave the EU is the biggest shock to the continent since the fall of the Berlin Wall. The repercussions will be felt in the UK, Europe and the west.

国民は表明した。英国のEU離脱の選択は、1989年のベルリンの壁崩壊以来、欧州大陸に最大の衝撃を与えた。波紋は英国や欧州だけでなく、西側諸国にも広がるだろう。

サテライト（第2段落）

More than four decades after joining the European Economic Community, the UK has elected to cut itself adrift. Since 1973, EU membership has anchored its foreign and economic policy. Britain will now leave the bloc of 27 other nations and its guaranteed access to a market of 500m people. It is hard to see a way back.

英国は欧州共同体（EEC）に加盟してから40年以上で離脱を選んだ。1973年以来EU加盟国として外交と経済政策を支えてきた。英国はEU圏内の他27カ国と5億人を抱える単一市場への保証されたアクセスをこれから手放すことになる。後戻りは難しい。

サテライト（第3段落）

Throughout the referendum campaign, The Financial Times has argued that leaving the EU would be an act of self-harm. This vote will damage the economy and weaken Britain's role in the world. It is also a devastating blow to the EU.

フィナンシャルタイムズは国民投票までの間、EU離脱は自傷行為だと主張してきた。 離脱に投票すれば経済に打撃を与え、世界における英国の役割を弱めることになる。EUにも壊滅的な一撃になる。

まとめ（第4段落）

Europe is still struggling with the slowdown in the eurozone and the most severe migration crisis since the second world war. Across the continent, from Paris to Rome and Warsaw, populism is on the march, the establishment in retreat. Britain's referendum result may well go down in history as "the pitchfork moment".

欧州は未だユーロ圏の景気減速や、第2次世界大戦以来最も深刻な難民危機に苦しんでいる。パリからローマ、ワルシャワまで欧州全域でポピュリズムが台頭し、支配勢力が後退している。英国の国民投票は「支配者層への抵抗の一揆」として歴史に残るだろう。 （筆者による翻訳）

以上、4つの段落で記事の全容がわかる1くくりのナラティブ構成を見てきた。リードは記事の要約、第2段落はEUの前身EECについて歴史を遡り、第3段落で新聞社の価値判断、つまりEU残留（leave）を擁護する立場が明確化されている。そして第4段落には、副題と同じフレーズが含まれ、ここで一つのストーリーが完結している。ミクロ的文法構造の点から見ると、時制は現在形、完了形、現在進行形が使われ、出来事の時間的関係は入り組んでいるが、第3段落のalso付加や事象の詳細化により出来事が積み上げられていくストーリーで構成されており、意味論的結束性が高い。また、文法構造をモダリティのマーカーの点からみると、法助動詞（見出し副題と4段落目のmay well, リードのwill be felt, 2段落目と3段落目のwillとwould）によって、書き手の意図、心的態度が反映されている。また3段落目のhardも評価形容詞として認識される。また、新聞社の思想が、第3段落の*The Financial Times*はメトノミーであるが主語で使われている点は、代名詞を使って論述することが多い日本の新聞との違いとも言える。

さらに、⑩のリードを見てみる。

> The Guardian view on the EU referendum: the vote is in, now we must face the consequences
>
> ガーディアン紙の国民投票の見解：開票、この結末に我々は直面しなければならない

> The British people have spoken. The prime minister has resigned. Already, the consequences of what the voters said and why they said it have begun to reshape Britain's future in profound and potentially dangerous ways. The country has embarked on a perilous journey in which our politics and our economy must be transformed. The vote to leave the EU will challenge not only the government and politicians but all of us whose opinions have been rejected.
>
> 英国民はついに表明した。首相は辞任した。投票した国民が何を語ったのか、なぜそう語ったのかという結末はすでに英国の将来を再編し始めた。そのやり方は重大でともすると危険だ。英国は危うい旅に向けて歩を進めることになった。我々の政治、我々の経済は転換期を迎えることになる。EU離脱の決定によって立ち向かわなければならないのは政府や政治家だけではない。意見が拒絶された我々すべてが立ち向かわなければならないのだ。
>
> （筆者による翻訳）

モダリティ化（下線部）、willの法助動詞、potentiallyの法副詞、一人称複数形の代名詞ourやusに見られるように、新聞社*The Guardian*の見解が表象され、経験を共有する包含的な共同体を示すことを書き手が意図的に選択したことが読みとれる。まさに、テクストにおけるモダリティの選択は、Faircloughの言う「自己アイデンティティのテクスト化の過程の一部」であるのだ。

おわりに

本稿では、社会的文脈を含む新聞メディアのディスコースを意味論や語用論の観点から言語分析することで政治的な思想や価値観などを可視化するCDAを概観し、新聞記事の社説や論説記事に書き手の主張、価値観、イデオロギーなどが文法構造と結束性の点からどのように表象されるのか見てきた。メディアとは、「さまざまな意図や価値観、政治経済的な文脈に基づく複雑で社会的な構造物」(Masterman, 1985) であり、メディアそのものが支配体制との微妙なバランスを常に保ちながら社会で活動し続けなければならない政治的な存在である。つまりメディアの言語はFairclough (2003) のことばを借りれば「他の要素と弁証法的に関係し合っている社会生活の一要素としての言語」と言える。

昨今のCDA研究の発展の背景には、情報化社会の高度化があげられる。言語と社会を結びつける媒介としてのメディアの影響力は甚大である。メディア形態の変容も研究においては考慮しなければならない。例えば、活字メディアの代表格である新聞メディアも、インターネットの普及によりデジタル化が進み、紙媒体から電子媒体へ移行する動きが顕著だ。van Dijk (2010) は、ディスコースを「会話の相互行為、書かれたテクスト及びそれらに伴うジェスチャー、顔の動き、印刷におけるレイアウト、イメージやその他の記号論的もしくはマルチメディア的に意味を持つ側面を含んだ広い意味でのコミュニケーション事象」(ヴォダック&マイヤー、p.136) と拡張した定義づけをしている。本章で扱っているニュース記事についても、その形態は益々多様化している。前述の英国のEU離脱の記事にしても、電子版で報道した新聞社はキャメロン元首相が国民投票の結果を受けて辞任表明をするYouTubeの画面つきで1面記事を掲載した。5W1Hのルールに準じてストレート記事は客観報道が原則であるが、言語が恣意的であり、報道する側がその言語を選択し配列している限り、報道は編集された創作物であり、完璧な客観報道はそもそも社会言語学的に存在しない。ただ、ニューメディアの活用はオーディエンスに解釈の選択肢を広げることは確かだ。ライブ映像とともに活字を伝達することで客観性を高める効果もある。さまざまな要素を含む構成物としてのメディアはさらに複雑な意味を持つことになるだろう。

しかし、どのようなメディア形態を利用しようとも、編集されたもの、再生されたものとしてのメディアを社会言語学の立場から言語分析を行うことは、メディア研究、メディア教育、言語、英語教育など人文科学、社会科学の垣根を超えた学際的研究を可能にするだろう。

[参考文献]

＊岡部朗一（編）（2009）『言語とメディア・政治』朝倉書店
＊ルート・ヴォダック、ミヒャエル・マイヤー（2010）『批判的談話分析』三元社
＊河原清志、金井啓子、仲西恭子、南津佳広（編）（2013）『メディア英語研究への招待』金星堂
＊ホーマン由佳（2010）『英字新聞1分間リーディング3』日本経済新聞社
＊D. マクドネル（1990）『ディスクールの理論』新曜社
＊松林薫（2016）『新聞の正しい読み方』NTT出版
＊村田聖明（1975）『英字新聞の読み方』ジャパンタイムズ
＊Bell, A. & Garrett. P（1991）*Approaches to Media Discourse*, Blackwell, Oxford.
＊Fairclough. N.（2003）*Analyzing Discourse*, Routledge, NY.
（フェアクラフ・ノーマン（2012）『ディスコースを分析する』くろしお出版）
＊Masterman, L.（1985）*Teaching the Media*, Routledge, NY.
＊Richardson. E. J.（2007）*Analyzing Newspapers*, Palgrave Macmillan, NY.
＊van Dijk, Teun.（1988）*News as Discourse*, Routledge, NY.
＊朝日新聞　(2016年6月25日)
http://www.asahi.com/articles/DA3S12426130.html
＊日本経済新聞 (2016年6月25日)
http://www.nikkei.com/article/DGXKZO04064070V20C16A6EA1000/
＊毎日新聞 (2016年6月25日)
http://mainichi.jp/articles/20160625/ddm/005/070/171000c
＊読売新聞 (2016年6月25日)
http://editorial.x-winz.net/ed-17088
＊Chinadaily（June 24, 2016)
http://www.chinadaily.com.cn/world/2016-06/24/content_25842539.htm
＊The Financial Times（June 24, 2016)
https://www.ft.com/content/1e8270c0-393f-11e6-9a05-82a9b15a8ee7
＊The Guardian　(June 24, 2016)
https://www.theguardian.com/commentisfree/2016/jun/24/the-guardian-view-on-the-eu-referendum-the-vote-is-in-now-we-must-face-the-consequences
＊The New York Times　(June 24, 2016)
https://www.nytimes.com/2016/06/25/opinion/britains-brexit-leap-in-the-dark.html
＊The Wall Street Journal（June 27, 2016)
https://www.wsj.com/articles/a-new-american-deal-for-europe-1466974978

第9章
情報処理をめぐる漢字の現状と未来

森山秀二

1. はじめに

漢字はエジプトの象形文字やメソポタミアの楔形文字と並んで、長い歴史を持つ文字である。また、世界で使われている文字のほとんどが、アルファベットに代表されるようなことばの音声、その音素（母音や子音）を表す「表音文字」であるのに対して、漢字はその文字自体が、特定の意味を有する「表意文字」あるいは「表語文字」等とも呼ばれる、極めて特異な文字である。

私が学部生であった頃、倉石武四郎氏の『漢字の運命』（岩波新書　第1版1952年4/10・第19版1974年8/10）という本に、衝撃を受けた。もちろん、この本が出版された当時ではない。出版から20数年後、しかも日中国交回復後のことであったから、かなりピントはずれな驚きであったが、中国語や中国古典を学び始めたばかりの私には、当時なおご健在で、中国語教育の草分け的な存在でもあった氏の、あたかも漢字が滅び行く文字であるかのような発言に、漢字の将来はそんなに危ういのかと驚かされたのである。

この本が書かれて間もなく、中国では「漢字簡化字方案」（1955年）や「漢語拼音方案」（1957年）が公布されるなど、中華人民共和国建国（1949年）以降、国民教育を進め、識字率を高め、近代化を推進する国家的気運の真っただ中にあった。一方、日本においても敗戦後「当用漢字表一八五〇字・現代かなづかい」が決定公布（1946年）され、「当用漢字音訓表」「当用漢字別表八八一字」が発表（1948年）されるなど、国語審議会における国語や漢字教育をめぐる議論の活発な時期であった。倉石氏はこうした情勢の中で中国における近代化以降の漢語標準語化（国語運動）や、漢字の表音化（注音字母、ラテン化新文字）運動などを丹念に跡付けて、「漢字は中国が近代化するにつれて追放される運命にあることは予言して憚らない」とまで述べたのである。

『漢字の運命』が書かれた当時と、現在の2016年時点の環境は比較するまでもなく、社会状況は大きく変化した。例えば、日本でも「ゆとり教育」への反省ということばかりでなく、漢字教育や漢字そのものへの見直しの傾向が見られ、中国では改革開放以降飛躍的な経済発展を遂げて以降の、自国文化に対する考え方に大きな変化（例えば文革時期の「批林批孔」は極端としても、伝統的な文化や遺産に全く逆の肯定的な評価が定着してきていることなど）が見られるほか、情報処理関連技術の向上、漢字の類別や研究の進展など、漢字をめぐる環境は大きく変化している。従って、そうした側面からすると、漢字の未来は極めて明るいようにも見える。しかし、果たしてそうであろうか。確かに漢字の近代化や教育における弊害のような問題点は、十分ではないまでも当面解決されつつあるように見える反面、一方で極端なまでの読書離れや、それに追随するような一般の人々の文字離れ情況には、スマホ全盛の現在、一層の拍車が掛かっているようにも思われる。今後さらなる技術革新が進展することが予想される中で、漢字を取り巻く状況はどのように変化するのであろう。筆者には依然として予断を許さぬものがあるように思われる。

本論文はこうした漢字という文字の機能や特徴やその問題点を改めて考察することを通して、漢字の未来についての若干の考察を述べてみたい。ただ、「漢字」という文字はその誕生以来、極めて長い歴史があり、中国における経学と深いかかわりを持ち、かつては「小学」と呼ばれた学問分野であり、そこに字形や字体の歴史的な研究ばかりでなく、その音声や音韻の歴史など、実に幅広い領域を含み、関連研究書も莫大な量に及ぶが、本論文では現代的に見た漢字の機能とその問題点にのみ焦点を絞って論ずることを了解されたい。

2. 漢字の造字機能（六書）

後漢の許慎が書いた『説文解字』は、540の部首を立て、親字9,353字の漢字をその形態や意義に応じて体系的に分類整理した最初の字典である。以前にも『爾雅』のように漢字の同義語を集め、「釈水」「釈草」「釈木」のように各種の名称などを注釈類別する字書的なものは存在したが、個々の文字の意味（本義）を体系的に整理したのは『説文解字』が最初であった。

許慎が『説文解字』を作った目的は、儒学の重要なテキストである経書を正確に読めるようにすることであった。秦の始皇帝は李斯の建言により「大篆」（籀文・籀書ともいう）を改良した「小篆」を公式な文字として統一しようとしたが、実際に官吏に普及したのは、より簡便な字体である「隷書」であり、漢代以降も通俗の字体として普及することとなった。一方、董仲舒の提案を受けて儒学は国家公認の学問となり、太学（国学教育の学校）に「五経博士」と呼ばれる経書を教える博士官が設けられた結果、それが国家官僚の養成に多大な影響を及ぼすことになった。ただ、秦の焚書坑儒以降、経書はもっぱら隷書（今文経書）で書かれていたが、魯国（山東省）の孔子旧宅の壁から古い文字で書かれた経書（古文経書）が大量に出土した、という。儒学はそのためその正統性をめぐって今文学派と古文学派による対立が起こり、それが後漢の許慎の時代まで続くこととなった。許慎は当然孔子の当時にまで連なる古文（籀文や篆書）に基づく字書の作成を企図し、小篆や希に大篆の字形を基に『説文解字』を作ったのである。

許慎の『説文解字』において、とりわけ画期的な点はこの「部首法」による分類であった。現代の字典まで、もちろん『説文解字』の当時の部首法とはやや異なるけれども、引き継がれる分類法なのである。

いま一つは許慎の『説文解字』の「自叙」に見える「六書」という構造原理に基づいて文字を整理していることである。「六書」という言葉や発想は古くからあった（例えば、『漢書』芸文志に「教之六書、謂象形・象事・象意・象聲・轉注・假借、造字之本也」とある）。六書とは象形・指示・会意・形声・仮借・転注という漢字の六つの機能を指し、前四者が漢字の構造（造字）原理を、後二者は用法を指している、という。

「象形」は文字通り物の形をかたどって作られた「日」「月」等の象形文字、「指示」は位置や状態「上」「下」などの抽象概念を示す指示文字であり、いずれも最も古い形の文字（この二つを「文」という）である。「会意」は象形と指事によって作られた二つの文を組み合わせた「信」（人＋言）「武」（戈＋止）のような新しい意味を表す文字、「形声」は「江」（氵＋工）「河」（氵＋可）のように意味を表す意符（義符）と音を表す音符（声符）とを組み合わせる文字であり、これらを「文」（単体字）に対して、単体字を組み合わせた「字（＝孳）」（複合字）として区分した。この象形・指示・会意・形声の四者は、漢字の構造（造字）原理を表す機能である。

「仮借」は既存の文字を借用して音声の類似による転用法であり、「転注」は異説が多いが、例えば音楽の「楽」（がく）、悦楽の「楽」（らく）のように同じ文字を意味の類似による転用法（河野六郎氏の説として、大島正二『漢字と中国人——文化史をよみとく』岩波新書 2003年1/21、pp.105～106で紹介されている、河野六郎『文字論』三省堂 1994他に収録）と思われる。

この六書という考え方は、それぞれの文字の成り立ちに応じた分類法であり、それは同時に個々の文字の形成過程を分析的に説明する形成論でもあった。

この文字分類法の中でとりわけ重要な点は、象形字や指示字は文字形成の初期的な段階の「文」（単体字）であり、字数も限られるが、圧倒的多数を占める「字」、すなわち複合字である「形声字」が『説文解字』親字の80％以上、「会意字」が12％ほどを占め、形声字と会意字とを合わせると、親字全体の9割以上を占めるのである。つまり、この「意符」や「音符」を組み合わせる機能こそが、無限に漢字を造字することを可能にする方法であったことが分かる。許慎が「部首法」による分類を思い付いた理由は、現在のそれと比べると配列や分類がかなり複雑なため、別の例えば儒学的な思想による整理のような要因が影響しているのかもしれないが、おそらく漢字の構造を一字一字分類整理し、その偏旁を意符（義符）や音符（声符）に区分する過程で創出されたものと思われる。

漢字はそれ自体が意味を表す「表意文字」であるため、社会生活の進展や発展に応じて、常に増加し、逐次多様化したり、あるいは全く別のものに変容したりする諸概念や名称を、その都度、新たなことばに表現し直すことが求められ、多くの文字が必要とされることとなった。それは言語生活に必須の要件であろう。そうした際に、新たに生まれる名称や概念を文字に定着させる必要が生じた際に、この意符と音符を自在に組み合わせる造字機能の発見は、重要な転機となったものと思われる。

この形声と会意の手法の発見は、必要に応じて新たな漢字を創出する上に、極めて利便性の高い手法であると同時に、漢字それ自体の中に組み込まれた原理であったこととなる。この原理を内包しえたことが、現在にまで漢字を生きながらえさせた大きな要因であったように思われる。

くり返すことになるが、「六書」やその各々の概念は許慎が創出したわけではなく、許慎がこれを発見普及させたわけではない。しかし、漢字文化に生きる多くの人々が、自然の営みの中でこの原理を使い続けていた事実から、許慎が『説文解字』という形に整理した価値は極めて重要であり、それがその後の字書類に決定的な影響を与えることになったのである。

3. 漢字最大の問題点

漢字には大きく分けて二つの問題点がある。一つは前節でも一部確認できたように、部分的な表音機能（音符）は備わっているものの、その機能は不十分な機能に過ぎなかった。漢代以降インドから仏教が伝えられると、それまで伝統思想から発展した道教以外に、宗教らしい宗教のなかった中国社会に、仏教は急激な勢いで浸透した。特に六朝期には大量の仏典がもたらされたことを契機に、多くの知識人たちが仏典の翻訳に携わるようになり、結果として中国語との言語比較の問題が起こったといわれている。古代サンスクリット語における音声認識のあり方とその発見が、現代の言語学や音声学研究のきっかけを作ったといわれるほどに、サンスクリット語は母音や子音の区分に厳密であった。このサンスクリット語との遭遇を契機に、漢字に欠けている音声表記法の問題に逢着することになったのである。

「一字・一音・一義」を原則とする漢字は、そもそも母音や子音の識別が不可能で、漢字は一つの文字が一つの字形と一つの意味、そして一つの音節を表すが、その音節には中国語が「音声言語」とも呼ばれるように、「平声・上声・去声・入声」(古典中国語の場合、現代中国語では入声はなく、平声が第1声、第2声に分化し、上声が第3声、去声が4声) の4つの声調のいずれかがつく。そのため、発音を確認するに際しては、「読若」(類似音) や「直音」(同一字音) として、誰もが知っている文字を当てる形で表示していた。しかし、これでは正確な字音の伝達は難しく、また汎用地域の広い中国には方言の問題もあって、殊に南北の方言問題は国家経営にとっても、しばしば障碍となったと言われている。

その後中国において、読若、直音の後、「反切法」と呼ばれる漢字音の表示法が発明されている。反切法とは子音と母音を「反切上字」と「反切下字」に書き分けることで、表記可能とするものであった。例えば「東」(t＋uŋ・声調＝平声) の発音として、「徳紅反」もしくは「徳紅切」と表記し、「徳」が東の反切上字「徳 (t＋ek・入声)」の語頭の子音「t」を表し、反切下字「紅 (ɣ＋uŋ・平声)」は母音「uŋ」及び平声を表示する方式であり、この方式によってはじめて漢字一字では表せなかった子音や母音、声調などを表示することが可能となったのである。この反切法の起源として北宋の沈括は『夢渓筆談』芸文二に「反切の学問はもともと西域からきたもの」と明言し、インドの悉曇学 (古代インド文字の、いわゆるサンスクリット語学) に由来すると考えていたことが分かる (以上、大島正二『漢字と中国人――文化史をよみとく』岩波新書 2003年1/21、pp.138～143)。

古典中国語においては、声調言語と呼ばれているように、詩文を書く際に句末で押韻するのが伝統であったが、漢代から南北朝期にかけて押韻や文字の韻律に配慮する「平仄」に厳しい規律を課す習慣が徐々に形成されていった。そのため、経典解釈や詩文を作成する際の補助として韻書という漢字の発音字典が作られるようになった。反切法の登場や各種の韻書の登場によって、漢字の発音表示は格段に正確なものとなったが、例えばアルファベットのように母音や子音の中に含まれる音素までも表示するものではないため、漢字の音声表記は文字機能として、大きな欠点を持ち続けることとなったことは確かである。

漢字は中国に誕生し、やがてアジアの周辺地域へと伝播し、各地で使われるようになったが、例えば日本の漢字音には「漢音」「呉音」「唐音」と伝播した時代の発音が残存し、しかも「訓読み」もあるため、漢字の読み方は極めて複雑である。アジア地域では他に朝鮮漢字音、ベトナム漢字音もあるがその語音はまちまちであり、中国においても漢字音は古代中国の発音に由来するが、独自の変化を遂げた現代中国漢字音となっている。結果として使用する地域ごとに異なった字音が伝えられ、表意文字として広範な汎用性を有しながらも、統一的なものとして文字を扱おうとする際の、煩雑な問題を招いてしまう要因となっている。

また、日本語は漢字の草書体や偏旁から「ひらがな」「カタカナ」に代表される表音文字を創り出し、それを利用して日本語を表示する方式を創り出したことや、中国周辺地域においても漢字との直接的な関係はともかくも多くの表音文字（例えばハングルやベトナムアルファベット）が作られることとなったが、漢字をもっぱら使用してきた中国において、取り分け近代になって中国語の発音表記をめぐって多くの混乱や試行錯誤が行われたことは「はじめに」にも少しく触れたように記憶に新しい。1918年に日本の「仮名」を参考にしたともいわれる「注音字母」（1930年に国音字母は「注音符号」と改められ、現在も台湾では実用されている）の公布、1928年に公布された錢玄同、趙元任らの「国語ローマ字」、1933年頃の瞿秋白らの「ラテン化新文字」運動などがある。とりわけ最後の「ラテン化新文字」は魯迅や蔡元培らにも支持され、大きく展開されたが、中国においては1958年に「漢語拼音方案」が公布されることになるが、これが最終的な漢字の表音方式として最も定着していることは、よく知られている。つまり、中国においてはより正確な発音表示法を獲得したのが、ここ数十年ほどの間のことであり、多くの手法が混在併用される理由も、この表音化が如何に重要な課題として漢字処理に圧し掛かっていたかが理解できよう。

いま一つはやはり前節で確認したように、漢字それ自体が持つ増字機能によって、莫大な量の漢字が既に生成されてしまっていることであろう。既に見たように『説文解字』の親字は9,353字であったが、1716年（康熙55年）に完成した、現在でも字体の基準となる正字や部首分類を示す字書として見なされることも多い『康熙字典』では親字47,035字が収録される。『説文解字』は西暦100年（永元12年）頃の成立と言われ、121年（建光元年）に許慎の子の許沖が安帝に奉ったと言われる。両字典の成立を隔てる1600年ほどの間に、38,000字弱の文字が増加し、字数は5倍規模に増加した形となる。この二つの字書は許慎が経書を正しく伝承するための字典を求めたように、清朝考証学の流れを組む『康熙字典』も近代以前に作られた最大規模の字書であり、当時の英知を結集した集大成的な字典であり、収録される文字の字体や字形については、丁寧な選択が行われている。つまり、この両字典が収録する文字数は、『康熙字典』でいえば、さまざまな字体の中から精密に考証された主に「正字」を収録するのであって、当時存在した文字数の実態を表すものではないのである。

漢字は甲骨文字を母系として、それ以降、金文や石鼓文等の変遷を経て、その後の春秋戦国期から秦代にかかる時代、いわゆる諸子百家と呼ばれる多くの思想家が登場した時代に成熟した文字なのである。そうした思想家たちは各自の創出した思想を著述の形で著そうとした。その際に竹簡・木簡の類に漆や墨を用いて著述されているが、当時は高価であった絹や帛布も利用され、そうした書写の対象に応じて、様々な筆記具（書刀、竹筆、筆の起源は不明であるが、かなり古くからあったものと思われる）が使われたものと思われる。思想家たちの書物はさらに弟子からまたその弟子へと転写されていった。また、文字の記述も王家や諸侯に限定されていた状況から、さらに階層は拡大し、多くの人々が文字を通じて情報を伝達しあう傾向は強まったと思われる。

この時期の篆書（籀文）や小篆にしても、それが日常の具へと変貌するにつれて、権威の象徴としての文様的装飾的字形から、実用的な情報伝達をもとめる、より効率的な字形への変貌も進んだものと思われる。後の隷書にしてもその原型は秦代に急に登場したわけではなく、書写字としての変化が徐々に進んだ結果であった。しかも、書写の対象（竹簡・木簡・布地）の変化や書写の道具（刀筆・竹篦・毛筆）の変化に応じて、字形は変容を遂げることとなった。やがて蔡倫に比定されるように、漢代に前後して紙の製法が一般化し、いわゆる「毛筆」による書写も一般化することとなり、字体の分化はさらに拡大することとなった。

つまり、漢字が様々な形で書写された結果、楷書や行書、草書などの書体に限らず、多くの異体字や俗字、あるいは誤字など、字体の数が飛躍的に拡大したであろうことは想像に難くない。つまり、漢字のいま一つの問題点は随時書写、転写され続けたことが、書写体の種類を増加させ、複雑化させる要因となっていたことである。こうした現象に対して石碑や石経のような形で、人の功績や永遠不滅なものを、その石の堅固さに仮託して刻み込む習慣のあった中国では、早くから印刷に似た拓本等を通しての印刷に類した印字は行われていた。その後、唐五代を境にして版木に文字を刻んで印刷する技術が急激に発達する。こうした印刷術の登場を契機に、書写による混乱に対して、印字を標準とするような傾向（印刷文字に対する校正や修訂を行うような文化）が生まれ、殊に宋代になると、印刷はかなり普及し、もっぱら産業が形成されるまでに成長している。

前節でも触れた漢字の造字機能、取り分け形声字と会意字の機能は漢字を増加させる、漢字それ自体が持っている機能であり、それは必然的に新たな文字を産み出す要因であった。また一方、漢字は発生当初から人の手によって様々な用具によって書写され続け、同じ意味でありながら、字体が異なる文字を産み出すことともなった。こうした新たな文字を産み出す機能は、漢字が時代をこえて受け継がれる要因であると同時に、書写に伴う文字の混乱とともに、整理統合することが困難なほどに漢字を膨大にしてしまう要因ともなっているのである。

4. 漢字情報処理及び字書における字形類別の現状

コンピュータが日常的に使用できる環境が整って以来、漢字処理をめぐる環境の変化には目を見張るべきものがある。現代における漢字処理の現状を比較的把握しやすい典型的なものが、「文字コード」をめぐる問題であろう。

筆者はこうした分野を直接的な研究対象とはしないため、不案内な面も多いが、各種資料類を参考に整理を試みたい。初期の段階においては、同じ東アジア地域において、「文字コード」については地域ごとに別々に対応していたために、それぞれが独自のコード体系を持ち、「漢字処理」を互換性のない手法で扱ってしまっていた。例えば、日本では従来からの印刷等の規格であった「JIS規格」の第一水準・第二水準や補助漢字をISOの「JIS X 0201」「JIS X 0208」「JIS X 0212」（「JIS X 0213」）コードに割り当て、中国には「GBコード」という規格があり、基本的には簡体字（GB2312）で表記することを原則（印刷通用字形表に準拠）としていたが、伝統的な繁体字表記の問題を残していた。台湾の場合は、日本や中国と異なり、「漢字」を実用文字として使う地域の中で、唯一「文字の簡略化」を行っていない地域であり、「BIG5」というコードが使用されていたが、このコードは「ISO」の規格に未準拠であったため、これに準拠する「CNS11643」が新たに制定された。韓国にも固有の漢字コード「KSX1001」があり、これは本来「ハングル文字コード」であったが、その中に標準的な漢字もほぼ網羅される形のコードであった。

このように各地域バラバラに設定されていた「文字コード」を統合したのが「Unicode」と呼ばれる「文字コード」である。これは1980年代後半に、ゼロックス社が提唱し、マイクロソフト、アップル、IBMなど多くの企業が参加するUnicodeコンソーシアム（企業連合）により作られた「ISO/IEC 10646」という国際標準規格である。

Unicodeは世界で使用されている文字を共通に使用可能にすることを目的とする、いわば各文字のデジタル番地を示す数値符号であり、そのコード番地も16ビット、32ビット等機能の向上がはかられるたびに、拡張拡大されることとなった。また、そこに収録される文字は、各国で標準として規定される記号や実際に使用される文字集合を持ち寄る形で、ワーキング・グループが形成され、そこで取捨選択されることとなった。取り分け漢字の場合は、「ISO 10646」の初版（DIS 10646）では、各国の漢字コードを便宜的にそのまま配列しただけであったため、本来なら同一の文字が別々のコードで多数重複登録される事態となった。そのため、中国などからの漢字を各国でばらばらに符号化するのではなく、統一的に扱うことを求める提言がなされ、漢字のコードを統一的に扱う方針を決めるため、中国語、日本語、朝鮮語、後にはベトナム語も加えたワーキング・グループが別途設置されることとなった。それが「CJK統合漢字」（CJK unified ideographs　ベトナム語の追加により一時「CJKV」とも呼ばれた）である。この「CJK統合漢字」の拡張、追加漢字の変遷が表1である。最新の「CJK統合漢字」であるUnicode 8.0段階（2016年6月21日現在、Unicode 9.0）における漢字の収録文字数は80,388文字に達する、という。

表1　Unicode CJK統合拡張漢字の変遷

年	バージョン	漢字集合の名称	コード番号の範囲	字数
1993	Unicode 1.1	CJK統合漢字	U+4E00 – U+9FA5	20,902字
1999	Unicode 3.0	拡張漢字A集合	U+3400 – U+4DB5	6,582字
2001	Unicode 3.1	拡張漢字B集合	U+20000 – U+2A6D6	42,711字
2005	Unicode 4.1	CJK統合漢字追加	U+9FA6 ～ U+9FBB	22字
2009	Unicode 5.2	拡張漢字C集合 CJK統合漢字追加	U+2A700 ～ U+2B734 U+9FC4 ～ U+9FCB	4,149字 8字
2010	Unicode 6.0	拡張漢字D集合	U+2B740 ～ U+2B81D	222字
2012	Unicode 6.1	CJK統合漢字追加	U+9FCC	1字
2015	Unicode 8.0	拡張漢字E集合	U+2B820 ～ U+2CEA1	5,762字

『漢字文献情報処理研究　第16号』所収「2015年版文字コード・Unicode再入門」（上地宏一）P.35より

現時点で8万字にも及ぶこの「CJK統合漢字」には、まだかなりの矛盾や重複のあることが指摘されている。例えば、日本語の「机（つくえ）」の字と、本来は「機」を意味する中国語の簡体字「机」の字が、全く別の意味であるにも関わらず、同一のコードに統合されている。また、かなり字形の異なる多様な「異体字」が全て同じコードに収録されてしまうために、区分や類別に混乱が見られる。

その原因は恐らく初期段階の各国別々の文字コードを基にそれを修訂、拡張する方式であるため、整備に困難を伴うものと思われ、今後これらのUnicodeにおける文字コードの混乱や矛盾は、徐々に整備される可能性はあるけれども、整備にはかなりの時間を要するであろう。しかも、この「CJK統合漢字」もUnicodeにおける文字コード番地の統合化に過ぎないため、各文字の表示や印刷は、各地域で使用される文字フォントに依存することになる。例えば、日本では「MS明朝」、中国大陸では「SimSun」、台湾では「MingLiU」、韓国は「Batang」というように、各フォントの文字デザインが異なるため、そのフォントがインストールされていないと、同時には表示や使用ができないだけでなく、それぞれのフォントの文字デザインの違いから、使用できたとしても不揃いな印象になってしまい、実用という面から見れば、まだまだ問題点も多い。

しかし、情報処理や印刷技術の急速な発展にしたがって、ワープロやコンピュータ登場の初期的な段階に比べると、漢字処理の状況は飛躍的な発展を遂げてきていることは明らかであり、これはスマートフォンやタブレットにおける入力の状況も同じ段階（例えば中国語入力の場合、専用アプリをインストールすれば、多様な使用が可能になる模様）に進んでおり、漢字処理をめぐる当面の課題は解決されつつあるように見える。

こうした「Unicode」の登場とコンピュータのハードウェア環境の充実という、暫定的な「文字コード」問題の解決策とは別な動きとして、特に日本で進められてきたのは「漢字」という膨大な文化遺産をコンピュータデータとして共有可能なものにしてしまおうという試みである。「Unicode」が現代社会で使われる漢字の字形識別を目的としているのに対し、数千年来の数万字に及ぶ「漢字」の字形すべてを、コンピュータデータとして扱おうとするもので、実に壮大な計画である。

その比較的早いものが、1997年の株式会社エーアイ・ネットの漢字フォントならびにその検索機能を有するソフト『今昔文字鏡』である。発売当初は8万字弱を収録していたが、2009年には『今昔文字鏡　単漢字16万字版』を発売し、その処理規模は倍増している。ただ、これは一部Unicodeへの対応は進めているものの、文字コードとは関係なく、フォントを切り替える方式であり、独自フォントに依存するため汎用性や一般的な検索には向かない。

また、この『今昔文字鏡』と質的には共通するもので、1999年11月に日本独自の新世代コンピュータ開発を目指した「TRON OS」計画の中で誕生した13万字を収録する文字入力検索ソフト「超漢字」がパーソナルメディアから発売された。東大の坂村健氏らのプロジェクト・チームが開発したもので、この「超漢字」が目指しているものは地球上の文字の字形すべてをコード化しようという、『今昔文字鏡』以上に壮大なものであるが、OS自体が普及しなかったこともあり、またUnicodeとはコードが互換しないため、利用はそれほど多くない。現在はWindows対応の『超漢字V』が販売されているが、やはり汎用性や一般的な検索には向かない面がある。

また同時に、既に漢字最大の問題点で述べたように、漢字は本来書写体の文字であり、漢字自体が持つ異体字の産み出しやすさや、その類別の煩雑さを思い出すとき、異体字や俗字、誤字の類まで、すべて一字一字にコードを割り当て区分してしまおうとする考え方には、やや無理があるように思われる。いくらデジタル処理といえども、限界があるように思われるからである。通常、異体字や俗字は「CID Font」という形で、文字を同定（「インベット」という手法で文字を埋め込む技術）し、コードを割り当てないのが、一般的な方式のようである。とはいえ、俗字や誤字をどこまで拾うか、相応な規則や区分は最低限必要であると思われる。

漢字の文化遺産を保存し、そのデータベースを構築するような視点から言えば、かなり大きな未来が開けたといえるのかも知れないが、このあまりにも膨大な文字コードが、市場優先の現状でどこまで伸長するか、いささか心もとない気がする。

いまひとつの問題点は、『今昔文字鏡』や『超漢字』の考え方が、世界的な今後のITの動向とどこまでコミットしているのかという点である。漢字という世界に稀な、最も歴史的な表意文字の処理に、あまりにも過大な負荷を課しているように思われるのである。

以上、漢字の情報処理をめぐるUnicodeや漢字検索ソフトやフォントについて取り上げてきたが、もう一つの漢字類別の伝統的な試みである字書について触れておきたい。漢字の造字機能においても『説文解字』の親字9,353字、『康熙字典』では47,035字が収録され、38,000字弱が増加したことは既に述べた。異体字、俗字、誤字など漢字そのもの内包する筆写に伴う、混乱を起こしやすい要素を抜きにしても、時代が下るにつれて文字数が増加することは、様々な概念や事物、そうした知識が増加し、その結果として漢字が増加してしまうのは止むを得ない現象でもあろう。実際、近年新たに作成される大型字典の親字収録数について、『漢字文獻情報処理研究』第16号「コラム 大型漢字辞典」（上地宏一 p.44）に、『大漢和辞典』（大修館書店）51,109字、『漢語大字典』54,678字（四川辞書出版社）、『中華字海』85,568字（中華書局）、最大の漢字辞典『漢字海』（藍徳康、松岡榮志主編、2014年11月刊、両風社、香港大正出版）102,447字、およびインターネット公開の台湾教育部『異体字字典』（第5版、http://dict.variants.moe.edu.tw/main.htm インターネット公開）106,230字の例が紹介されている。恐らく漢字の類別規模としては、最後の『異体字字典』が最大規模であろう。ただこの場合は、敢えて異体字を収集分類していることを謳っているため、漢字の類別として実質どちらがどれだけなのかは確認していない。こうした類別の試みは、将来的に漢字という文化遺産のデジタルデータを整備して行く上の基礎資料となるものであるため、重要な成果であることは確かである。

5. おわりに

漢字の問題点としてはその文字の数が多すぎて、教育に多くの労力や時間を要すること、漢字が各々の文字がしばしば古くから使用され、その意味が複雑多義なものとなってしまっていたり、古い概念を継承しているため、そこに新たな概念に組み込みにくくなってしまっていたりするなど、アルファベットのような「表音文字」と直接的に比較すると、漢字におけるそうした問題点は容易に思い付けるし、倉石氏の当時とさして変わらぬ問題を、漢字は依然として抱えてしまっているように思われる。確かに効率性に劣り、漢字に習熟するには多くの時日を要する。また、単純に現状の情報処理や字書データ整理に限って考えた場合でも、字数が多すぎることがデータ処理する上に、例えばUnicodeにおける統一的な整理に、多くの難問を投げかけていることも確かである。

しかし、古典的資料や文化遺産としての漢字を、将来的にデータ処理可能なように整理する必要性や、それが徐々に整備されてきているように見える現状から言えば、漢字をめぐる環境は格段に改善しており、漢字の未来は極めて明るいと言えないこともないのかもしれない。そもそも、かつて倉石武四郎氏に限らず漢字の機能性や効率性に疑問が呈された最も大きな要因は、西洋近代に対抗するために、よりスピーディーに社会教育環境を整備し、豊かな社会を実現するためには漢字には問題があるという考え方であり、それは日本の明治期においても、戦後の国語教育に関する議論等においても指摘されたものであり、中国近現代各期における漢字否定の場合も、その論拠や発想の原点は基本的に同質であろう。

漢字ははたして本当にそれほどに非効率な文字なのであろうか。

繰り返しになるが、俗字や異体字、誤字など概ね書写に際して字形に異同が生じたような字体の違いを一文字一文字類別するような場合、仮にそれがデジタルな文字データを作成する目的であったとしても、それをどこまで弁別するべきか否かは微妙な問題である。デジタル化した文字データが存在すれば、将来スキャナーあるいはAI等による判読や自動入力の場合に有効ではあっても、同系統の異体字グループのような形で整理できなければ、Unicodeの場合のように別々の登録になって却って煩わしいことになろう。Unicodeのデータ処理上のルールを明確にして、漢字処理に適応させるには、まだまだ相応に時間を要するものと思われる。しかしながら、漢字をデータ処理する上の基準や、扱う漢字に一定程度の限度を設け、そうした基準に合致する漢字をデータ化の対象にするならば、漢字を効率的に使用しうる可能性は、もっと高まるものと思われる。つまり、字体の区分には、一定の範囲を設けるべきであり、あらゆる書写字を全て扱おうとするのは無理があるというのが、現時点における筆者の考え方である。

「漢字の未来」を考える上で、最も重要に思われる点は、漢字の認知は人が行う行為であるということである。具体的な利用に有効に働くのでなければ、特殊な分野の学問的な専門家の検索手段ということに終始してしまうことになろう。つまり、「漢字の未来」はそれを使い続ける人の多さに依存することにならざるを得ない。それは倉石先生の当時とさして変わってはいない。

ただ、確かに文字の多さや表音面の問題には難点はあるものの、脳科学的に見た場合の漢字には「表意文字」であるが故の利点が、しばしば指摘されている。右脳（視覚）と左脳（聴覚）に働きかけることによる記憶の定着などに、極めて有効に働く面が見られるようである。そうした漢字の持つ可能性に現状とは別の側面からの科学技術の光を当てられるようなことに期待しない限り、漢字の未来への展望は現状ではまだまだ開けないのかもしれない。

[参照文献]

＊倉石武四郎『漢字の運命』（岩波新書　第1版1952/4/10・第19版1974/8/10）
＊徐鍇『説文繫傳通釋』上海書店印行　四部叢刊初編（14-15）
＊段玉裁『説文解字注』藝文印書館刊
＊大島正二『漢字と中国人——文化史をよみとく』（岩波新書　2003/1/21）
＊大島正二『漢字伝来』（岩波新書　2006/8/18）
＊阿辻哲次『〈新装版〉漢字學　『説文解字』の世界』（東海大学出版会　2013/12/20）
＊阿辻哲次『図説　漢字の歴史（普及版）』（大修館書店　第13刷　2009/9/1）
＊『漢字文獻情報処理研究』第16号「2015年版文字コード・Unicode再入門」（上地宏一 pp.35～44）
＊『漢字文獻情報処理研究』第16号「コラム 大型漢字辞典」（上地宏一 p.44）
＊金文京『漢文と東アジア——訓読の文化圏』（岩波新書　2010/8/21）
＊新川登亀男『日本史リブレット9　漢字文化の成り立ちと展開』（山川出版社　2013/8/25）
＊安岡孝一・安岡素子「文字コードの世界」著（東京電気大学出版局　1999/09）

あとがき

本書の意義を一言であらわせば、「チャレンジ」である。執筆者の専門分野は、社会科学から人文科学まで多彩である。同じ学部に所属するとはいえ、これだけ多彩な分野の研究者がひとつの書物を編むのは、執筆陣の中からも不安の声が出るほどであった。

それでも私たちは、あえて多彩な分野の研究者を擁する論文集をまとめる困難な道を選択した。経済を幅広い視点から学ぶことの重要性、経済学の多様な学び方を示したかったからである。大風呂敷を広げた言い方をすれば、経済学の常識を覆し、新しい経済学のあり方を模索したかったということである。もちろん、本書がその目的を果たしたというつもりはない。第一歩に過ぎない。だから、本書は、「チャレンジ」の書なのである。

これを統一性のない本と批判する向きもあろう。だが、私たちが意識したのは「多様性」である。「寄せ集め」と「多様性」の違いは、そこに何らかの関係性や法則性が存在するかどうかである。本書の場合、「はしがき」で述べた通り「21世紀」「資本主義」「中国」「新興国」「環境」「言語・文化」というキーワードで関係性を示すことができる。私たちの問題意識は、21世紀に入り進行しつつある次のような現実をいかに理解するかということにある。第1に、世界経済の基軸がアメリカから中国へ移行しつつあるように見えること、第2に、中国の大気汚染や水質汚染問題に見られるように、依然として経済発展と環境破壊問題が解決されていないこと、第3に、世界的な地域紛争やテロリズムの拡大で明らかとなった国家（政治・経済）と民族（言語・文化）の枠組みの矛盾と対立が激化していることなどである。私たちの考える経済学を学ぶ意義は、これら複雑な社会の構造変動を重層的・多角的に捉えることにある。本論文集が、これに少しでも貢献できているとすれば、望外の幸せである。

本論文集の企画を思い立ったのは、2015年3月のことである。元木教授が2014年3月、五味教授が2015年3月にご退職となり、立正大学経済学部における両教授の足跡を何らかのかたちで残せないかと考えたことがきっかけである。五味教授は、2006年から2012年まで経済学部長として学部運営にご尽力されるとともに、大学院において指導した大学院生数も本研究科では群を抜いており、学部ばかりでなく大学院生の教育においても多大な貢献をされた。元木教授は、2009年から2014年まで大学院研究経済学研究科長を務められ、自らも多くの大学院生を指導しながら、「院生ファースト」の姿勢で大学院の研究環境の整備に努められた。

この企画に賛同して頂いたのは、このような両教授の功績とお人柄をよく知る人たちであった。執筆予定者による初めての打ち合わせは、2016年1月に行われ、具体化に向けて動き出すことになった。その後、学内外の業務に忙殺され、執筆作業は思うようにはかどらなかったが、2016年も終わりかけた頃になってようやく原稿が揃い出版のめどが立つこととなった。企画から2年がかりとなってしまったが、何とか出版までこぎ着けたことに企画者の1人として胸をなで下ろしている。あらためて、この企画にご賛同・ご協力いただいた方に謝意を表したい。

本来であれば、学部教員全員にお声をかけるところであるが、紙幅が限られており全員にご執筆いただくことは難しいことから、限られた方に声をかけざるを得なかった。この場を借りて、お詫び申し上げたい。

なお、本書の出版にあたっては、立正大学経済研究所の出版助成（2016年度）を受けることができた。単著が主流のこれまでの研究叢書とは異なり、論文集というかたちでの取りまとめを認めて頂いた小畑二郎・経済研究所長をはじめ、経済学部の諸先生方にお礼申し上げたい。

2017年1月　北原克宣

著者紹介

【編著者】

五味久壽（ごみ ひさとし）・立正大学名誉教授　博士（経済学）【総論Ⅰ】
1973年　東京大学大学院経済学研究科博士課程　単位修得満期退学
1973年　立正大学経済学部講師、助教授、教授を経て、2015年3月定年退職
主要業績
『グローバルキャピタリズムとアジア資本主義』（批評社、1999年）
『中国巨大資本主義の登場と世界資本主義』（批評社、2005年）
『岩田弘遺稿集』（編著）（批評社、2015年）

元木　靖（もとき やすし）・埼玉大学名誉教授／立正大学名誉教授　博士（理学）【総論Ⅱ】
1974年　東北大学大学院理学研究科博士課程（地理学専攻）　単位取得満期退学
1974年　日本学術振興会奨励研究員。埼玉大学講師、助教授、教授を経て、2007年立正大学経済学部教授、2014年3月定年退職
主要業績
『現代日本の水田開発――開発地理学的手法の展開――』（古今書院、1997年）
『関東Ⅰ・Ⅱ――地図で読む百年――』（寺阪昭信・平岡昭利と共編著）（古今書院、2003年）
『食の環境変化――日本社会の農業的課題――』（古今書院、2006年）
『中国変容論――食の基盤と環境――』（海青社、2013年）
『クリと日本文明』（海青社、2015年）

苑　志佳（えん しか）・立正大学経済学部教授　博士（経済学）【第4章】
1998年　東京大学大学院経済学研究科応用経済学専攻博士課程　修了
1998年　立正大学経済学部助教授、2003年より現職
主要業績
『現代中国企業変革の担い手――多様化する企業制度とその焦点――』（批評社、2009年）
『中国企業対外直接投資のフロンティア――「後発国型多国籍企業」の対アジア進出と展開――』（創成社、2014年）

北原克宣（きたはら かつのぶ）・立正大学経済学部教授　博士（農学）【第3章】
1995年　北海道大学大学院農学研究科農業経済学専攻博士課程　修了
1995年　秋田県立農業短期大学（のち秋田県立大学短期大学部に名称変更）講師、助教授、准教授を経て、2004年より立正大学准教授、2010年より現職
主要業績
『多国籍アグリビジネスと農業・食料支配』（安藤光義と共編著）（明石書店、2016年）
「『制度としての農協』の終焉と転換」（小林国之編著『北海道から農協改革を問う』筑波書房、2017年）所収

【著者（執筆順）】

中村宗之（なかむら むねゆき）・立正大学経済学部准教授　博士（経済学）【第1章】
2000年　東京大学大学院経済学研究科経済理論専攻博士課程　修了
2006年　上武大学専任講師、准教授を経て、2012年より現職
主要業績
「ホモ・サピエンスの交換性向――類人猿の比較研究――」勝村務・中村宗之編『貨幣と金融――歴史的転換期における理論と分析――』（勝村務との編著）（社会評論社、2013年）所収
「非正規雇用の待遇改善を求める根拠について」（小幡道昭ほか編『マルクス理論研究』御茶の水書房、2007年）所収

田中裕之（たなか ひろし）・立正大学経済学部 非常勤講師　修士（経済学）【第2章】
2002年　法政大学大学院社会科学研究科経済学専攻博士課程　単位取得退学
2002年　法政大学工学部非常勤講師を経て、2007年より立正大学経済学部にて非常勤講師を務める
2016年より立教女学院短期大学非常勤講師兼任
主要業績
「3.11後の世界と日本資本主義が直面する問題――現代型製造業のグローバルなネットワーク化と新情報革命の世界史的意味――」（岩田弘との共著）（五味久壽編著『岩田弘遺稿集』批評社、2015年）所収
「中国経済の構造転換によるヨーロッパシステムの再編」『立教女学院短期大学紀要』第48号、2017年

潘　福平（はん ふくへい）・富曼欧（上海）投資股份有限公司　董事長　修士（経済学）【第5章】
1986年　上海財経大学会計学部卒業、その後、華東師範大学経済学部講師
1999年　立正大学大学院経済学研究科経済学専攻博士後期課程　満期退学
2001年　国泰キャピタル株式会社社長を経て、2012年より現職
主要業績
『交易大師』（編著）（上海財経大学出版社、2016年）

林　康史（はやし やすし）・立正大学経済学部 教授・華東師範大学 客員教授　修士（法学）【第5章】
2000年　東京大学大学院法学政治学研究科修士課程　修了
2009年　一橋大学大学院法学研究科博士課程　退学
1980年　久保田鉄工入社、住友生命保険、大和投資信託、あおぞら銀行を経て、2005年より現職
主要業績
「貨幣とは何か――私的／非政府の団体および集団の“お金”をめぐって――」『貨幣と通貨の法文化』（編著）（国際書院、2016年）
「ドル化政策実施国における金融政策――エクアドル・エルサルバドル・パナマの事例――」（木下直俊との共著）（『経済学季報』第64巻第1号、立正大学経済学会、2014年7月）所収

芹田浩司（せりた こうじ）・立正大学経済学部 教授　修士【第6章】
2000年　東京大学大学院総合文化研究科博士課程　単位修得満期退学
2000年　東京大学大学院総合文化研究科助手、帝京大学専任講師、釧路公立大学准教授を経て、2009年より立正大学准教授、2010年より現職
主要業績
"Auto and Electronics Industries and the Maquiladora in Mexico: Limits of Maquila-Type Development Strategies", Tetsuji Kawamura (ed.) Hybrid Factories in the United States: The Japanese-Style Management and Production System under the Global Economy, Chap. 5.1, Oxford University Press, 2011.
河村哲二，李捷生他との共著『グローバル資本主義と新興経済』（日本経済評論社、2015年）

田中有紀（たなか ゆうき）・立正大学経済学部准教授　博士（文学）【第7章】
2014年　東京大学大学院人文社会系研究科博士課程　修了
2012年　立正大学経済学部専任講師、2015年より現職
主要業績
『中国の音楽論と平均律——儒教における楽の思想』（風響社、2014年）
「江永の十二平均律解釈と河図・洛書の学」『日本中国学会報』第67集（2015年）所収

ホーマン由佳（ほーまん ゆか）・立正大学経済学部准教授　修士（文学／教育学）【第8章】
2003年　国際基督教大学大学院教育学研究科博士後期課程　単位取得満期退学
外資系航空会社勤務後、通訳・翻訳業を経て、日本大学、成蹊大学、聖心女子大学、青山学院大学などで非常勤講師を務め、2010年より現職
主要業績
『英字新聞1分間リーディング』（日本経済新聞出版社、2009年）
『英字新聞1分間リーディング』Vol.2（日本経済新聞出版社、2010年）

森山秀二（もりやま しゅうじ）・立正大学経済学部 准教授　修士（文学）【第9章】
1983年　日本大学大学院文学研究科中国学専攻博士後期課程　単位取得満期退学
1984年　日本大学文理学部助手、1988年 立正大学教養部専任講師、助教授、
1995年　同経済学部助教授を経て、2004年より現職
主要業績
「元刊本『歐陽文忠公集』を巡って」（『経済学季報』第51巻第1号、立正大学経済学会、2001年10月）所収
「關於王安石以詩首二字爲篇題的若干問題的考察」（『経済学季報』第54巻第3・4号、立正大学経済学会、2005年3月）所収

21世紀資本主義世界のフロンティア
———経済・環境・文化・言語による重層的分析

2017年4月10日　初版第1刷発行

編著者……五味久壽・元木 靖・苑 志佳・北原克宣

装　幀……臼井新太郎

発行所……批評社
〒113-0033　東京都文京区本郷1-28-36　鳳明ビル102A
電話……03-3813-6344　　fax.……03-3813-8990
郵便振替……00180-2-84363
Eメール……book@hihyosya.co.jp
ホームページ……http://hihyosya.co.jp
組　版……字打屋

印　刷
製　本……モリモト印刷㈱

乱丁・落丁本は、小社宛お送り下さい。送料小社負担にて、至急お取り替えいたします。

ISBN978-4-8265-0660-1 C3033